邮票上的
民政事业

——献给新中国成立七十周年

《邮票上的民政事业》编写组 ◎ 编著

厦门大学出版社 国家一级出版社
XIAMEN UNIVERSITY PRESS 全国百佳图书出版单位

图书在版编目(CIP)数据

邮票上的民政事业:献给新中国成立七十周年/《邮票上的民政事业》编写组编著.—厦门:厦门大学出版社,2019.9
ISBN 978-7-5615-7537-6

Ⅰ.①邮… Ⅱ.①邮… Ⅲ.①邮票—中国—图集 ②民政工作—成就—中国 Ⅳ.①G262.2-64 ②D632

中国版本图书馆 CIP 数据核字(2019)第 165241 号

出 版 人	郑文礼
策　　划	宋文艳
责任编辑	冀 钦　朱迪婧
装帧设计	张雨秋
技术编辑	许克华

出版发行	厦门大学出版社
社　　址	厦门市软件园二期望海路 39 号
邮政编码	361008
总　　机	0592-2181111　0592-2181406(传真)
营销中心	0592-2184458　0592-2181365
网　　址	http://www.xmupress.com
邮　　箱	xmup@xmupress.com
印　　刷	厦门市竞成印刷有限公司

开本	889 mm×1 194 mm　1/16
印张	12.25
插页	2
字数	336 千字
版次	2019 年 9 月第 1 版
印次	2019 年 9 月第 1 次印刷
定价	128.00 元

本书如有印装质量问题请直接寄承印厂调换

厦门大学出版社
微信二维码

厦门大学出版社
微博二维码

邮票上的民政事业

——献给新中国成立七十周年

Civil Affairs on Postage Stamps
—Dedicated to the 70th Anniversary of The Founding of the People's Republic of China

邮票上的民政事业

献给新中国成立七十周年

题记

民为国本，冷暖知之，知其难而解其忧；

政为农功，日夜思之，思其始而成其终。

古往今来，民政都是一国民生之大计。民为邦本，本固邦宁。因此，要时刻把人民群众的冷暖挂在心上，为民众排忧解难；为政好比农桑，需朝思暮想如何把它做好，不仅要考虑如何开好头、播好种，而且要考虑如何结好果，如何使人民群众获得实实在在的利益。

作为我国政府社会管理与公共服务的重要组成部分，民政是一项与国计民生密切相关的古老而常新的工作。中华人民共和国成立70年来，我国民政事业取得了突飞猛进的发展。那一枚枚色彩斑斓的邮票，正是我国民政事业发展历程和辉煌成就的历史见证。

邮票上的民政事业

——献给新中国成立七十周年

Civil Affairs on Postage Stamps

——Dedicated to the 70th Anniversary of the Founding of the People's Republic of China

目 录

民政事业七十年

——1949—2019

70年来，伴随着中华人民共和国的诞生、成长与国家的改革、开放，我国民政事业走过了不平凡的发展历程，取得了令人瞩目的巨大成就，对改善民生、促进社会发展发挥了积极作用，受到党和人民的高度肯定和社会各界的普遍赞誉。

一、初创与调整（1949—1966）

1949年10月1日，当五星红旗在天安门广场冉冉升起，中国人民从此站起来了，成了国家的主人。中华人民共和国的诞生，不仅标志着历经百余年磨难的中华民族获得了独立和解放，而且标志着一个崭新的社会制度由此诞生，中国历史由此进入了一个新纪元。

开国大典

开国大典之后，中央人民政府立即着手研究和确定政务院各部、委、办、署的人员组成，以尽快建立中央人民政府的机构。10月19日，中央人民政府委员会举行第三次会议，决定在政务院之下，设立政法、财经、文教、监察4个委员会，以及内务、外交、公安、财政、贸易、工矿、交通、农业、文化、教育、民族、侨务等30个部（会、院、署、行），负责执行人民所赋予的艰巨繁重的建设任务和处理对外关系。会议讨论通过了政

务院所属各委员会和各部（会、院、署、行）负责人的人选。谢觉哉被任命为内务部部长，武新宇、陈其瑗为副部长。

10月21日，政务院召开第一次会议，随后各部（会、院、署、行）陆续开始办公。内务部位列政务院各部之首，主管全国民政工作。根据《中央人民政府内务部试行组织条例（草案）》的规定，内务部下设"一厅五司"，包括办公厅、干部司、民政司、社会司、地政司、优抚司。机构虽然精简，职能却十分广泛，主要有：

（1）负责党政机关运行保障和公文流转。

（2）主管由本部办理的地方行政人员的任免、调动和各级行政人员的铨叙、教育培训。

（3）指导地方人民政权建设，办理行政区划调整，确定行政区域与驻所，承担户籍人口调查登记和国籍管理。

（4）主管社会福利，游民妓女改造，禁烟禁毒，社会团体和宗教团体登记，公墓公葬管理，移民管理，民工动员和社会救济。

（5）主管农村土地改革，土地的清丈、登记和颁发土地证，城市房地产政策与规划，城市营建用地的审核，公共房地产的保护。

（6）主管烈、军、工属及残废军人的优待抚恤，退伍军人的安置，烈士的褒扬和烈士纪念物的保护、管理，以及拥军支前等。

与此同时，地方上也相应设立了民政工作机

构，大区设民政局，省设民政厅，专署和县设民改科。

内务部和地方各级民政机构成立之初，以救灾和政权建设工作为重点，为巩固新生的人民政权、建立新社会的秩序做了大量的工作。

1950年1月6日，内务部发出《关于生产救灾的补充指示》，责成各级人民政府要对救灾负起高度的责任，不许饿死一个人。为此，要求各级人民政府加强组织与领导救灾，要清楚掌握灾情，详细研究救灾方法，正确分配粮食并及时运到各地区，以起到应有的作用；要发动人民互助，劝止盲目逃荒；及时发动春耕，播种早熟作物；同时，要厉行节约，变生活资料为生产资本。

1950年7月15日至8月5日，第一次全国民政会议在北京召开。中央人民政府副主席朱德、政务院副总理董必武、中央人民政府秘书长林伯渠、中国人民解放军代参谋长聂荣臻等到会并讲话。

董必武（首3封）

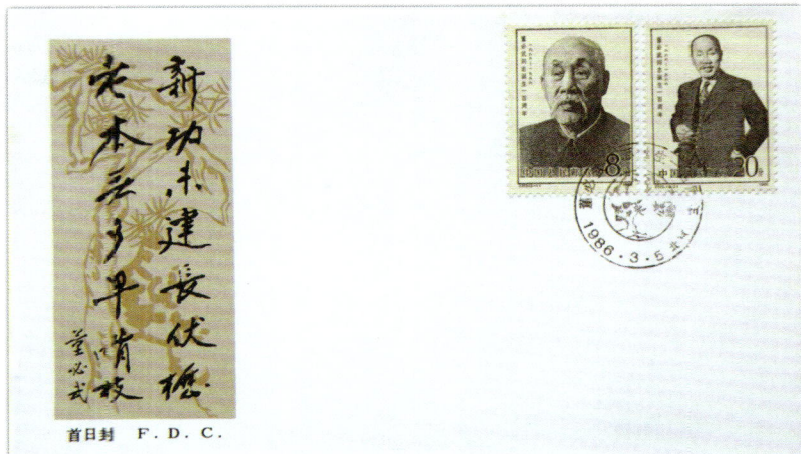
朱德

会议的中心议题是民主建政问题。会议期间，内务部部长谢觉哉做了《关于人民民主建政工作报告》。谢觉哉对一年多来全国各地的建政工作做了简要总结，并对怎样开好地方各级人民代表会议并及时地代行人民代表大会职权选举各级人民政府，搞好城市、农村建政工作提出了意见。

会议对民政工作的范围进行了讨论，强调了民政工作的重要性。谢觉哉部长在讲话中指出：

"凡属人民的政事，如没专业部门管的，就都属于民政部门管。"会议确定地方政权建设（包括城市、农村基层政权建设）、优抚、救灾（包括城市救济）为内务部工作重点。

董必武副总理在讲话中指出，我们应懂得建政工作乃是民政工作的中心环节，只要把建政工作做好了，其他工作也就容易推动。朱德副主席在讲话中强调，民政部门是政府在组织人民群众工作上的助手。在民政部门工作的同志，应把组织群众作为自己的重大任务，还要做好救灾和救济失业工人的工作。

会议拟定了《革命烈士家属、革命军人家属优抚暂行条例》《革命残废军人优待抚恤暂行条例》《革命军人牺牲病故褒恤暂行条例》《革命工作人员伤亡褒恤暂行条例》和《民兵民工伤亡抚恤暂行条例》等五个优抚条例。

从1950年到1952年，各地民政部门在内务部的直接领导下，围绕民主建政开展了卓有成效的工作。中华人民共和国成立初期，各地在彻底摧毁旧政权的基础上，首先建立了临时的、具有过渡性的政权——军事管制委员会；同时，由上而下地委任人员组成地方人民政府；随后，在社会环境初步安定以及其他条件许可的情况下，开展民主建政，召开各界人民代表会议，有步骤地代行人民代表大会的职权，通过民主选举建立各级地方人民政府。从而形成了一个民主建政的热潮，有力地推动了中华人民共和国成立初期各级地方政权的建设。

与此同时，内务部还配合各地开展了严禁鸦片毒品和取缔娼妓的工作。1950年2月24日，政务院发布《关于严禁鸦片烟毒的通令》，要求各级人民政府应把禁烟禁毒工作作为专题讨论，定出限期禁绝的办法；设立禁烟禁毒委员会，由民政部门会同公安及各人民团体组成；禁止贩运制造及售卖烟土毒品，违者从严治罪等。至1953年，400万烟民已基本戒绝烟毒，完成了民族英雄林则徐未竟的事业。

北京、上海、天津、南京、杭州、武汉、西安等各大中城市的民政、公安部门也配合政府的禁令，对旧社会遗留下来的娼妓等污毒予以坚决禁止和清除。到1952年年底，各大中城市残留的妓院已全部封闭，对妓女进行收容教育，治疗疾病，帮助她们走向新生。此外，还开展了遣散国民党军队游兵散勇的工作和改造游民的工作，对40多万游民进行了生产教养。

从1949年中华人民共和国成立到1952年，全国性的水、旱、风暴灾害频发，内务部积极贯彻党中央"生产自救，节约度荒，群众互助，以工代赈"的方针，并先后拨出20多亿元人民币进行救济灾民和家园重建的工作。

这一期间，政务院根据工作需要，对内务部的职能进行了适当调整。1950年10月，中央人民政府成立人事部，内务部的干部司及其主管的地方行政干部管理工作遂合并至人事部；1952年1月，政务院发布《中央人民政府政务院关于加强老根据地工作的指示》，决定成立全国老根据地建设委员会，办公室设在内务部，由谢觉哉部长兼任主任；1952年6月，根据周恩来总理的指示，原由内务部管理的中国红十字总会划归卫生部，由其直接指导和联系；1952年8月，内务部报请政务院同意，将城市营建规划考核工作移交给政务院财经委员会管理。

1953年8月，由于全国普选准备工作以及人口调查登记、优抚和农村救灾等工作任务日益繁重，为适应工作需要，内务部增设救济司和户政司。将社会司所管的社会福利和社会救济工作中的农村部分以及移民工作移交给救济司；将民政司所管的人口调查登记、国籍、行政区划工作移交户政司；同时社会司增加民工动员工作的职能。

1953年10月21日至11月13日，第二次全国民政会议在北京召开。内务部部长谢觉哉做了《民政工作四年来的总结和今后任务》的报告，王子宜、武新宇、王一夫三位副部长分别就基层选举和人口调查工作、优抚工作、救灾工作做了报告。

朱德、董必武、彭真等中央领导同志出席会议并讲话。朱德在讲话中指出，民政部门的首要工作，是要加强政权建设，特别是基层政权的建设。其次是要做好对烈属、军属、革命残废军人、复员转业军人的抚恤和安置工作。

会议通过了《第二次全国民政会议决议》（以下简称《决议》）。《决议》指出，民政部门的工作必须进一步为贯彻国家在过渡时期的总路线服务，为发展生产和社会主义改造服务。民政部门的主管业务是政权建设、优抚、救济、地政、户政、国籍、行政区划、民工动员、婚姻登记、社会团体登记等，并对各项民政工作的方针政策都做了一系列重要规定。

第二次全国民政工作会议后不久，政务院于1954年2月发出《关于民政部门与各有关部门的业务划分问题的通知》（以下简称《通知》），对民政部门的部分业务职能进行了调整：

（1）把麻风病人收容与治疗交由卫生部门管理；麻风村，由民政部门领导的保持不变；对生活困难的麻风病人的救济，由民政部门负责解决。

（2）精神病人的治疗交由卫生部门负责；已治好但无家可归的精神病人由民政部门负责处理。

（3）民政部门领导的聋哑学校，如系独立设置并且为正规学校性质的，交由教育部门接办；原附属在生产教养院内，或以救济为主的聋哑学校或班级，仍由民政部门负责。

（4）文物古迹的管理交由文化部门；一般的革命史迹、宗教遗迹、古建筑及山林风景，由所在地人民政府负责管理；革命烈士陵园的修建管理由民政部门负责。

（5）3岁以上的幼儿教育归教育部门管理；3岁以下的托儿所交卫生部门管理；现由民政部门管理的私立托儿所、街道托儿站不再移交；机关托儿所由各机关自行管理，不得移交卫生或民政部门。

（6）房屋管理工作，在没有专设掌管此项工作机构的地方，由民政部门掌管。

（7）调解工作，在乡一级由乡人民政府调解委员会办理；县一级由人民法院办理。

（8）民族、华侨事务，未设专管机构者，应交政府的办公厅、室管理；如仍需民政部门管理者，应另设专职干部。

此外，《通知》提出城市和农村的贫苦病人医疗费减免问题，应由民政部门分别在社会福利支出和农村救济费中酌予补助。

庆祝全国人民代表大会召开

1954年9月，第一届全国人民代表大会第一次会议在北京召开。原政务院改称国务院，中央人民政府内务部也相应改为中华人民共和国内务部，由国务院领导并接受国务院政法办公室的管理。地方上的民政机构，省和自治区设民政厅，直辖市设民政局，县设民政局（科）。

1954年11月22日至1955年1月3日，第三次全国民政会议在北京召开。前后开了40余天，被称为是一次"马拉松"式会议。内务部部长谢觉哉在会上做《全国民政工作1954年的总结和1955

年的任务》的报告，要求把实施地方各级人民代表大会和地方各级人民委员会组织法作为1955年的基本任务，并且做好其他各项民政工作。会议对此进行了讨论。

朱德、邓子恢等中央领导同志到会并讲话。国务院副总理陈毅到会做了报告，报告指出今后民政部门应以优抚、复员、救灾和社会救济等项工作为主要业务，至于政权建设工作，民政部门应在党委和政府部门的领导下承担一部分具体的组织工作和技术工作。会后，根据陈毅副总理的报告精神，内务部重新制定了1955年民政工作计划。

根据党中央、国务院关于内务部"以优抚、复员、救灾、社会救济为主要业务，并相应地做好其他民政工作"的指示，本着精简整编的精神，内务部于同年4月向国务院提出对机构进行调整的报告。5月6日，国务院批准内务部的机构调整为"一厅一局五司"，即办公厅、优抚局、财务干训司、农村救济司、城市救济司、民政司、户政司。

与原来相比，增设了财务干训司；撤销地政司，其业务归入民政司；社会司改名为城市救济司，原社会司主管的婚姻、社团、礼俗等工作并入户政司，民工动员工作并入民政司；救济司改名为农村救济司，主管农村的自然灾害救济和农村的社会救济。同年10月，内务部撤销户政司，其业务移交民政司。

此后，为了精简机构，紧缩编制，国务院对内务部的职能进一步进行了调整：

（1）1955年11月，根据周恩来总理的指示，中国人民救济总会和中国红十字会合署办公；救济总会所管的国内救济工作及盲人福利会、聋哑人福利会（筹）划归内务部管理，国际救济工作划归中国红十字会。

（2）1956年1月，国务院决定，把内务部掌管的农村户口登记、统计工作和国籍工作交给公安部门管理。

（3）1956年春季，农业部管理的移民工作移交内务部主管，内务部提出增设移民局。当年6月，根据游民改造任务和城市贫民移民、灾区移民工作的需要，国务院同意内务部增设移民局和游民改造司。8月，内务部又增设了参事室。

（4）1956年12月，内务部、城市服务部联合发出通知，将城市房管工作由内务部移交城市服务部管理。

（5）1958年3月，国务院决定将内务部管理的移民工作连同机构、人员移交给农垦部。

1956年5月，内务部部长谢觉哉到延安视察，发现老区人民负担过重，生产生活还没有恢复到战前水平，便给毛泽东主席和全国人大常委会、国务院写报告，要求减轻人民负担，得到中央有关部门的重视。

在谢觉哉的直接领导下，我国民政工作始终坚持"上替党政分忧，下为群众解愁"的原则，把人民群众的利益放在首位。1957年夏，毛泽东主席在接见河南省封丘县应举社干部时，听完陪同接见的内务部相关负责人简要汇报，针对有的同志对谢觉哉"民政就是做人的工作，别的部门不管的事，我们都要管起来"的主张有疑虑，毛泽东明确表示对这一主张的支持与赞赏，他说："民政就是做人的工作，不要怕麻烦。"这也成为毛泽东关于民政工作最重要的指示。

农妇秋收

1958年5月，中共八大二次会议在北京召开，正式通过了毛泽东倡议的"鼓足干劲，力争上游，多快好省地建设社会主义"的总路线。八大二次会议之后，"大跃进"迅速在全国形成高潮。同年5月26日至6月18日，第四次全国民政会议在京召开。会期长达24天，着重讨论了各项民政工作如何贯彻社会主义建设总路线，推动民政工作全面"大跃进"的问题。

内务部副部长王子宜做了题为《贯彻党的社会主义建设总路线　推动民政工作全面大跃进》的总结报告，对四年来的优抚、复员和战勤工作，救济福利工作，生产救灾、移民垦荒和组织社会福利生产，政权组织建设以及游民、烟民、妓女改造工作等进行了总结。陈其瑗、郭炳坤副部长分别就开展社会福利事业和复员安置工作做了介绍。

1958年8月，北戴河会议高度评价了人民公社，并做出在农村普遍建立人民公社的决议。决议规定，人民公社实行政社合一、工农商学兵相结合的原则。到9月底，全国原有的74万多个农业社合并为26000多个人民公社，参加公社的共有1.2亿多农户，占全国农户总数的99%以上。

人民公社女社员

在当时的政治氛围中，民政部门也提出了一些超越现实可能的要求，如做到"优待补助费、社会救济费自给有余"，实现"城镇无灾民"等等，甚至提出"救济工作已完成历史使命"的主张；脱离经济基础，大搞福利生产、福利事业，把托儿所、敬老院和公共食堂交给民政部门管理，而"公社化食堂吃饭不要钱"，这给民政部门自身造成了很大压力。

伴随着"大跃进"运动的开展，国务院对内务部的部分工作职能进行了"微调"：

（1）1958年6月，国务院秘书厅发出通知，根据1957年11月国务院常务会议决定，撤销中央转业建设委员会，其工作分别由总参动员部和内务部负责。

（2）1958年8月，根据国务院关于工作体制和财政体制决定的精神，内务部撤销了财务计划处和参事室，将农村救济司改为农村救济福利司，将城市救济司改为城市社会福利司。内务部的机构调整为"一厅一局三司"五个单位。

（3）1959年4月，中共中央决定，将国务院直属的政府机关人事局改为内务部管理。6月20日，第二届全国人民代表大会常务委员会第四次会议批准国务院撤销国务院人事局，其业务改由内务部管理。7月30日内务部成立政府机关人事局。

1959年4月，中华人民共和国首任内务部部长谢觉哉在第二届全国人大一次会议上，当选为最高人民法院院长。原中央监察委员会副书记、监察部部长钱瑛接替谢觉哉成为中华人民共和国第二任内务部部长。

从1949年到1959年，谢觉哉在内务部部长的工作岗位上一干就是十年，为我国民政事业做出了杰出的贡献，不愧是我国民政事业的开拓者和现代民政的奠基人。

1959年7月1日至11日，第五次全国民政会议在北京召开。新任内务部部长钱瑛主持会议并做了总结报告。钱瑛对1958年我国民政工作取得的各项重大成绩和积累的丰富经验进行了总结，强调党的总路线调动了烈军属、荣复军人、社会残老人员和城乡贫民的积极性，发展了社会福利生产，举办了社会福利事业，使优抚救济工作增加了新内容，农村群众生产生活也得到合理安排。会议对1959年下半年的民政工作做了具体安排，提出着重抓好七项工作：一是切实做好救灾工作；二是进一步做好优抚和复员安置工作；三

是发展社会福利生产，办好社会福利事业；四是做好政府机关人事工作，要充分体现党的干部政策；五是做好行政区划工作和基层选举工作；六是编制好1960年事业费预算，认真掌握使用；七是健全民政机构，培训民政干部。

会议还对《关于改进革命残废军人评残和抚恤的方案》《国务院关于现役军人牺牲病故抚恤的几项暂行规定》《国务院关于国家机关工作人员牺牲病故抚恤的几项暂行规定》等讨论稿进行了讨论修改。

仅仅8个月后，1960年3月7日至19日，第六次全国民政会议在北京召开。内务部部长钱瑛在会上做了《坚决贯彻执行中央制定的民政工作方针、任务和政策，为实现1960年民政工作的连续跃进而斗争》的报告，对1960年的民政工作提出了具体要求。

会议期间，陈毅副总理就国际形势和民政部门工作任务做了讲话，他指出，要进一步加强优待抚恤和复员安置工作；切实做好救灾和社会救济工作；积极研究和参加城市街道组织居民生产和集体福利事业的工作；承办政府机关人事工作；办好选举工作。

1960年12月，根据周恩来总理关于"精简机构、下放干部、加强农业生产第一线"的报告精神，内务部决定撤销民政司，把行政区划及选举事务移交国务院秘书厅；婚姻登记、土地征用等工作移交本部办公厅。

翌年10月，选举事务和行政区划工作重新移交内务部管理。同时，内务部恢复了民政司，并将婚姻登记、土地征用和殡葬改革工作划归民政司管理。

从1959年到1961年，中国遭遇三年困难时期。全国受灾面积2.56亿亩，灾民1.62亿人，1960年粮食产量仅相当于1950年的水平。为此，民政部门积极开展救灾救荒，为度过暂时困难时期做出了重大贡献。在此期间，原交通部部长曾山于1960年11月调任内务部部长，直到1969年1月内务部撤销。

二、曲折与坎坷（1966—1976）

　　1966年春，中华人民共和国克服了"大跃进"和三年困难时期造成的灾难之后，社会经济的发展日益呈现出蒸蒸日上的繁荣景象。就在此时，一场史无前例的"文化大革命"，猛烈地向刚刚获得休养生息的中国袭来。

毛主席语录

　　随着"文化大革命"的步步深入，各级党政机关受到严重冲击，不少陷于瘫痪，内务部也不例外。时任内务部部长的曾山受到冲击，被当作"全国民政部门的头号走资派"遭到批判，身心受到很大摧残。

　　1967年，在上海"一月风暴"的带动下，在很短的时间内，形成了上面下面、城镇农村、各行各业的普遍夺权，"全面内战，打倒一切"，造成了全国性的大动乱局面。各级民政机构大多处于无政府或半无政府状态，领导干部被揪斗，机关人员无法正常工作，业务停滞，长期积累的资料散失、损毁，损失惨重。

　　随着对"资产阶级反动路线"的批判，民政工作中一系列长期执行且行之有效的方针政策也遭到"重创"。把精力投入救灾事业被认为是"以救灾压革命"；搞副业、进行生产自救被当作"搞资本主义"；把公益金用于五保户、困难户补助被批为"对社会的总剥削"；开展福利生产被认为是"搞福利主义"，从而造成理论上的极大混乱，让人们无所适从。

　　尽管如此，广大民政战线的干部职工仍然坚守岗位，使民政工作没有在运动中中断。如1967年2月至4月，内务部先后两次对全国受灾地区的春荒做出安排；1967年全年共拨款5.3亿元，用于自然灾害和社会救济等。

　　1967年武汉七二〇事件后，武斗流血事件层出不穷，祸及全国。与公检法同属政法系统的内务部，也自身难保。

　　1968年12月11日，最高人民检察院、最高人民法院和内务部的军事代表联合公安部领导小组向党中央上报了《关于撤销高检院、内务部、内务办三个单位，公安部、高法院留下少数人的请示报告》，毛泽东批示"照办"。

　　1969年1月3日，谢富治向内务口四个单位军代表和部分群众传达了毛主席的指示，并做了讲话。内务部撤销后，除在京设机关留守处外，其余人员于当年3月下放到湖北沙市五七干校劳动。

内务部撤销后，全国民政机构的组织体系陷于瘫痪、瓦解，不仅民政系统从上到下均受到影响，而且波及全国1亿多名民政服务对象。当时全国有优抚对象400多万人，残疾人700多万人，五保户300多万人，困难、受灾群众1亿人，他们的生产、生活均受到不同程度的影响，而民政部门失去了集中指导的职能和作用。

内务部虽然被撤销了，但其主管的业务并没有消失。比如每年的拥军优属、优待抚恤工作虽然一度停滞，但仍在坚持。民政系统留守的干部、职工在极其困难和艰苦的条件下，依然努力关照福利院、福利工厂里的残疾人和救济对象，尽可能为他们提供安全保障和生活保障。

1971年6月15日，我国民政事业的开拓者、中华人民共和国首任内务部部长谢觉哉因病在北京逝世，享年88岁。谢觉哉是参加过长征的红军老战士，被称为"延安五老"之一。早在土地革命战争时期就担任过中央苏区的内政部部长，为中华人民共和国民政事业做出了突出贡献。"为党献身常汲汲，与民谋利更孜孜"，这是延安时期人们赠送谢觉哉的祝寿诗句，也是他革命一生的真实写照。

1971年九一三事件后，周恩来受命主持中央日常工作，为纠正"左"倾错误做出了极大努力。1972年3月，国务院召集财政部、公安部、卫生部、国家计委等部门商议，就原内务部所主管的业务进行了研究，提出了分工管理的意见：

（1）公安部：负责行政区划、收容遣送等工作；

（2）财政部：负责救灾、救济、优抚、拥军优属等工作；

（3）卫生部：负责盲人、聋哑人、麻风病人、精神病人的安置、教育和管理工作；

（4）国家计委劳动局：负责国家机关工作人员的待遇、退职退休和复员转业军人的安置；

（5）国务院政工小组办公室：代管原内务部主管的人事工作。

1972年4月16日，曾多年担任内务部部长的曾山病逝于北京。周恩来总理专程从外地赶回北京参加了曾山同志的追悼会。

1973年12月，国务院派出调查组，对盲人、聋哑人工作进行调研，并征求地方对民政工作机构的意见。各地普遍反映，民政工作多头管理，主管部门多，不仅造成工作人员要多跑机关，而且很多事情不好办，建议四届人大恢复内务部或民政部建制，后因种种原因未能实现。

1975年年初，邓小平出任中共中央副主席和国务院第一副总理，在周恩来总理病重的情况下，担负起主持党政军日常工作的重任。他从整顿领导班子、批判和消除资产阶级派性入手，大刀阔斧地对各方面的工作进行整顿，以解决"文化大革命"造成的各条战线的混乱。

邓小平

邓小平主持全面整顿时间不长，但成效显著。1975年全国的形势明显好转，大部分地区的社会秩序趋于稳定，国民经济迅速回升。一些地方的民政机构（民政局、民政科）也得以恢复设置，使民政工作有专门部门负责，福利事业得到一定程度的恢复。

然而，好景不长。随着"批邓、反击右倾翻案风"运动的开展，邓小平再次被打倒。1975年全面整顿中提出的许多正确的政策、措施遭到批判，一批坚决执行这些政策的领导干部受到打击，刚刚出现的比较稳定的局面又受到严重破坏。

三、重建与发展（1976—1991）

1976年10月，随着"四人帮"的灰飞烟灭，中国人民获得了"第二次解放"。1977年，随着揭批查"四人帮"运动的开展和邓小平的复出，被"四人帮"颠倒的是非开始被重新颠倒过来，"文革"前17年的一些行之有效的体制和做法也逐步得到恢复，各项工作开始逐步走上正轨。

一定要实现四个现代化

1978年3月5日，第五届全国人民代表大会第一次会议在北京召开，会议决定设立中华人民共和国民政部，并任命程子华为民政部部长。5月，民政部正式成立，并参照内务部撤销时的框架设立了办公厅、政治部、优抚局、政府机关人事局、农村社会救济司、城市社会福利司、民政司等七个司局。此外，中国盲人聋哑人协会也归口民政部管理。

1978年9月16日至27日，第七次全国民政工作会议在北京召开。这是民政部成立之后召开的第一次民政会议，距第六次全国民政会议已有18年时间。民政部部长程子华在会上做了题为《以揭批"四人帮"为纲，努力做好民政工作，为实现新时期的总任务而奋斗》的报告。

该报告肯定了中华人民共和国成立29年来我国民政工作取得的成绩，明确规定了我国民政工作的主要任务是优抚、复退安置、生产救灾、社会救济和社会福利，并承办行政区划、婚姻登记和殡葬改革等工作。会议提出了民政工作的任务、方针和政策，并形成了第七次全国民政会议纪要。

会议纪要指出，民政工作历来是党的一项重要工作。做好民政工作对于促进安定团结，调动一切积极因素，加速实现社会主义"四个现代化"，关系很大。中央要求各级党委切实加强对民政工作的领导，把民政工作列入党委议事日程。要求尽快恢复和健全各地方民政部门的组织机构（特别是基层组织机构），充实和加强干部力量，为实现新时期的总任务做出重大贡献。

第七次全国民政会议后，中共中央对民政部的职能相应地进行了一些调整：

（1）1978年10月，党中央、国务院决定，县、社直接选举的"具体事务由民政部门负责"。此后，1981年3月，人大常委会办公厅发出通知："选举工作由民政部门管，不必在各级人大常委会下建立常设机构。"

（2）1979年8月，国务院决定成立接待安置印支难民领导小组，程子华任组长，领导小组办公室设在民政部。

（3）1930年7月，国务院决定将民政部政府机关人事局和国务院军队转业干部安置工作小组办公室合并，成立国家人事局。

（4）1931年2月，国务院成立退伍军人和军队退休干部安置领导小组，其办公室（简称"双退办公室"）设在民政部。3月4日，国务院批准民政部设立退伍军人和军队退休干部安置局，该局同时承担"双退办公室"的日常工作。

1981年3月，根据中央领导同志指示，民政部发出通知，明确城市居民委员会的工作统一由民政部管理。

与此同时，民政部也增设了革命史料研究室和信访局，并撤销政治部，成立机关党委办公室和直属人事处。

1981年，根据中央提出的精简整编方针，民政部再对内设机构进行了调整。一是将办公厅综合处和史料室合并，成立政策研究室；二是成立干部局，下设机关人事处和老干部处；三是成立外事处；四是成立部党组纪检组；五是缩减信访局、优抚局、安置局和办公厅的编制，使民政部机关的总体编制仍保持不变。

从1978年3月到1982年3月，程子华同志不顾70多岁高龄，年老体残，辛勤工作。不仅很快就组建了民政部，使全国民政工作走上正轨；而且带领广大民政干部拨乱反正，对民政系统运行了全面整顿。他重视民主政治建设，主持了《选举法》的修改工作，并亲自带队深入基层进行县、乡选举试点，对扶贫工作、救灾工作和残疾人事业也倾注了许多关怀。1980年9月，他被增选为第五届全国政协副主席。

从1979年至1982年，民政部门共接收安置了680多万名退伍军人、8万多名伤残病战士，对5000万名优抚对象进行了普查登记。尽管每年有近一亿人口受灾，不少重灾区却能做到当年受灾、当年恢复，不灾不荒，有灾不减产。同时，还承担了县、社两级的直接选举工作。到1981年年底，完成了2755个县级单位和5.6万个村镇的直接选举。

1982年4月28日，万里同志主持召开会议，研究劳动人事部与教育部、国家计委、国家经委、民政部几项工作分工问题，会议确定：

（1）关于残疾人、老年人工作的国际交往活动，由劳动人事部牵头，组织有关部门办理。直到1984年11月，残疾人的国际活动事务才由劳动人事部重新移交民政部主管。

（2）对社会上无依无靠、无家可归、无生活来源的人员（简称"三无"人员），由民政部门主管。

（3）其他有关日常业务工作，现由哪个部门管理的，仍由哪个部门主管。

1982年5月4日，第五届全国人大常委会第二十三次会议任命崔乃夫为民政部部长。

1982年6月，按照国务院机构改革的部署，民政部向国务院报送《民政部门的主要任务和职责范围》，并就退休人员管理、盲聋哑残人员安置、精神病人收容、疏散下放的城镇居民安置等问题提出了由其他部门分管或分别负责的建议。

1982年7月，全国政法工作会议在北京召开。会议认为，民政部门的主要任务是促进社会安定，除了抓好救灾、救济、优抚安置、收容遣送等工作外，要把加强基层政权的建设，特别是农村基层政权的建设列为重要任务之一。同年11月，国务院批准民政部机构调整为：办公厅、政策研究室、民政司、城市社会福利司、农村社会救济司、优抚局、安置局、老干部管理局。

1983年3月，第五届全国人大常委会第二十六次会议通过《关于县级以下人民代表大会代表直接选举的若干规定》，明确县、乡两级设立选举委员会，它的办事机构负责选举的具体事务。此后，民政部不再承担县、乡两级选举的日常工作。其职责范围中的"地方政权建设工作"被改为"基层政权建设工作"。

012

邮票上的民政事业——献给新中国成立七十周年
Civil Affairs on Postage Stamps—Dedicated to the 70th Anniversary of the Founding of the People's Republic of China

1983年4月9日至19日，第八次全国民政会议在北京召开。民政部部长崔乃夫在会上做了《在党的十二大精神指引下，为开创民政工作新局面而奋斗》的报告，明确了民政部门在新的历史时期的任务是：负责基层政权建设、优抚安置、救灾救济、社会福利、行政区划、殡葬改革、婚姻登记等工作。会议形成了第八次全国民政会议纪要。

中央认为，第八次全国民政会议是开得好的，解决了民政工作中一些带根本性的问题，进一步明确了民政工作的地位和作用，即民政工作是四化建设中一条十分重要的战线，民政工作是政权建设工作的一部分，是社会保障工作的一部分，也是行政管理工作的一部分。

从1983年到1988年，随着形势的发展，国务院对民政部门的职能进行了相应的调整。一是军队离休干部移交地方后由民政部门管理；二是为解决行政区域边界争议的工作，民政部成立调处行政区域边界争议办公室，并相应增加了编制；三是成立中国社会福利有奖募捐委员会，归口民政部管理；四是将中国地名委员会办公室由城乡建设环境保护部划归民政部管理；五是组建中国残疾人联合会，由民政部代管；六是成立中国"国际减灾十年委员会"，属部际协调机构，民政部作为牵头单位；七是成立监察部驻民政部监察专员办公室，设立审计署派出民政部的审计特派员办公室；八是将中国老龄问题全国委员会挂靠民政部。

与此同时，民政部也对内设机构进行了调整。将老干部局与人事处合并成立人事教育局；在计划财务处和基建物资处的基础上，成立计划财务基建办公室；成立了民政管理干部学院、社会福利与社会进步研究所以及信访办公室；还出版了《中国民政》杂志，发行《中国民政报》（后改名为《社会保障报》《中国社会报》）。此外，1984年3月成立的中国残疾人福利基金会也归口民政部管理。

从1983年到1987年，农村救灾工作取得了巨大成绩。5年中共发放救灾款43.4亿元、救济款119亿元，救济、扶持灾民3.4亿人次；同时，改革救灾款使用管理方法，在保障灾民基本生活的前提下，把有偿使用与无偿使用相结合，有6个省区实行了救灾款包干；社会福利事业蓬勃发展，全国城乡福利院（敬老院）达36万所，床位649万张，五年中分别增加了2.3倍和1.6倍，做到全国617个县每个县都有敬老院；福利工厂由5000个增加到28000个，增长了4.6倍，残疾人就业人数从10.4万人增加到50.4万人，大中城市有劳动能力的残疾人基本都能就业。

1988年4月9日，第七届全国人民代表大会第一次会议批准国务院机构改革方案，民政部被保留。4月12日，国家主席杨尚昆发布第二号主席令，任命崔乃夫为民政部部长。

第七届全国人民代表大会

同年7月，国家机构编制委员会审议并批准了民政部机构改革"三定"方案，确认民政部是国务院负责社会行政管理的职能部门，其主要任务是：通过做好基层政权建设和村民委员会、居民委员会建设工作，促进城乡经济的发展，推进基层民主生活的制度化；通过管理社会行政事务，调整人际关系，缓解社会矛盾，推进社会行政管理的法制化；通过发展社会福利与社会保障事业，推进公共福利事业的社会化；通过做好优抚安置工作，加强军政军民团结，促进国防建设现代化。

为充分发挥社会稳定机制作用，以适应改革开放的需要，民政部的职能得到加强，设立了14

个职能司（局、厅），包括办公厅、基层政权建设司、优抚司、安置司、救灾救济司、社会福利司、行政区划和地名管理司（中国地名委员会办公室）、社团管理司、社会事务司、婚姻管理司、政策法规司、人事教育司、综合计划司、国际合作司（民政部接待安置印支难民办公室），并代管中国残联和中国老龄委。此次改革，确立了我国民政工作的核心职能，并奠定了此后30多年民政部内设机构的基本框架。

1988年12月17日至21日，第九次全国民政会议在北京召开。民政部部长崔乃夫做了《认清形势，深化改革，发挥稳定机制作用，为社会主义现代化建设贡献力量》的报告，肯定了五年来各级民政部门在基层政权建设、农村救灾救济、社会福利、优抚、安置、社会事务管理等方面取得的可喜成绩；在建立农村基层社会保障制度，开展城市社区服务和社会福利有奖募捐活动等方面进行的积极探索。

会议确定今后五年的工作方针，一是以改革总揽全局，解放思想，转变观念，深化改革，努力适应商品经济发展的形式；二是坚持两条腿走路，既靠国家和各级政府的支持，又发动社会力量扩大基层社会保障；三是艰苦奋斗，勤俭办一切事业，努力发展为特定对象谋福利的民政经济；四是加强调查研究，分类指导，巩固成果，稳步前进。

此后，国务院对民政部的工作职能进行了"微调"，将农村社会养老保险交由民政部负责，民政部随后设立农村社会养老保险办公室；成立全国拥军优属拥政爱民工作领导小组，办公室设在民政部。与此同时，民政部也新增或调整了内部机构和职能，包括设立老干部局，成立中国社会出版社；将后勤事务从办公厅划出，成立机关服务中心（亦称行政管理司）。

四、改革与创新（1992—2019）

东方风来满眼春。

1992年1月18日至2月21日，邓小平先后到武昌、深圳、珠海、上海等地视察，并发表了一系列重要讲话，称为"南方谈话"。

第八届全国人民代表大会

邓小平提出，改革开放胆子要大一些，看准了的，就大胆地试、大胆地闯。对的就坚持，不对的就赶快改，新问题出来加紧解决。他强调，判断改革开放姓"社"姓"资"，标准应该主要看是否有利于发展社会主义社会的生产力，是否有利于增强社会主义国家的综合国力，是否有利于提高人民的生活水平。"南方谈话"从理论上突破了多年来束缚人们思想的框框，为我国建立社会主义市场经济体制奠定了理论基础。

"南方谈话"之后，中国掀起了新一轮改革开放浪潮。1992年10月党的十四大在北京召开，大会明确提出，我国经济体制改革的目标是建立社会主义市场经济体制。就是要使市场在社会主义国家宏观调控下对资源配置起基础性作用，使经济活动遵循价值规律的要求，适应供求关系的变化。

1993年3月，第八届全国人民代表大会第一次会议将"国家实行社会主义市场经济"写进《宪法》。这次会议还通过了国务院机构改革方案，民政部继续被保留，藏族出身、曾担任民政部副部长多年的多吉才让被任命为民政部部长。

这一年，民政部本着"转变职能、理顺关系、精兵简政、提高效率"的指导思想，对内设机构和业务范围进行了调整：

一是减少管理职能。将婚姻案件的复议、培训民政干部、管理黄山和厦门全国离退休干部疗养院和区划地名研究、社团咨询服务等职能，分别移交给地方、事业单位和社团承担。

二是调整内设机构。将原政策法规司与办公厅合并，强化办公厅的综合协调职能；同时加强社会救济、社会福利、优抚安置及农村养老保险等社会保障的宏观管理机构，将原来业务性质相近、业务比较单纯的婚姻管理司与社会事务司合并。

1993年12月6日，国务院办公厅印发《民政部职能配置内设机构和人员编制方案》，民政部的内设机构调整为12个职能司（局）和机关党委

（人事教育司）。

1994年5月12日至5月16日，第十次全国民政会议在北京召开。江泽民、李鹏、朱镕基、胡锦涛等中央领导同志会见了与会代表。民政部部长多吉才让在会上做了《加快民政工作改革发展，保障人民群众的基本生活权益，维护社会稳定，为实现我国第二步战略目标贡献力量》的工作报告。

这次会议明确提出以保障人民群众的基本权益作为民政工作的出发点，对民政基本职能进行了新概括、新定位，即解决社会问题，调节社会矛盾，促进社会公平和社会稳定，依法维护和保障社会大众的基本生活权益，不断发展为社会大众服务的社会福利和社会公益事业，促进经济和社会的发展。

按照新的职能定位，民政工作的重点也发生了一些变化，社会保障、社会服务职能继续强化，最低生活保障、农村养老保险工作初露端倪，基层选举、群众自治、社区服务、社团登记管理、儿童收养等职能得到重视。

此后，民政部的工作职能有所调整。一是中募委原承担的部分行政管理职能移交民政部，奖券发行中心更名为中国社会福利彩票发行中心；二是国务院成立勘界工作领导小组，其办事机构设在民政部；三是成立了民政部离退休干部局，中纪委、监察部驻民政部纪检组、监察局，审计署驻民政部审计局，农村社会养老保险服务中心和社会福利中心；四是将计划财务司更名为财务和机关事务司，社团管理司更名为社会团体和民办非企业单位管理司。

1998年，国务院再次进行机构改革。民政部仍是主管有关社会行政事务的国务院组成部门，其职能做如下调整：

一是划出的职能：将农村社会养老保险职能交给劳动和社会保障部。

二是划入的职能：将民办非企业单位的登记管理工作，国家经济贸易委员会承担的组织协调抗灾救灾的职能，国务院退伍军人和离退休干部安置领导小组、国务院勘界工作领导小组撤销后的职能，一并交由民政部承担。

三是转变的职能：将各类民政事业单位的管理服务和等级评定、福利企业经营管理和技术改造项目审批、国内外对中央政府以外的捐赠接收、指导灾区进行生产自救、社团和民办非企业单位年度检查的具体事务、指导残疾人康复、假肢和殡葬行业管理职能，分别交给企事业单位、社会中介组织或地方民政部门承担。

同时，对最低生活保障工作、社团登记管理、救灾经济、村民自治、社区建设、儿童等特殊群体社会福利工作更加重视。

调整后，民政部共设置10个职能司（局）。此后，民政部又成立了民间组织服务中心和国家减灾中心；全国抗灾救灾综合协调办公室、全国老龄工作委员会办公室、中国国际减灾委员会办公室也都设在民政部。

2002年5月25日至28日，第十一次全国民政会议在北京召开。江泽民、朱镕基等中央领导同志会见与会代表并讲话。国务委员司马义·艾买提在会上做了工作报告，总结了8年来民政工作取得的成就，提出了新时期民政工作的总体任务、总体思路和相关政策措施。

民政部部长多吉才让就8年来民政工作的主要情况和今后一个时期应着重加大力度的工作做了汇报，总结经验，分析对策。明确了目标，即努力实现有效的社会救助、广泛的基层民主、优质的福利服务、牢固的军民团结、规范的社会管理；理清了思路，即推进民政工作法制化、民政事业社会化、服务组织网络化、工作手段信息化。为此，应进一步加大解放思想的力度，依法行政、规范管理的力度，民政事业的投入力度和基层基础工作的力度。

2003年3月，在第十届全国人民代表大会第一次会议上，原民政部副部长李学举被任命为民政部部长。

2006年11月23日至24日，第十二次全国民政会议在北京举行。国务院总理温家宝会见与会代表并讲话。他强调，民政工作关乎千家万户，关乎亿万群众。各级民政干部都要做一个有心的人，用心了解社情民意；做一个心重的人，把群众的事情看得比泰山还重；做一个心诚的人，诚心诚意帮助群众解决困难，为群众服务。从一定意义上说，总理就是最大的民政部长，就是一个最直接的民政工作者。

温家宝指出，当前和今后一个时期民政工作的主要任务：一是搞好困难救助。帮助农村的五保户和低收入群体，城市的低保户和失业人员，特别要关心失去生活能力的残疾人。二是做好救灾工作。我国幅员辽阔，每年灾害不断，给人民群众的生命财产安全造成重大损失，救灾始终是民政部门极为重要的任务。三是加强城市社区工作。社区是整个社会的细胞。社区要为群众提供生活、医疗、文化、体育、就业、学习等方面的服务。四是推进农村基层民主建设。搞好村级直接选举，实行村民自治，保障农民的民主权利。五是开展拥军优属。要逐步建立完善退役士兵安置制度，将伤残军人、军烈属等重点优抚对象优先纳入社会保障范围。深入开展群众性拥军活动，巩固和发展军政军民团结。

国务院副总理回良玉出席会议并讲话。他指出，党和政府的爱民之情、亲民之意、为民之举，很大程度上是通过民政工作来体现的。民政工作必须始终突出为民解困的主题，广泛动员社会力量参与，坚持改革方向和制度创新，高度重视干部作风和能力建设，不断适应经济社会发展需要。

2008年3月，在第十一届全国人民代表大会第一次会议上，李学举再次被任命为民政部部长。

2008年国务院第六次机构改革时，民政部承担了20多项职责，主要集中在四个方面：一是保障民生，开展减灾救灾、社会救助、社会福利、促进慈善事业发展等工作；二是发展民主，指导城乡基层组织建设，推动村务公开、民主管理和城乡社区建设等工作；三是支持国防，负责军人优待、抚恤、安置、烈士褒扬、革命纪念物管理和拥军优属等工作；四是服务社会，开展社会组织登记和监督管理，行政区划和地名管理，行政区域界线管理，以及婚姻、殡葬、儿童收养和生活无着人员救助等工作。

2008年之后，民政部的职能总体保持稳定，但也有2个小的变化，一是涉外社会组织管理，中央决定由公安部负责；二是取消福利企业资格认定。

2012年3月19日至20日，第十三次全国民政会议在北京隆重举行。胡锦涛、温家宝、习近平、李克强等中央领导同志会见了全体与会代表；温家宝总理在座谈会上发表了重要讲话；回良玉副总理在会上做了工作报告。此次会议的主要任务是，总结近年来民政事业改革发展情况，研究部署今后一个时期的民政工作，充分发挥民政在社会建设中的骨干作用。

2012年11月，党的十八大在北京召开。大会从战略高度为中国在2020年全面建成小康社会制定出切实可行的发展蓝图，并选举产生了新一届中央委员会；习近平当选为中共中央总书记，成为中国改革开放大业"继往开来的领路人"。

2013年3月，第十二届全国人大一次会议讨论通过了《国务院机构改革和职能转变方案》，民政部予以保留，根据中央提出的"在改善民生和创新管理中加强社会建设"的意见，民政部在职能转变方面加强了对社会组织的管理职能。

中国共产党第十八次全国代表大会

一是加快形成政社分开、权责明确、依法自治的现代社会组织体制。逐步推进行业协会商会与行政机关脱钩，强化行业自律，使其真正成为提供服务、反映诉求、规范行为的主体。

二是探索一业多会，引入竞争机制。重点培育、优先发展行业协会商会类、科技类、公益慈善类、城乡社区服务类社会组织。成立这些社会组织，直接向民政部门依法申请登记，不再需要业务主管单位审查同意。

三是依法加强登记审查和监督管理，切实履行责任。坚持积极引导发展、严格依法管理的原则，促进社会组织健康有序发展。

四是完善相关法律法规，建立健全统一登记、各司其职、协调配合、分级负责、依法监管的社会组织管理体制，健全社会组织管理制度，推动社会组织完善内部治理结构。

随着我国经济发展进入新常态，脱贫攻坚进入冲刺期，以及人口老龄化日趋严峻，民政事业发展面临前所未有的机遇，也遇到了前所未有的挑战。

2013年11月9日至12日，党的十八届三中全会在京举行，吹响了向"两个一百年"奋斗目标和实现中国梦进军的号角，标志着我国改革开放事业迈入全面深化的新阶段。

2016年4月，习近平总书记在中央全面深化改革领导小组第二十三次会议上强调，要把以人民为中心的发展思想体现在经济社会发展各个环节，做到老百姓关心什么、期盼什么，改革就要抓住什么、推进什么，通过改革给人民群众带来更多获得感。

2017年10月，党的十九大在北京召开。大会提出，中国特色社会主义已进入新时代，我国社会的主要矛盾已转化为人民日益增长的美好生活需要和不平衡不充分的发展之间的矛盾。党在新时代的历史使命就是带领中国人民实现中华民族的伟大复兴。

2018年3月，第十三届全国人民代表大会第一次会议在北京召开，决定启动新一轮国务院机

中华人民共和国第十三届全国人民代表大会

构改革。

3月13日，《国务院机构改革方案》正式对外公布。根据该方案，改革后，国务院正部级机构减少8个，副部级机构减少7个，除国务院办公厅外，国务院设置组成部门26个。民政部作为国务院组成部门继续保留，但职能发生了较大变化：

一是全国老龄委办公室的职责，调整到新组建的国家卫生健康委员会。民政部代管的中国老龄协会也改由国家卫生健康委员会代管。

二是民政部的退役军人优抚安置职责，划归到新组建的退役军人事务部。

三是民政部的救灾职责，划归到新组建的应急管理部。

四是民政部的医疗救助职责，划归到新组建的国家医疗保障局。

五是民政部等部门组织实施国家战略和应急储备物资收储、轮换和日常管理的职责，划归到新组建的国家粮食和物资储备局（由国家发改委管理）。

整体上看，民政部承担的职能减少了，机构也大大"瘦身"（救灾司、优抚安置局、全国老龄办、社会救助司从民政部划出）。但其基本职能没有改变，"上为中央分忧，下为百姓解愁"的定位没有改变，社会稳定机制的作用没有改变，发展社会主义民主、维护社会主义法制、改善优抚救济对象的生活、促进国防建设、移风易俗、建立新型社会主义人际关系的功能没有改变。特别是在建立社会主义市场经济的过程中，民政部门通过对社会收入的再分配，在帮助社会弱势群体解决生活困难、化解社会矛盾方面，将发挥越

018

邮票上的民政事业——献给新中国成立七十周年
Civil Affairs on Postage Stamps—Dedicated to the 70th Anniversary of the Founding of the People's Republic of China

来越重要的作用。

2019年4月2日，时隔7年，第十四次全国民政会议在北京召开。会议传达了习近平总书记对民政工作的重要指示。习近平指出，民政工作关系民生、连着民心，是社会建设的兜底性、基础性工作。各级党委和政府要坚持以人民为中心，加强对民政工作的领导，增强基层民政服务能力，推动民政事业持续健康发展。各级民政部门要加强党的建设，坚持改革创新，聚焦脱贫攻坚，聚焦特殊群体，聚焦群众关切，更好履行基本民生保障、基层社会治理、基本社会服务等职责，为全面建成小康社会、全面建设社会主义现代化国家做出新的贡献。

国务院总理李克强会见与会代表并讲话，对近年来民政工作取得的成绩予以充分肯定。他说，民政工作直接面对人民群众，是社会治理和社会服务的重要组成部分，是扶危济困的德政善举。当前，我国正处在全面建成小康社会的决胜阶段，人民追求美好生活的愿望十分强烈，民政工作的任务艰巨繁重。要坚持以习近平新时代中国特色社会主义思想为指导，贯彻落实党中央、国务院决策部署，着力保基本兜底线，织密扎牢民生保障"安全网"。服务打赢脱贫攻坚战，做好低保和特困人员包括生活困难的老年人、重度残疾人、重病患者、困境儿童等的基本生活保障工作。着力发展基本社会服务，解决好群众关切的"为难事"。深化"放管服"改革，让群众办事更便捷，更大发挥社会力量作用，积极发展贴近需求的社区养老托幼等服务，丰富生活服务供给，带动扩大就业和有效内需。要大力发展社会工作和慈善事业，弘扬志愿服务精神，人人参与、人人尽力，使社会大家庭更加温馨和谐。各级政府要贯彻以人民为中心的发展思想，关心民政、支持民政，多做雪中送炭、增进民生福祉的事，促进经济持续健康发展和社会和谐稳定。

古人云："天下之治，有因有革，期于趣时适治而已。"随着中国特色社会主义进入新时代，民政事业的任务更加艰巨，这对民政系统广大干部职工提出了新的要求。只有继续深化改革，加快形成系统完备、科学规范、运行高效的民政工作体系，想人民之所想，急人民之所急，兢兢业业，夙夜在公，才能切实践行"民政为民、民政爱民"的工作理念，真正做到"以人民为中心"，不断提高人民群众的幸福感、获得感、安全感。

中国梦—人民幸福（首日封）

十亿神州尽舜尧

——基层治理

春风杨柳万千条，六亿神州尽舜尧。

1958年，毛泽东在看了6月30日《人民日报》发表的关于江西省余江县基本消灭血吸虫病的长篇报道后，"遥望南天，欣然命笔"，写下了这一豪迈的诗句。他没有忘记，孟子曾经说过"人皆可以为尧舜"。因此，在他眼里，"六亿神州尽舜尧"。站立起来的六亿中国人民不仅能够砸碎一个旧世界，也一定能够建立一个新世界。

020

邮票上的民政事业——献给新中国成立七十周年
Civil Affairs on Postage Stamps—Dedicated to the 70th Anniversary of the Founding of the People's Republic of China

一、民主建政

钟山风雨起苍黄，百万雄师过大江。
虎踞龙盘今胜昔，天翻地覆慨而慷。
宜将剩勇追穷寇，不可沽名学霸王。
天若有情天亦老，人间正道是沧桑。

1949年4月23日，人民解放军占领南京，它标志着一个旧时代的结束和一个新时代的开始。

随着南京国民政府的垮台，建立新中国的任务摆在了中国共产党人的面前。此前一个月，毛泽东在中共七届二中全会上已经明确宣布，我们要建立一个"工人阶级领导的以工农联盟为基础的人民民主专政"的共和国。

1949年10月1日，北京30余万军民齐集天安门广场，举行隆重的开国大典。中华人民共和国的成立，标志着中国人民从此真正站立起来了！

庆祝中国人民政治协商会议第一届全体会议

中央人民政府成立之后，建立各级地方政权也被迅速提上了议事日程。从1950年到1952年，各地民政部门在内务部的直接领导下，围绕民主建政开展了卓有成效的工作。这些工作是严格按照中国人民政治协商会议制定的《共同纲领》进行的。

中华人民共和国成立初期，各地在彻底摧毁旧政权的基础上，首先建立了临时的、具有过渡性的政权——军事管制委员会。军管会是由当地最高军事机关对地方施行军事管制的机构，也是带有强烈军事色彩和具有临时过渡性质的人民政权的最初形式。军事管制制度的实行，为保证社会正常秩序的建立和生产事业的恢复，为地方各级政权的建立提供了良好的环境。

在实行军事管制的同时，通过由上而下的委任方式，建立地方各级人民政府，并将权力逐步由军管会向人民政府转移。随后，在社会环境初步安定以及其他条件许可的情况下，召开各界人民代表会议，有步骤地代行人民代表大会的职权，并通过民主选举建立各级地方人民政府。1949年12月，中央人民政府委员会制定和通过了省、市、县各界人民代表会议组织通则，要求凡具备条件的地方应抓紧召开各界人民代表会议，促使其逐步代行人民代表大会职权，选举产生各级人民政府。

1950年1月，政务院会议通过了省、市、县人民政府组织通则；同年12月，又通过了区、乡人民政府组织通则。这些通则对省市县区乡各级地方政府的隶属关系、组成、职权、机构做了羊尽而明细的规定，为各级地方政权的建立制定了法规，促进了各级地方政权的建立与完善。

1951年4月，政务院发出《关于人民民主政权建设工作的指示》和《关于十万人口以上的城市召开区各界人民代表会议的指示》，肯定了一年来全国各地在巩固人民民主专政、推进民主政权建设工作方面所取得的进步与成就；要求进一步开好各界人民代表会议，政府的一切重大工作应向各级人民代表会议提出报告，并在代表会议上进行讨论与审查。到1951年10月，全国154个市、2068个县中有146个市、2038个县召开了人民代表会议。

经过中华人民共和国成立初期三年的努力，从中央到地方的各级政权全部建立，并逐渐得到完善与加强。我国的根本政治制度——人民代表大会制度，在全国范围内自上而下地建立起来，成为人民行使自己当家做主的权利和国家施行民主建政的好形式。

这一时期，身为内务部部长的谢觉哉一直把民政部门承担的地方政权建设工作，特别是基层政权建设工作放在重要地位，并为之呕心沥血。在第一次全国民政会议上，他指出，中国人民不知流了多少血才取得政权，所以应该像爱护自己的生命一样来爱护政权。而爱护的方法就是把政权拿在自己手里来行使它。行使它的关键，就是人民选举各级国家政权的权力机关即各级人民代表大会。他强调，乡（镇）和县是抓地方政权建设工作的重要环节。其中乡（镇）是基础，而要建设好乡（镇）人民代表大会制度，就必须搞好乡（镇）的民主选举。

时任政务院副总理兼政法委主任董必武对民主建政工作也非常重视。在政法委第一次会议二，他指出政法委的任务就是负责指导内务部、公安部、司法部和法制委、民委的工作。经请示政务院批准，他将民主建政列为内务部的中心工作。

他认为，民主建政应以县为重点，加强县以

董必武

下基层人民政权建设。1951年12月3日，他专门写信给毛泽东，阐述了自己对华东地区在建政过程中要求各地委亲自掌握一个县和两三个乡作为县、乡政权典型试验做法的意见。在县、乡两级政权建设方面，他着重说明开好各级人民代表会议的关键在县一级。县级政权机关的主要部分依法建立起来，才有可能加强全县范围内乡村的建政工作。

当时福建省县、乡两级建政工作也开展得如火如荼。1950年年初，在厦门市政府统一领导下，厦门市民政局在废除保甲制度、建立人民基层政权中，依据"稳定前进，逐步改造"的方针，成立工作组到各区协助工作，规定以保为单位（农村以村为单位）建立街（村）政权。

1950年4月1日，思明区召开保（甲）长会议，决定废除保甲制度，建立思东街改委员会。4月14日，鼓浪屿宣布废除保甲，成立公平街政委员会。此后，其他各区和禾山乡也分别建立了街政委员会和村政委员会。到7月份基层政权改造结束时，全市共成立41个街、7个乡、43个村、916个居民小组。每街划分为10个左右的居民小组，每个居民小组约50户左右，1000人中产生居民代表2～3人，街政委员从居民代表中提出候选人，再由全体代表选举产生。街政委员和居民代表的任务是反映居民意见，同时将上级政策法令和工作布置贯彻推行到群众中去。

由于这种以户为单位、以地区划分居民组的组织形式不能满足群众的民主要求，不能广泛代表不同阶层的群众意见，不能适应人民团体组织的逐步发展与健全。1951年7月，厦门市政府选择开元区思北街为典型，成立民主建政典型街工作委员会，推行民主建政试验工作。以"按照行业，分别阶层，照顾地区"或"按照阶层，分别行业，照顾地区"的原则，划分选民选举代表，召开街政人民代表会议代行街政人民代表大会职权，选举街政委员会，将街长、组长代表制改为街人民代表会议制。

市、区两级建立民主建政工作委员会，并在街成立民主建政筹备委员会，广泛吸收各阶层、各行业人士参加。市政府还举办训练班，培养民主建政工作骨干，向广大人民群众进行各种不同形式的宣传教育，打消一些群众的顾虑，树立起对民主建政的正确认识。经过广泛深入工作，全市（除禾山区）都选举了街长和副街长，建立了街人民代表会议与街政权机构。

厦门市政府十分重视基层选举工作，每次都制定切实可行的选举计划，健全选举机构，广泛宣传发动，严格选举纪律，规范选举程序，使选举得以有领导、按步骤地顺利进行。

1953年，为尽快建立人民代表大会制度，谢觉哉受中共中央委托，亲自主持起草了《中华人民共和国全国人民代表大会及地方各级人民代表大会选举法》。在该草案送经中央人民政府讨论基本取得同意、等待正式颁布的过程中，谢觉哉不失时机地召集各大区民政局局长开会，研究部署民政部门协助地方党政领导推动普选开展的实际工作。周恩来总理两次接见与会人员，并提出"这次普选运动是要全党参加，政府出面，训练干部、发动群众、深入宣传、认真选举，以达到民主建政的目的"的方针，保证了1953年到1954年全国基层普选工作的顺利进行，大大提高了广大人民群众行使民主权利的热情。

在全国第一次普选中，内务部参加了普选的准备和试办工作，将各地提出的政策性问题随时反映给上级，汇总研究解决，内务部还为中央草拟选举工作的指示、决定，召开选举工作座谈会，

具体贯彻中央关于选举工作的指示，并发出选举机构印信、选民登记表格、代表当选证书格式和制发办法，开展有关选举的宣传报道等。

中华人民共和国第一次普选登记的选民，占18岁以上人口的98.17%。参加投票的选民，占登记选民总数的85.88%。地方各级人民代表大会还逐级选举产生了上一级人民代表大会的代表。至此，我国普选的人民代表大会制度初步建立了起来。

谢觉哉强调，各地应将本地社会主义革命与建设中的重大决策，提交人民代表会议和人民代表大会讨论。只有这样，才能集中人民的智慧和力量，将各项工作做好。代表会议和代表大会要按期召开，开会前要做好充分准备，开会时要让代表畅所欲言。对于工作不好、作风不好的政府工作人员，人民代表会议和人民代表大会要有罢免的权力。他表示，只有人民有了权，又知道行使权，才能算民主。

中华人民共和国第一届全国人民代表大会

1954年9月15日，第一届全国人民代表大会第一次会议在北京召开。这次会议正式通过了《中华人民共和国宪法》，为我国的社会主义民主和法制建设奠定了初步基础。《宪法》正式公布之后，受到全国人民的热烈拥护。

1954年11月第三次全国民政会议之后，根据中央关于民政工作"以优抚、复员、救灾、社会救济为主要业务"的指示精神，内务部把工作重心转到与民生密切相关的优抚、救灾和社会救

中华人民共和国宪法

济上来。在民主建政方面，主要是配合地方党委和政府，承担一些具体的组织和技术工作，对地方政权建设发挥了积极的作用。

1978年，在经历了十年"文革"的浩劫之后，民政部得以重建，基本恢复了"文革"前内务部的业务范围。党的十一届三中全会后，随着全党工作重心的转移，民主法制建设也开始恢复重建。

根据中央决定，将县、社两级人民代表大会选举的具体事务交由民政部门负责，并由民政部承担主持修改《选举法》的任务。新《选举法》对1953年《选举法》做了重要修改和补充：一是确定县级直接选举制；二是确立差额选举制；三是选区改为按生产、事业、工作单位和居住状况相结合划分；四是各少数民族都应有代表参加全国人民代表大会；五是一律实行无记名投票。

1979年7月1日，第五届全国人大二次会议通过了《地方各级人民代表大会和地方各级人民政府组织法》《全国人民代表大会和地方各级人民代表大会选举法》。据此，民政部门负责具体承办县、社两级的直接选举工作，调查研究基层政权的现状和存在的问题，向党委、政府提出改进或加强的意见、建议。同时，还负责村委会、居委会的自治建设和制度建设，以及总结交流地方政权建设的经验，拟定有关条例、规章制度等。

1979年下半年，各省、自治区、直辖市在66个县、自治县、不设区的市和市辖区进行了直接选举的试点工作。民政部部长程子华和其他几位副部长率领6个工作组分赴浙江等地参加县级选举试点工作，并于同年12月召开了全国县级直接选举工作会议，交流试点经验，研究具体政策。

1980年10月，全国县级选举普遍展开，到1981年年底基本完成。选举共涉及2755个县级单位和5.6万个公社。在18岁以上的5.42亿公民中，登记选民达5.39亿（占99.45%）；其中有5.16亿人参加了投票（占登记选民总数的95.73%）。选举取得了圆满成功，各级民政部门的广大干部、职工为此付出了许多心血和努力。

1982年之后，随着农村家庭联产承包责任制的推行和农村社会的巨大变革，农村基层政权建设也发生了重大变化。当时，在我国农村，"人民公社的人民代表大会和革命委员会是基层政权组织，又是集体经济的领导机构"，这是写进《宪法》的。

1980年6月，最早实行联产计酬责任制的四川省广汉县，就在向阳公社实行了改社分开、建乡改社的试点。广汉县把人民公社"一分为三"——设立乡党委、乡政府和乡农工商联合公司，实际上取消了人民公社。

1982年12月通过的新《宪法》，使广汉县的改革合法化了。新《宪法》规定，"乡、民族乡、镇设立人民代表大会和人民政府"，"城市和农村按居民居住地区设立的居民委员会或村民委员会是基层群众性自治组织"。

1983年10月，中共中央、国务院联合发出《关于实行政社分开建立乡政府的通知》，具体部署了政社分开的工作。在各级民政部门的大力配合下，仅用两年时间，全国5.6万个人民公社就被9.2万个乡、镇政府所取代，55万个生产大队被94万个村民委员会所取代。

人民公社的解体，使农民从金字塔网络的网眼中解脱出来，成了自由劳动者，而这正是农村商品经济发展的必要条件。我国广大农村的地方政权建设也由此掀开了新的一页。

二、村民自治

发展农村基层民主，实行村民自治，是我国广大农村实行家庭联产承包责任制后的又一重大制度变革，也是人民公社解体后的必然选择。

所谓"村民自治"，简言之，就是广大农民群众直接行使民主权利，依法办理自己的事情，创造自己的幸福生活，实行自我管理、自我教育、自我服务的一项基本社会政治制度。

1980年2月，我国第一个由村民选举产生的村民委员会就在广西宜州合寨村诞生；1982年，我国修订颁布的《宪法》第一百一十一条规定"村民委员会是基层群众性自治组织"，从而确定了村民委员会作为农村群众性自治组织的法律地位。

1987年，全国人大常委会通过了《中华人民共和国村民委员会组织法（试行）》。明确规定，

中华人民共和国宪法

村民委员会是村民自我管理、自我教育、自我服务的基层群众性自治组织；村民委员会由直选产生，其主要任务是办理本村的公共事务和公益事业，组织村办经济，制定和监督村规民约的执行，调解民间纠纷，协助维护社会治安，向人民政府反映村民的意见、要求和提出建议。村民委员会向村民会议、村民代表会议负责并报告工作。这就从法律上为村民自治奠定了扎实的基础。

从1984年结合撤队建村、进行第一次村委会选举到1998年，福建省村民自治大致经过了三个发展阶段：

（1）从1984年至1987年为起步阶段。1984年和1987年福建省先后进行了两届村委会换届选举，其基本做法是：先选代表，再由代表推选村委会成员。尽管这种间接选举的民主化程度还不高，但它毕竟结束了乡镇直接任命村干部的历史，基层政治生活开始出现新的变化。

（2）1988年至1992年为扩展阶段，福建省村民自治逐步发展并不断扩大影响。1988年9月，福建省人大常委会通过了《福建省实施〈中华人民共和国村民委员会组织法（试行）〉办法》，以此指导1989年福建省村委会的首次直接选举。

1990年12月26日，福建省人大常委会通过了《福建省村民委员会选举办法》，对村民委员会的选举程序、选举办法做了明确详细的规定。这是全国第一部规范村委会选举的地方性法规，

使村委会选举有法可依、有章可循，为村民自治提供了有力的法律保障。

根据有关法规，福建省在1989年和1991年两次村委会换届选举中，进行了改代表推选为直接代表选举的尝试，试行直接、差额、无记名的选举办法，扩大了选民的提名面，规范了基层选举，提高了村民自治的民主程度。

在实施村民自治过程中，福建省走出了一条示范与普及相结合的新路子，通过示范引领，分批达标，全面普及。1989年上半年，福建省民政厅在宁化县的10个村进行示范试点；同年11月，福建省政府召开省村民委员会工作会议，推广了宁化试点经验；之后，全省每个县都选择10个左右工作基础较好的村开展自治活动，每年按20%的幅度递增，5年内基本完成了全省村民自治第一轮示范达标。

（3）1993年至1998年为深化阶段，福建省村民自治不断臻于完善。1993年，针对历届村委会选举中存在的问题，福建省人大常委会对《福建省实施〈中华人民共和国村民委员会组织法（试行）〉办法》《福建省村民委员会选举办法》做了修订，在1994年和1997年全省村委会换届选举中实行以下新办法：

①18周岁以上选民直接参加投票，5人以上选民可联名推选候选人，村委会主任、副主任、委员全部实行差额选举；

②严格选举程序，注意做好选举过程具体环节的把握，如选举前的村财务任期审计，对初步候选人实行任职资格审查；

③采取预选办法，确定正式候选人，实行候选人竞选演说，取消选举大会，增设投票站，延长投票时间，解决文盲写票；

④实行一人一票和秘密投票，减少流动票箱使用范围，改变计票办法等等。

这些规范做法，使福建省村委会选举在全国居于领先地位，一些外国记者到福建省基层选举现场采访后，也从疑惑变成理解，称赞"民主已在中国最基层的农村扎下了根"。

1994年，民政部在《关于开展村民自治示范活动的通知》中，提出了"四个民主"，即全面推进村级的民主选举、民主决策、民主管理和民主监督，并将其作为村民自治的核心内容。从提出"村民自治"到推进"四个民主"，是我国广大农民对基层民主认识的逐步完善、逐步提高。

1994年下半年，根据《1994—2000年福建省村委会建设规划》，福建全省开始部署第二轮村民自治示范活动，并设定了"四个民主"的具体标准，要求全省14081个村在2000年之前全面完成示范任务。到1998年，全省已建立示范村11199个，其中5779个村达到省定标准。

从1984年到1998年，福建全省先后进行了6次村委会换届选举，实现了农村基层从任命到间接选举，再到直接选举的两次历史性飞跃。选举程序日益规范，直接选举率和选举完成率不断提高，1989年直选率仅为32.8%，1991年、1994年和1998年分别达到50%、98.4%和99.9%；1991年、1994年选举完成率均超过98%，1997年达到99.9%。

民主选举的不断完善，极大地调动了广大村民参政议政的积极性，有力地促进了农村民主决策、民主管理和民主监督制度的建立和完善。

在民主决策方面，福建省从山多、村落多、村民居住分散、村民大会较难召集的实际出发，在《福建省实施〈中华人民共和国村民委员会组织法（试行）〉办法》和《福建省村民委员会选举办法》中确立了实现民主决策的组织形式——村民代表会议制，并在组成人员的数额、职权、议事方法和规则等方面做了明确规定。各地也根据有关法规制定了符合本地实际的议事规则和具体决策程序，建立了村民代表会议报告制度，凡村中重大事务决策都要经过村民代表会议讨论通过，从而革除了过去涉及村民利益的实情往往由少数人说了算的弊端。

在民主管理方面，绝大多数村庄制定了既符合法规政策、又体现村情民意的村民自治章程和村规民约以及生产管理、财务管理、干部目标管

026

邮票上的民政事业——献给新中国成立七十周年
Civil Affairs on Postage Stamps—Dedicated to the 70th Anniversary of the Founding of the People's Republic of China

理等各项制度，有些地方还建立了村民议事会、道德评议会、老人会等，使村民多渠道参与村务管理。

在民主监督方面，全省农村普遍建立了以"两公开一监督"（村务、财务公开，接受村民监督）为核心的民主监督机制，通过设立村务公开栏、意见箱，实行村民评议干部，成立村务监督小组、理财小组，配备廉政监督员等，对村务、财务实行监督，规范了村干部的行为，保障了村民的合法权益。

1998年11月，我国《村民委员会组织法》经过修订后正式颁布实施，使村委会直接选举更加规范化。从1999年到2010年，绝大多数村委会举行了4次换届选举，取得了显著成效。有85%以上的村庄建立了村民会议或村民代表大会制度，92%以上的村庄建立了村民理财小组、村务公开监督小组等，村务公开、民主评议等活动普遍开展起来。村民参与热情持续高涨，选举活动日益规范；村党组织书记和村委会主任"一肩挑"、村"两委"班子成员交叉任职的比例明显提高；村委会成员的年龄结构、文化结构、性别结构也有较大的改善。

据不完全统计，这一时期全国有3.5万名大学生村干部当选村"两委"成员，其中还有一部分当选为村委会主任，成为村委会班子的新生力量，提高了村干部的领导水平。

从2011年开始，全国31个省（自治区、直辖市）陆续开展了新一轮村委会换届选举工作。这次换届选举涉及全国59万个村委会、近6亿有选举权的村民，产生了230多万名村委会干部。这也是新修订的《村委会组织法》颁布实施后首次进行的较大规模的村委会换届选举。

新修订的《村委会组织法》对村委会选举提出了许多新要求，做出了许多新规定。包括要切实加强选举领导机构和工作机构、选举教育和培训、选举方案制定、村级财务审计等工作，以保障村委会选举工作的顺利进行；要抓住村民选举委员会产生程序、村委会成员候选人提名方式、

候选人的竞争行为、投票行为等重要环节，依法规范村委会选举程序，以保障村委会选举公正有序进行；要扎实做好新老村委会交接、新当选村委会成员培训、村务公开和民主管理制度健全、村委会成员合法权益保障等工作，以巩固村委会选举成果，健全村党组织领导的、充满活力的村民自治机制；要坚决查处村委会选举中贿选等违法违纪行为，以保障村委会选举公正有序进行。

小岗村农民（邮资图）

村级组织换届选举是凝聚基层力量、推动农村发展的新机遇，也是提高村级班子的战斗力、凝聚力、创造力的难得契机。民政部对照新修订的《村委会组织法》，修订了村委会选举规程，研究出台了相关的配套政策、制度。

经过20多年村委会直接选举的实践，中国农村基层民主不仅在村一级开展得有声有色和富有成效，而且开始突破村级限制，向纵横两个方面发展：纵向发展到乡镇一级，横向发展到城市社区，在更为广阔的政治、经济和文化领域里发生着深刻的影响。

2018年12月29日，十三届全国人大常委会第七次会议表决通过了关于修改《村民委员会组织法》的决定，村民委员会每届任期由三年改为五年，届满应当及时举行换届选举。

随着农村经济社会的发展，越来越多的村民认识到选出一个好的村委会班子对建设美好家园的重要性，这对搞好村委会换届选举工作无疑是一个很大的推动。没有基层民主，就不可能有社会主义民主法治；而没有村民自治，也不可能建好社会主义新农村。

三、居民自治

城市基层群众自治是城市居民在社区范围内实行民主选举、民主决策、民主管理、民主监督，实现居民自我管理、自我教育、自我服务的一种社会管理制度。它按照社区居民"自己管理自己的事情""大家的事情大家办"的原则，通过民主协商的方式，共同解决社区公共事务和公益事业方面的问题，共同创造美好幸福的生活。

我国基层群众自治组织发源于城市，是取代旧社会城市基层社会管理体制的必然产物。中华人民共和国第一个城市居民委员会——杭州市上羊市街居民委员会于1949年10月23日由居民经过民主选举产生。随后，北京、天津、武汉等城市也出现了类似的基层自治组织。

它标志着中华人民共和国成立后，在废除保甲制度后找到了一种新型的城市基层民主管理的组织形式——居民委员会，把城市居民群众组织起来，行使自己当家做主的权利。杭州市邮票公

杭州市上羊市街居委会（个性化邮票）

司于2009年制作一组国旗邮资图的个性化邮票，其中第一枚邮票的附图为在军管会工作组的指导下，居民们选举产生居委会成员的场景。

1954年12月一届全国人大四次会议通过了《城市街道办事处组织条例》和《城市居民委员会组织条例》，明确了居委会的组织性质、工作内容、组成原则和自治方向，使城市的基层组织大体趋于统一。

1958年"大跃进"运动中，城市居委会为解放妇女劳动力做了大量工作，兴办了大量的生产、加工、修配服务站，还创建了不少食堂、托儿所，为群众做了一些有益的事，减轻了职工的负担。

"文革"时期，居委会遭受严重破坏，不少居委会被解散。直到粉碎"四人帮"之后才重新得到恢复，并进行了整顿与健全，设立了调解、治安、保卫民政福利、文化教育等小组，完善了居委会的功能。

1982年修订的新《宪法》规定，城市居民居住地区设立的居委会是基层群众性自治组织，从法律角度明确了居委会的性质、任务、作用，确立了它在人民群众政治生活中的地位。

1986年12月，民政部在河北石家庄召开中华人民共和国成立后首次全国城市街道居委会工作座谈会，总结居委会工作中的成绩，分析存在的问题。1987年国务院以"（1987）56号文"批转了此次座谈会的会议纪要，明确了新时期居委

妇女"半边天"

会建设的一系列问题，成为此后一个时期居委会工作的指导性文件。

1987年后，在民政部的指导下，全国整顿和加强了城市居委会的工作，并陆续开展了居委会干部培训和先进居委会的评比表彰工作，促进了城市居委会的巩固和各项社会事业的发展。福建省泉州市鲤城区海滨街道11个居委会，建立老人服务、残疾人服务、优抚对象服务和一般居民服务4个平台，有针对性地开展工作，取得了积极成效；漳州市芗城区解放路居委会，兴办便民、利民服务事业，先后创办8个工厂、12个商业网点，安排了400多人就业，解决了社区居民的实际困难，收到了广大群众的好评。

1989年，第七届全国人大常委会通过了《中华人民共和国城市居民委员会组织法》，明确规定居民委员会是居民自我管理、自我教育、自我服务的基层群众性自治组织，居委会的主要任务是维护居民的合法权益，办理本居住地区居民的公共事务和公益事业；调解民间纠纷，协助维护社会治安；协助做好与居民利益有关的公共卫生、计划生育、优抚救济、青少年教育等项工作，以及向人民政府或者它的派出机关反映居民的意见、要求和提出建议，从而进一步规范了城市居民委员会的工作。

城市居民自治是城市基层管理中一个很重要的环节。可以说，在全面建设小康社会的过程中，没有居民积极主动参与并管理好自己的事情，作为城市管理重要平台的社区就不可能发挥出应有的作用。

"社区是我家，建设靠大家。"居民参与意味着对社区的认同和关爱，意味着居民既可以分享社区的利益，又能共同承担社区的责任。只有动员和组织社区居民主动、积极、广泛地参与社区自治活动和社区的开发、建设，引导社区居民树立"我为人人，人人为我"的意识，踊跃参加自我管理、自我教育、自我服务、自我监督的社区自治工作，才能打造一个有活力、创造力和工作效力的社区。

中国社区建设展示中心（个性化邮票）

社区服务主要是解决居民日常生活中出现的问题，满足居民群众日益增长的物质和文化精神需求。要做到社区居民家里事有人管，发生困难有人帮，使他们切身感受到社区是一个温暖的大家庭。同时，要开展健康文明、丰富多彩的活动，活跃居民群众的业余文化生活，增加他们对社区建设的关心和参与，增强社区居民自治的力度。

走进位于杭州市上羊市街的中国社区建设展示中心，可以看到大量的历史图片与实物，该中心展示了中国城市居民组织的演绎过程，侧重展示城市居委会60多年的发展历程。这里展示的更多的是具有实际功能的服务设施。

例如，数十项社会事务由社区居委会公共服务站承接；这里的邻里食堂，价格公道、口味适宜，定期公布食堂账单，每天光顾的居民络绎不绝；这里的邻里值班室平时由多名社区工作人员和居民中的志愿者轮流值班，接待、回答、引导、梳理、反馈来访居民的各种问题和需求；邻里舞台是居民文化艺术活动的场所，由露天舞台、多功能互动园区和陈列展示墙三个区域组成；邻里天地是居民休闲活动场所，儿童们有自己的玩乐区域，老人们也有琴棋书画、茶道、香道等活动场所，天井里摆放了桌椅，居民们在这里喝茶、聊天、议事，开展各种活动，弘扬邻里精神。左邻右舍和睦相处，团结互助，使这里成为社区搭台、居民唱戏、社会组织保驾护航的公益场所，创新了现代社区居委会服务的新模式。

早在20世纪60年代初，浙江省诸暨市枫桥镇干部群众就创造了发动和依靠群众，坚持矛盾不上交、就地解决的"枫桥经验"。1963年，毛泽东曾亲笔批示"要各地仿效，经过试点，推广去做"。"枫桥经验"由此成为全国政法战线一个脍炙人口的典型工作经验。

2003年11月，时任浙江省委书记的习近平在浙江省纪念毛泽东同志批示"枫桥经验"40周年大会上明确提出，要牢固树立"发展是硬道理、稳定是硬任务"的政治意识，充分珍惜"枫桥经验"，大力推广"枫桥经验"，不断创新"枫桥经验"，切实维护社会稳定。

在新的历史条件下，"枫桥经验"不断发展，形成了具有鲜明时代特色的"党政动手，依靠群众，预防纠纷，化解矛盾，维护稳定，促进发展"的枫桥新经验，成为妥善处理社会治安综合治理问题的一大法宝。

"枫桥经验"和群众路线是一脉相承的。它不仅与"以人民为中心"的发展思想相契合，而且与现代国家的治理理念相契合。"发展为了人民，发展依靠人民，发展成果由人民共享"，这正是"枫桥经验"的根本价值追求。在新的时代背景下，继承和发展"枫桥经验"，就是要坚持人民主体地位，以善治为原则，与群众有效互动，发动社会各方面力量参与共治，形成一个有效化

警民联防

解矛盾、促进社会稳定、推动经济发展的机制和平台。

"小事不出村，大事不出镇，矛盾不上交，就地解决"，这是"枫桥经验"的核心要义之一。为此，枫桥镇在各居委会、各村乃至一些重点企业都建立了相应的调解组织。几年来成功调处民间纠纷1000多起，调处成功率达97.2%，其中80%的纠纷在村一级就得到了解决。枫桥镇在健全普法工作网络的基础上，每年还投入20多万元用于法制宣传教育，对曾经有过违法行为的人员，坚持"不推一把拉一把，不帮一时帮一世"的原则，取得了显著成效，促进了社会和谐。

2018年12月29日，十三届全国人大常委会第七次会议表决通过修改《城市居民委员会组织法》的决定，居民委员会每届任期由三年改为五年，其成员可以连选连任。

实行城乡基层群众自治，是社会主义民主的直接体现，也是人民群众当家做主最有效、最广泛的实现途径。只有不断加强基层民主政治建设，进一步规范社区自治组织的工作，增强广大社区成员的社区意识、民主意识和参与意识，才能真正适应社会主义市场经济的发展需要，构建和谐社会的"细胞"。

四、社区治理

昔日纸褙军门前，今日文明一枝花。

这是1995年4月时任福州市委书记的习近平送给福州市鼓楼区东街街道军门社区的一副对联，借此襄扬军门社区以党建创新推动社会管理创新的好做法。

服务行业中的妇女

习近平曾前后三次到军门社区调研。1991年年初，习近平第一次到军门社区调研，那时军门居委会党支部刚刚成立，办公条件很简陋，还是低矮的平房，与社区民房一样，墙壁上都褙着报纸，给习近平留下了很深的印象。

1995年4月，习近平第二次到军门社区调研。这时社区居委会已经有了500多平方米的"根据地"，工作上也取得了一些成绩。习近平听了十分高兴，便即兴送给居委会一副对联，勉励他们再接再厉，做好工作。

2014年11月，已经担任中共中央总书记的

习近平第三次到军门社区调研。他特意走到这副对联前，给大家介绍当初为什么要用"褙"这个字，重温了他初来军门社区时看到的情景。他对社区以党建创新推动社会管理创新的做法给予充分肯定，同时也对社区工作提出了"三个如何"的新要求。

军门社区牢记习近平总书记的殷切嘱托，在实践中不断深化各项工作，逐步形成了独具特色的"军门社区工作法"，成为远近闻名的先进社区居委会和全国民政系统学习的榜样。

2017年12月，民政部在福州市召开军门社区工作法研讨会，军门社区经验得到民政部点赞。2018年3月，民政部办公厅印发了《关于推广军门社区工作法和开展优秀社区工作法征集展示活动的通知》，总结推广军门社区工作法。

改革开放以来，尤其是进入新世纪以来，我国城乡社区建设蓬勃发展。城市社区建设在全面推进的基础上不断向纵深发展，军门社区可以说是发展的一个缩影。

2000年，中共中央办公厅、国务院办公厅批转下发了《民政部关于在全国推进城市社区建设的意见》；2006年，国务院又下发了《关于加强和改进社区服务工作的意见》；2007年，国家发展和改革委员会、民政部联合出台了"十一五"社区服务体系发展规划。

社区治理事关党和国家大政方针贯彻落实，

事关居民群众切身利益，事关基层和谐稳定。党的十六届六中全会明确提出了农村社区建设的任务和要求，民政部出台了推进全国农村社区建设实验的实施方案，农村社区建设实验在全国铺开。越来越多的城乡社区正在建设成为管理有序、服务完善、文明祥和的社会生活共同体。

截至2008年年底，全国共有村委会60.4万个、社区居委会8.3万多个；城市社区普遍建立了居民代表大会和协商议事委员会，有些社区还建立了居民评议会、社区听证会等制度。

"远亲不如近邻"，不论在城市还是农村，守望相助的邻里关系最让人向往。然而，随着社会结构加速转型、城镇化进程深化推进，人口流动性加剧，不同背景、不同职业的人聚集在同一个社区，陌生人社区已经成为不能回避的问题。随着社会的发展及城镇化进程的推进，空心化乡村也成为城乡社区建设的挑战。

2011年以来，民政部先后确定了83个全国社区治理和服务创新实验区、48个全国农村社区治理实验区，探索符合我国特色的城乡社区治理模式。

推进城市社区治理工作，构建"新熟人社会"成为必然的选择。为此，必须建立健全三项机制：一是诉求征集机制，畅通诉求表达渠道；二是诉求回应机制，对来自百姓的声音，及时回应，有效满足居民的需求；三是主体权利行使机制，树立"社区是我家，建设靠大家"的理念，充分发挥居民的主观能动性，构建共建、共治、共享的社区治理格局。

建立和完善这三项机制，关键在于用好社区协商这个基层群众自治的重要实现形式，完善居民行使主体权利机制，更好地解决社区居民的实际困难和问题。

一是要以居民群众需求为导向，以供给侧结构性改革为动力，推动社区服务精准化、精细化、专业化、标准化，不断提升社区服务能力，让居民共享全面建成小康社会的发展成果。

二是要以智慧社区建设为载体，通过社区QQ群、微信公众号、APP软件等手段，构建社区居民新型交流平台，网聚民情民意，吸引更多居民参与社区公共事务。

三是要重视发挥社区在道德教化中的作用，通过发现和宣传社区好人好事，开展文明家庭创建活动，发展社区志愿服务，搭建社区居民互助互动平台，构建"新熟人社会"，形成与邻为善、守望相助的良好氛围。

四是要统筹推进城乡社区治理体系建设、服务能力建设、保障机制建设，促进城乡社区基本公共服务均等化的目标任务。

总之，要注重城乡统筹的整体设计。从促进城乡一体化的高度出发，注重以城带乡、以乡促城、优势互补、共同提高。

2015年7月，民政部、中央组织部在广泛调研基础上，印发了《关于进一步开展社区减负工作的通知》，针对社区行政事务多、检查评比多、会议台账多、不合理证明多等突出问题，提出了"减负七条"，即依法确定社区工作事项，规范社区考核评比活动，清理社区工作机构和牌子，精简社区会议和

邻里守望相助（极限片）

台账，严格社区印章管理使用，整合社区信息网络，增强社区服务能力。

2016年第四季度，民政部联合全国社区建设部际联席会议成员单位对社区减负增效工作推进情况进行督查。督查结果显示，社区减负增效工作取得了初步成效。

2017年，民政部与中央和国家机关各有关部门共同研究社区减负增效工作中的"梗阻"问题，集中力量，逐个突破，打一场"万能居委会""社区万能章"问题的"歼灭战"，有效打通联系服务居民群众的"最后一公里"。

城乡社区是社会治理的基本单元，也是创新社会治理的基础平台。进入新世纪以来，我国社区服务水平和居民群众福祉虽然不断提升，但总体而言，仍然存在社区自治和服务功能不强，基层群众自治活动的内容和载体相对单一，社区治理参与机制还不健全，政府部门包办过多，社会力量、市场主体参与缺乏长效机制，社区居民的参与缺乏组织化渠道等瓶颈问题。

为解决这些瓶颈问题，在深入调研、广泛征求意见基础上，民政部代中央起草形成了《关于加强和完善城乡社区治理的意见》。2017年6月12日，中共中央、国务院印发《关于加强和完善城乡社区治理的意见》，这是1949年以来第一个以党中央、国务院名义出台的关于城乡社区治理的纲领性文件。

这份《意见》主动回应人民群众对城乡社区治理的新期待，科学总结近年来各地推进城乡社区治理的经验做法，明确提出加强和完善城乡社区治理的新目标、新任务、新举措，对加强和完善城乡社区治理做出了全面部署，为开创新形势下城乡社区治理新局面提供了根本依据，对促进人民生活幸福、社会和谐稳定和国家长治久安具有深远意义。

我国城乡社区治理坚持"以人民为中心"的发展理念，把服务居民、造福居民作为城乡社区治理的出发点和落脚点，秉持依法有序组织居民群众参与社区治理的理念，实现人人参与、人人尽力、人人共享。

群众满意，就是检验社区治理水平的工作标准；把民生实事做好、做透，人民的美好生活就能从向往变成现实。

为有牺牲多壮志

——褒扬烈士

为有牺牲多壮志，敢教日月换新天。

这是毛泽东在《七律·到韶山》中写下的慷慨激昂的革命诗句，表达了一个无产阶级革命家大无畏的英雄气概。先烈们为中华人民共和国建立的不朽功勋，将永远留在人民的心中。

褒扬烈士是对烈士进行的颂扬和纪念活动，它是教育、鼓舞和激励广大人民群众发扬献身精神的一种政治与社会行为，也是以民政部门为主、全社会广泛参与的一项历史悠久、规模宏大、意义深远的工作。

一、褒扬烈士

　　古往今来，中华大地上英雄烈士辈出，他们的精神深深地积淀在中华民族精神之中。正如孔子所说："慎终追远，民德归厚矣。"祭祀先祖、先烈是中华民族的优良传统，也是激励中华儿女不断前进的精神动力之一。

　　土地革命战争时期，中央苏区于1931年11月颁布《红军抚恤条例》，是我党烈士褒扬工作的第一个系统性法规。中华苏维埃共和国临时中央政府还设立了红军抚恤处，专门负责红军战士的抚恤优待，包括对红军烈士的褒扬工作；在江西瑞金建立了"红军烈士纪念塔"，还在附近建立了纪念红军将领黄公略的"公略亭"。

　　中华人民共和国成立后，烈士褒扬工作成为党和政府的一项经常性工作。1950年，国家先后颁布了《烈军属优待暂行条例》、《革命军人牺牲病故褒恤暂行条例》、《革命工作人员伤亡褒恤暂行条例》和《民兵民工伤亡抚恤暂行条例》等四部法规，基本形成了烈士褒扬工作法律体系。根

烈士纪念日（邮资图）

　　据这些条例规定，革命军人因参战或公干牺牲、革命工作人员因对敌斗争或公干牺牲、民兵民工因参战牺牲的可以批准为烈士，烈士家属按相关规定享受抚恤和优待。

　　改革开放以来，烈士褒扬工作的政策和条例、内容和形式、水平和范围都有了进一步拓展。从政策和条例看，1980年6月，国家颁布了第一部专门针对烈士褒扬工作的法规——《革命烈士褒扬条例》，使审批和褒扬烈士工作更加系统、规范，革命烈士的批准范围也扩大到全体人民；1995年，民政部颁布《革命烈士纪念建筑物管理保护办法》，使烈士纪念建筑物管理保护工作有章可循；2004年，国务院、中央军委批准了新修订的《军人抚恤优待条例》，进一步完善了部分涉及烈士褒扬和烈士遗属抚恤优待的政策，通过多种方式保障烈士遗属生活水平随人民群众生活水平的提高而相应提高。

　　从内容上看，对烈士的褒扬已发展到包括烈士评定、烈士遗属优待抚恤、烈士纪念设施管理保护、烈士事迹编纂和宣传等在内的完整体系。

　　例如，逐步拓展了烈士评定工作。1980年6月，鉴于1950年颁布的有关烈士褒扬工作的规定已经不完全适用，为进一步激励广大群众为社会主义现代化建设而不懈奋斗，国务院颁布了新的《革命烈士褒扬条例》，规定"凡我国人民，只要符合革命烈士条件，经法定机关批准，均可称为

革命烈士"。烈士评定范围逐步扩大，评定情形也逐渐丰富、逐渐拓展、逐渐完善。改革开放40年来，全国各省（自治区、直辖市）、县两级人民政府新批准了85000余名烈士，其中有军人、警察、职工、学生、农民等各条战线的优秀儿女，为弘扬烈士精神、促进社会主义精神文明建设做出了重要贡献。

又如，重视烈士事迹的编纂与宣传工作。这是烈士褒扬工作的重要方面，主要是利用大众传播媒体包括图书、报刊、广播、电视、电影、戏剧、网络作品等，收集、整理、编辑烈士史料、编纂烈士传记，出版、播映弘扬烈士事迹的各种书刊、音像制品，以宣传烈士事迹、弘扬烈士精神。

随着革命烈士牺牲年代日益久远，各级民政部门以抢救性的姿态，采取多种形式加强烈士事迹编纂工作，包括搜集烈士遗物、遗像和烈士生前所写的文章、书信、诗歌、日记、笔记及其他手迹，与烈士英名录和其他有关烈士事迹一起在当地的纪念馆等场所展出，供群众瞻仰。

我国曾历时10余年，由40多万人参与编写了一部共收录176万烈士英名的《革命烈士英名录》；出版发行了一部共收录15000名烈士事迹的大型权威工具书《中华英烈大词典》和一套收录20世纪著名烈士事迹的《中华著名烈士》（30卷）；组织出版了宣传民政部100处爱国主义教育基地的《华夏魂》等作品；联合摄制了反映烈士事迹的大型电视系列片《国魂》和大型电视文献纪录片《华夏丰碑》（110集），在社会上引起了强烈的反响。

从形式上看，烈士褒扬工作包括兴建、保护烈士纪念设施，采取多种方式保障烈士遗属的生活，利用多种媒体平台宣传烈士事迹，以及开展各种纪念活动弘扬烈士精神等等。

烈士褒扬工作不仅具有较强的政治性、政策性，而且具有较强的特殊性和关联性。

从政治性看，烈士为国牺牲，褒扬烈士、抚恤烈属是党和政府的重要职责。忘记过去就意味着背叛，因此，烈士褒扬工作既是对为国家、民族和人民牺牲的先烈的抚慰，也是对为国家独立富强、人民幸福安宁无私奉献的精神的弘扬，是对广大人民群众为祖国和人民而不懈奋斗的激励，自然也是党和政府的一项重要政治任务。对革命先烈的态度问题是一项敏感的政治问题，丝毫马虎不得。

从政策性看，烈士褒扬工作是一项十分严肃、严谨的工作，必须以党和国家的政策、法规为依据。中华人民共和国成立以来，我国颁布的涉及烈士褒扬工作的政策、文件有数百件之多，现仍在执行的也有近百件，它们与相关法规构成了完整的政策法规体系。必须严格按政策法规执行，丝毫不可疏忽，否则将造成不良的社会后果。

从特殊性看，烈士褒扬工作的对象主要是烈士遗属，他们失去了亲人，不仅生活上需要照顾，精神上也需要抚慰，对他们的保障水平必须高于一般抚恤对象，以充分体现党和政府对他们的特殊关爱。而保障的难度也较大，涉及日常生活、医疗、教育、就业、住房、养老等方方面面，保障环节较为复杂，保

纪念杨根思烈士牺牲60周年
1950.11.29—2010.11.29

ZTY-2010-33 杨根思烈士

邮政编码：

杨根思烈士（纪念封）

障手段多种多样。必须耐心、细致地做好这项工作，不可粗心大意。

从关联性看，既要对烈士进行褒扬，又要照顾好烈士遗属，还要在社会上弘扬烈士精神，这就涉及中央与地方、政府各个部门，还有军队系统。沟通的部门多，协调的难度大，且相互关联，一环扣一环。如设立烈士褒扬金和公布全国重点烈士纪念设施保护单位问题，就要征求许多部门的意见，最后上报中央审批。

据统计，我国有名有姓、编入各地《革命烈士英名录》的烈士就有187万人，革命先烈的精神和事迹早已深入人心，成为激励全国各族人民奋勇前进的强大动力。因此，做好烈士褒扬工作，弘扬烈士精神，在全社会形成尊崇英烈的良好氛围，对于发扬爱国主义传统，增强社会凝聚力，促进社会的和谐进步；对于激发官兵的练兵习武热情，推动国防和军队现代化建设，巩固军政军民团结；对于树立社会主义荣辱观，激励各族人民特别是广大青少年努力学习、工作，为祖国和人民顽强拼搏，都具有十分重要的意义。

为了弘扬烈士精神，缅怀烈士功绩，培养公民的爱国主义、集体主义和社会主义道德风尚，培育和践行社会主义核心价值观，增强中华民族的凝聚力，激发实现中华民族伟大复兴中国梦的强大精神力量，第十二届全国人民代表大会常务委员会第十次会议决定，将9月30日设立为烈士纪念日，每年9月30日国家举行纪念烈士活动。县级以上地方人民政府、军队有关部门应当在烈士纪念日举行纪念活动，并邀请英雄烈士遗属代表参加。

2014年9月30日，中国邮政发行《烈士纪念日》纪念邮资明信片1套1枚。

2018年4月27日，第十三届全国人大常委会第二次会议通过《中华人民共和国英雄烈士保护法》，规定"每年9月30日为烈士纪念日，国家在首都北京天安门广场人民英雄纪念碑前举行纪念仪式，缅怀英雄烈士"。

如果一个民族不崇尚英雄、不尊重英烈，这个民族是没有出息、没有希望的，也很难再出英雄，更谈不上英雄辈出了。

烈士纪念日（邮资片）

二、缅怀英烈

寂寞嫦娥舒广袖，万里长空且为忠魂舞。

忽报人间曾伏虎，泪飞顿作倾盆雨。

这是毛泽东在《蝶恋花·答李淑一》一词中写下的感人诗句。为了"人间曾伏虎"，杨开慧、柳直荀等革命烈士英勇地牺牲了，"万里长空且为忠魂舞"表达了毛泽东对亲人、对革命先烈的缅怀之情，成为褒扬革命烈士的最瑰丽、最感人的诗句。

杨开慧烈士

李淑一是柳直荀烈士的夫人，也是杨开慧的中学同学。1957年春天，她给毛泽东寄去一首《菩萨蛮》词："征人何处觅，六载无消息。醒忆别伊时，满衫清泪滋。"那是她在1933年听说柳直荀牺牲时写下的。

读了李淑一的信和词，毛泽东在回信中嘱李淑一"到板仓代我看一看开慧的墓"，随后挥笔写下了《蝶恋花·答李淑一》这首充满革命英雄主义情怀的千古绝唱。

这一年4月，李淑一还给时任内务部部长的谢觉哉写过一封信，向他询问柳直荀烈士牺牲的情况。柳直荀与谢觉哉都是湖南人，也都是毛泽东创建的长沙新民学会会员，后来在湘鄂西革命根据地时两人曾一起共事。

谢觉哉接到信后，在给李淑一的复信中，把他所知道的柳直荀烈士的事迹一一做了证明和介绍，并高度评价柳直荀是个"临难不苟免"的人。信末，谢觉哉写道："'何日平胡虏，良人罢远征'。胡虏平了，良人不还，然而良人的不朽业绩永远记在史册上，记在人民的心上，更望你善自宽慰。"信中的诗引自大诗人李白的《子夜吴歌》，原诗借用妇人的口气，表达了思念征夫、期盼他早日平安归来的心情。李淑一读后自然心领神会，那家常的话语、质朴的情感力透纸背，使她情不自禁，泪水涟涟。

谢觉哉与何叔衡、姜梦周、王凌波四人当时曾被称为"宁乡四髯"，为一时俊杰。然而，除谢觉哉外，其余三人都在战争年代牺牲了。挚友虽然遇难，但谢觉哉与三位烈士的亲属却始终保持着密切的联系。

1957年前后，山东省汶上县要建烈士陵园，特地以县人民政府的名义，给谢觉哉写了一封信，请谢觉哉题写碑文。谢觉哉接到信后，为汶上县革命烈士纪念碑题写了"人民英雄永垂不朽"八个大字。如今，烈士陵园松柏葱茏，祭扫的人群络绎不绝，已成为该县爱国主义教育的场所。虽然经历了十年浩劫，但谢觉哉饱蘸感情题写的碑文依然保存了下来，连同烈士的精神一道光照人间。

中共一大代表何叔衡也是谢觉哉的老战友。1876年5月，何叔衡出生在湖南宁乡一个贫苦农民家庭。1921年7月，他和毛泽东一起，作为湖南共产主义小组的代表出席了中国共产党第一次全国代表大会，为创建中国共产党做出了贡献。

1931年何叔衡进入江西中央革命根据地，出任中央工农民主政府工农监察部部长、临时最高法庭主席、内务部人民委员等职。1934年10月红军长征，何叔衡留在根据地坚持斗争。1935年2月24日，党派人护送何叔衡和邓子恢、陈潭秋等转移，夜间在福建长汀水口附近的一个村庄休息时，不幸被敌人包围，壮烈牺牲，时年59岁。1964年1月7日，中共长汀县委和长汀县人民委员会在何叔衡牺牲地建立了纪念碑，以示对烈士的永久纪念。

何叔衡

2001年6月28日，在建党80周年来临之际，为缅怀革命先驱的光辉业绩，学习、继承和发扬烈士的崇高精神和革命风范，中国邮政特发行《中国共产党早期领导人（一）》纪念邮票1套5枚，其中第5枚为何叔衡。

曾担任中共中央总书记的瞿秋白烈士，在红军长征后和何叔衡等同志一起留在根据地坚持斗争。1935年2月22日，瞿秋白不幸在转移途中被国民党反动派逮捕。面对敌人的威胁利诱，他坚贞不屈，写下了《多余的话》等诗文。1935年6月18日，瞿秋白在福建长汀城西郊罗汉岭英勇就义，临刑时镇静从容，高唱《国际歌》，喊着"共产主义万岁"口号，徐步走向刑场，表现了一个共产主义战士坚贞不屈、视死如归的精神，牺牲时年仅36岁。

瞿秋白是中国共产党早期主要领导人，伟大的马克思主义者，卓越的无产阶级革命家、理论家和宣传家，中国革命文学事业的奠基者之一。

1989年1月29日，中国人民邮政发行《瞿秋白同志诞辰九十周年》纪念邮票，1套2枚。分别为《瞿秋白像》和《江南第一燕》。

瞿秋白同志诞辰九十周年：
（2-1）瞿秋白像（2-2）江南第一燕

同样在1935年被捕牺牲的革命烈士还有方志敏。1928年1月他参与领导江西弋（阳）横（峰）暴动，创建了赣东北苏区，领导组建中国工农红军第十军。先后任赣东北省、闽浙赣省苏维埃政府主席，红十军、红十一军政治委员，中共闽浙赣省委书记。

被捕之后，他受尽酷刑，依然坚贞不屈，对敌人的"软化""规劝"毫不动摇。《可爱的中国》《清贫》《狱中纪实》等文稿都是他在狱中利用敌人要他写自白书的笔、墨、纸张和时间，陆续完成的。后来这些文稿辗转交到鲁迅手中。鲁迅冒着生命危险珍藏着它，直到1936年4月才交给党中央派往上海的冯雪峰。而方志敏已在一年前的8月6日被敌人杀害。

1999年8月21日，为纪念方志敏烈士诞生100周年，中国邮政发行了《方志敏同志诞生100周年》纪念邮票，全套2枚。

第一枚为《方志敏像》，他那消瘦的面孔，透着坚毅和刚强；那凝视的双眼，紧闭的嘴唇，表现出对敌人的无比仇恨和愤怒。第二枚为《坚贞不屈》，采用了方志敏烈士在狱中的照片，背景为他在狱中写下的《可爱的中国》手稿。

方志敏像：
（2-1）方志敏像（2-2）坚贞不屈

回顾人民解放军的光辉历史，在革命战争的烽火岁月里，曾涌现出许多率领千军万马冲锋陷阵的指挥员，他们为中国革命做出了卓越贡献，为中华人民共和国的诞生建立了不朽功勋。

2002年、2005年和2012年建军节之际，中国邮政先后发行了3套《人民军队早期将领》纪念邮票，将15位人民军队的优秀指挥员展现在"国家名片"中。其中2005年发行的《人民军队早期将领（二）》纪念邮票，全套5枚，图案分别是杨靖宇、左权、彭雪枫、罗炳辉和关向应的肖像，他们均为我军赫赫有名的将领。

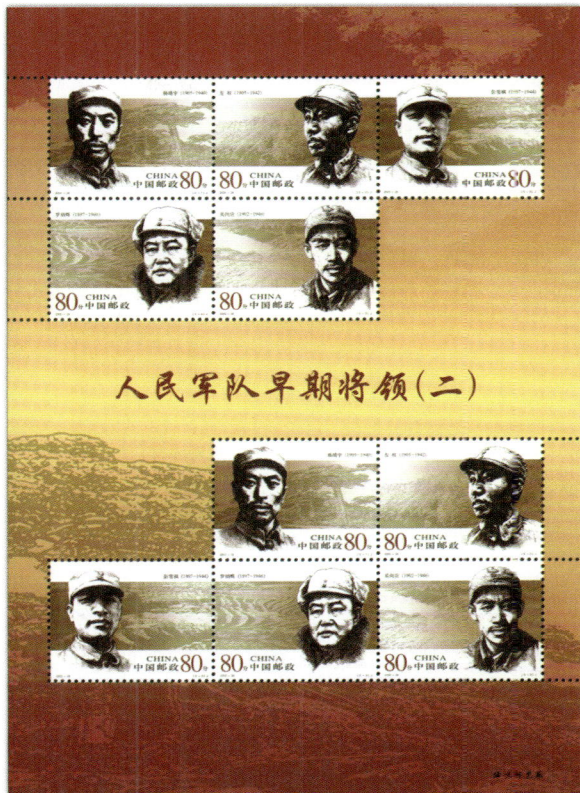

人民军队早期将领（二）（小版张）

杨靖宇（1905—1940），河南确山人，东北抗日联军的主要创建者和领导人之一。1940年2月23日在弹尽粮绝的情况下壮烈牺牲。

左权（1905—1942），湖南醴陵人，抗战爆发后任八路军前方总部参谋长。1942年5月25日牺牲。

彭雪枫（1907—1944），河南镇平人，1941年任新四军第四师师长兼政委。1944年9月11日牺牲。

罗炳辉（1897—1946），云南彝良人，解放战争时任山东军区第二副司令员。1946年6月21日因病逝世。

关向应（1902—1946），辽宁省金县（今属大连市金州区）人，1937年任八路军第一二〇师政治委员，与贺龙一起开辟了晋绥根据地。1946年7月21日病逝于延安。

040

邮票上的民政事业——献给新中国成立七十周年
Civil Affairs on Postage Stamps--Dedicated to the 70th Anniversary of the Founding of the People's Republic of China

三、青山不老

青山处处埋忠骨，何须马革裹尸还。

这是清代诗人龚自珍在《己亥杂诗（之一）》中写下的脍炙人口的名句。其典故出自《后汉书·马援列传》。马援是东汉名将，汉光武帝时，他奔赴沙场抵御外族侵略。抗匈奴，伐交趾，屡建战功，被光武帝封为"伏波将军"。后来他出兵贵州，勇挫敌兵，不幸病死在战场。

毛泽东和毛岸英（右）

1950年11月，毛泽东在得知儿子毛岸英不幸在朝鲜战场牺牲的消息后，写下这一诗句，表明自己对儿子遗体安葬问题的态度，展现出一位无产阶级革命家的博大胸襟。

毛岸英是毛泽东的长子，1922年10月24日出生在湖南长沙。8岁时，由于母亲杨开慧被捕入狱，毛岸英也被关进牢房。杨开慧牺牲后，地下党安排毛岸英和两个弟弟来到上海。后来，由于地下党组织遭到破坏，毛岸英兄弟流落街头。他当过学徒，捡过破烂，卖过报纸，推过人力车。1936年，毛岸英和弟弟毛岸青被安排到苏联学习。在苏联期间，他开始在军政学校和军事学院学习，后参加了苏联卫国战争，曾冒着枪林弹雨转战欧洲战场。1946年毛岸英回到延安，同年加入中国共产党。中华人民共和国成立初期曾在工厂担任党委副书记，1950年10月参加中国人民志愿军赴朝作战。

毛岸英牺牲后，彭德怀司令员给毛泽东来电，请求破格将其遗体运回国安葬。与此同时，朝鲜金日成首相也来电，向毛泽东表示慰问，并说岸英同志是为朝鲜人民的解放事业牺牲的，也是朝鲜人民的儿子，因此要求把岸英葬在朝鲜。

毛泽东强忍着心中的悲痛，在彭德怀的电文稿上写下了一行醒目的大字：青山处处埋忠骨，何须马革裹尸还。

2009年9月14日，毛岸英被评为中华人民共和国成立以来100位感动中国人物之一。

2009年10月5日，国务院总理温家宝访问朝鲜，他特地来到中国人民志愿军烈士陵园，在毛岸英烈士墓前献上花束，并对着毛岸英的塑像说："岸英同志，我代表祖国人民来看望你。祖国现在强大了，人民幸福了。你安息吧！"

中国人民志愿军烈士陵园位于朝鲜平安南道桧仓郡，即当年志愿军总部所在地。掩映在崇山

黄继光（小全张）

峻岭之中的烈士陵园，占地9万平方米，于1957年建成，是朝鲜最大的一座志愿军烈士陵园。陵园四周苍松翠柏环绕，山下溪水潺潺，花草丛生。陵园大门上用中朝两种文字写着"中国人民志愿军烈士陵园"。

登上240级台阶，到达陵园第一层。正中三门琉璃牌坊上，悬挂着郭沫若题写的"浩气长存"横匾。牌坊门内迎面挺立着一座绿瓦红柱、彩漆油画的六角纪念碑亭。亭里的白色纪念碑上刻着"抗美援朝保家卫国烈士永垂不朽"的铭文，亭子的横梁上共有11幅彩绘图画，描绘了朝鲜国际主义战士朴在根、中国国际主义战士罗盛教、中国人民志愿军英雄邱少云、黄继光和杨根思等人的英雄事迹。

陵园第二层宽阔平坦的小广场中央，矗立着一尊高17米的志愿军英雄铜像。铜像后有两面巨大的石影壁，壁面浮雕是朝鲜人民积极支援志愿军和志愿军英勇作战的41人群像。

1958年2月，周恩来总理率中国政府代表团访问朝鲜时，曾在大雪纷飞中到这座长眠着134名志愿军烈士的陵园敬献花圈。

1953年7月27日朝鲜停战后，中国政府拨出专款，先后在朝鲜建起了8座志愿军烈士陵园，即云山、价川、长津湖、开城、上甘岭、金城、新安州志愿军烈士陵园，长眠着在第一次、第二次、第三次战役和上甘岭战役、夏季反击战役以

及在铁路运输战线牺牲的志愿军烈士。

国内安葬志愿军烈士及志愿军老兵的陵园主要有沈阳抗美援朝烈士陵园、丹东市抗美援朝烈士陵园、赤壁市志愿军烈士墓群、上海志愿军纪念广场。

烈士纪念设施是为纪念烈士而修建的设施，包括烈士陵园、烈士墓、烈士纪念馆（堂）、烈士纪念塔（碑、亭）、烈士祠等。它是弘扬烈士精神，对广大人民群众特别是青少年进行爱国主义、集体主义和共产主义教育的重要阵地。

屹立在北京天安门广场的人民英雄纪念碑，是中国历史上最大的纪念碑，也是中华人民共和国成立后的首个大型烈士纪念工程。梁思成、魏长青、郑振铎、吴作人、刘开渠等一六批当时中国最优秀的建筑学家、文史专家、艺术家参与了

中国人民志愿军赴朝参战60周年（小版张）

纪念碑的设计。

纪念碑由17000块花岗石和汉白玉砌成，肃穆庄严，雄伟壮观。纪念碑通高37.94米，碑身两侧装饰着用五角星、松柏和旗帜组成的浮雕花环，

人民英雄纪念碑

象征人民英雄的伟大精神万古长存。正面（北面）碑心是一整块花岗岩，长14.7米、宽2.9米、厚1米、重60.23吨，镌刻着毛泽东题写的"人民英雄永垂不朽"八个金箔大字。背面碑心由7块石材构成，内容为毛泽东起草、周恩来书写的150字的由金箔制成的小楷字体碑文：

三年以来，在人民解放战争和人民革命中牺牲的人民英雄们永垂不朽！

三十年以来，在人民解放战争和人民革命中牺牲的人民英雄们永垂不朽！

由此上溯到一千八百四十年，从那时起，为了反对内外敌人，争取民族独立和人民自由幸福，在历次斗争中牺牲的人民英雄们永垂不朽！

碑座四周环绕汉白玉栏杆，四面镶嵌着八块巨大的汉白玉浮雕，分别以"虎门销烟""金田起义""武昌起义""五四运动""五卅运动""南昌起义""抗日游击战争""胜利渡长江"为主题，在"胜利渡长江"的浮雕两侧，另有两幅以"支援前线""欢迎中国人民解放军"为主题的装饰浮雕。浮雕高2米，总长40.68米，雕刻着170多个人物，生动而概括地表现出我国近百年来人民革命的伟大史实。

人民英雄纪念碑位于北京天安门广场中心，

处于南北中轴线上。其庄严宏伟的雄姿具有我国独特的民族风格。与天安门、正阳门形成一个和谐完整的建筑群。

为纪念人民英雄纪念碑的建成，表达全国人民对革命先烈的缅怀和尊敬，邮电部于1958年5月1日——纪念碑揭幕之日，发行了一套纪念邮票。全套1枚，主图即为屹立在天安门广场上的纪念碑整体建筑，画面为红色。5月30日又发行了同名小全张一枚，它是中华人民共和国成立后发行的第一枚小全张。右上角是《人民英雄纪念碑》邮票，下方为毛泽东题词"人民英雄永垂不朽"，左边是周恩来书写的碑文。

1961年人民英雄纪念碑被中华人民共和国国务院公布为第一批全国重点文物保护单位之一。

我国的烈士纪念设施大多是20世纪60年代中期以前经批准建立起来的，随后中央开始严格

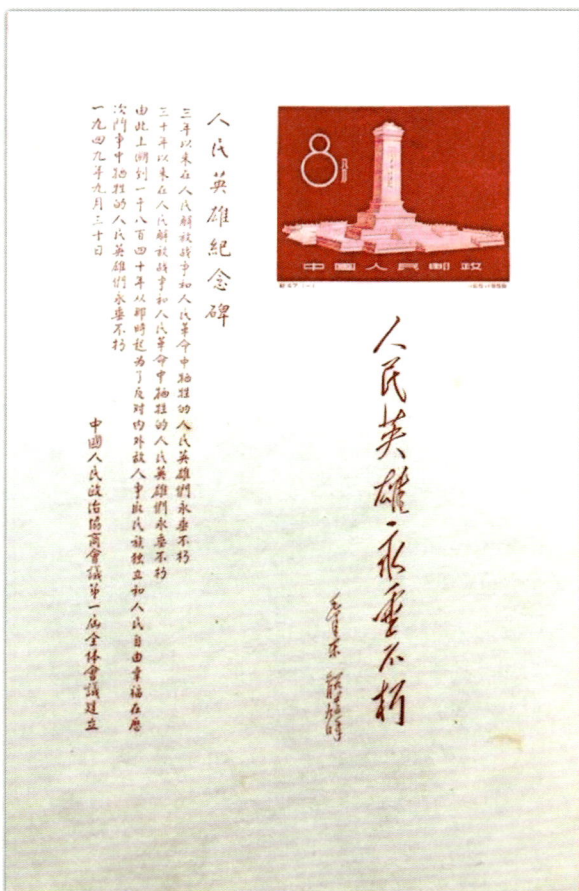

人民英雄纪念碑（小全张）

控制修建烈士纪念设施。民政部也先后于1978年和1986年两次发文，从严控制新建烈士纪念设施并将工作重点转移到加强现有烈士纪念设施的管理、保护上来。

由于全国烈士纪念设施数量多，范围广，分布散，管理极为不便。为有效进行管理，民政部于1986年研究制定了分级管理办法：对现有和今后新建的烈士纪念建筑物，根据其纪念意义及规模大小，分别确定为全国重点保护单位，省（自治区、直辖市）保护单位和县（市）保护单位。1995年7月颁布实施的《革命烈士纪念建筑物管理保护办法》进一步完善了分级管理体制。

从1986年到2009年，民政部先后公布了三批全国重点烈士纪念设施保护单位，共181处；各省、自治区、直辖市也先后确定了县级以上烈士纪念设施保护单位3000余个。经过30多年的发展，烈士纪念设施分级管理体制和管理保护经费分级负担体制逐步完善，对全国烈士纪念设施管理保护工作起到了良好的促进作用。

2005年和2006年，为纪念抗战胜利60周年和红军长征胜利70周年，中央拨给专项经费用于相关重点纪念设施的维修改造工作。2009年，为迎接中华人民共和国成立60周年，民政部和财政部又对133处全国重点纪念设施进行了保护改造，在社会上产生了强烈的反响。

与此同时，各级地方政府也相应增加了烈士纪念设施管理保护经费的投入，尤其是山东、河北等革命老区，积极筹集资金，对全省县级以上烈士纪念设施进行重点维修改造，使许多烈士陵园集烈士褒扬、教育宣传、休闲旅游于一体，取得了较好的效果。

截至2016年年底，全国共有烈士纪念设施25000多处，县级以上烈士纪念设施保护单位4200多个，全国重点烈士纪念设施保护单位277个。全年共接待各级党政机关、企事业单位、部队、学校等组织的烈士纪念活动10万余次，群众瞻仰、祭扫1.5亿多人次，充分发挥了保养烈士、教育群众的主题功能。烈士纪念设施的陈列展示工作也取得了很大的成绩，初步形成了以烈士实物资料为基础，融教育性、科学性、艺术性和观赏性为一体的陈列展示体系。尤其是借助高科技手段改善陈展条件和手段取得了较好的效果。目前全国重点烈士纪念设施保护单位有80%以上采用了声、光、电、影等陈展手段，不少单位还建立了全景展示馆，吸引广大群众特别是青少年前来参观学习，成为爱国主义教育的重要阵地。

许多烈士纪念设施保护单位还主动"走出去"，与企事业单位、厂矿学校等结成共建对子，或组织报告团在全国巡回演讲，取得了很好的效果，充分发挥了爱国主义教育基地的作用，受到了社会各界的广泛赞誉。

在纪念中国人民抗日战争暨世界反法西斯战争胜利70周年之际，中国邮政发行了一套中国人民抗日战争暨世界反法西斯战争胜利70周年纪念邮票。全套13枚，小型张1枚。邮票内容为国务院公布的第一批国家级抗战纪念设施、遗址及相关历史背景。

中国人民抗日战争暨世界反法西斯战争胜利七十周年（小型张）

　　该套邮票不仅是历次纪念抗战胜利题材当中发行量最大、枚数最多的一次，而且第一次系统地展现了抗战纪念的设施，具有十分重要而深远的意义。邮票设计手法比较新颖，通过现实与历史、虚与实结合的表现方式进一步拓展邮票内涵，增加了邮票表现的纵深感。

（13-1）"九一八"历史博物馆
（13-2）东北烈士纪念馆
（13-3）中国人民抗日战争纪念馆
（13-4）上海淞沪抗战纪念馆
（13-5）侵华日军南京大屠杀遇难同胞纪念馆
（13-6）台儿庄大战纪念馆
（13-7）延安革命纪念馆
（13-8）八路军总部旧址纪念馆
（13-9）百团大战纪念馆
（13-10）平型关大捷纪念馆
（13-11）冉庄地道战纪念馆
（13-12）新四军纪念馆
（13-13）滇西抗战纪念馆

四、精神长存

满天风雪满天愁，革命何须怕断头。

留得子胥豪气在，三年归报楚王仇。

这是革命烈士杨超在《就义诗》中写下的豪迈诗句。

1945年7月，毛泽东在中共七大所做的工作报告《论联合政府》中，深情地缅怀革命先烈，同时热烈欢呼未来新中国的诞生，他说："成千成万的先烈，为着人民的利益，在我们的前头英勇地牺牲了，让我们高举起他们的旗帜，踏着他们的血迹前进吧！一个新民主主义的中国不久就要诞生了，让我们迎接这个伟大的日子吧！"

1946年4月8日，王若飞、秦邦宪、叶挺、邓发等从重庆乘飞机回延安遭遇空难。延安各界群众3万多人于次日在飞机场举行了隆重的追悼大会，毛泽东题写了"为人民而死虽死犹荣"的挽联。

1996年9月10日，中国邮政发行《叶挺同志诞生一百周年》纪念邮票，1套2枚。

叶挺（1896—1946）是广东惠阳人。北伐战争时期任国民革命军第四军独立团团长，在湖北汀泗桥和贺胜桥等著名战役中，击溃军阀吴佩孚的主力，被誉为"铁军"。1927年，他参加领导了南昌起义和广州起义，是人民军队的创建人之一。

抗日战争时期，他担任新四军军长。1941年在国民党发动的皖南事变中负伤被俘，直到1946年3月，在中共中央的坚决要求下才被释放。同年4月8日，在由重庆返延安途中因飞机失事遇难。

这两枚邮票设计得线条分明，轮廓清晰，色调简洁。第一枚是叶挺的肖像，没有过多的修饰，显得清淡素雅，刚毅庄重。第二枚是叶挺任新四军军长时的戎装照，显得魁伟高大，表现出他那种"富贵不能淫、威武不能屈"的高尚品德。

中华人民共和国成立后，从中央到地方各级政府、群众团体广泛开展了各种形式的烈士悼念活动，它既是烈士褒扬工作的重要方面，也是缅怀先烈、继承烈士革命精神的重要形式。几十年来，每到清明节，各地均结合我国的传

叶挺同志诞生一百周年
（2-1）叶挺同志肖像
（2-2）抗战时期的叶挺将军

046

邮票上的民政事业——献给新中国成立七十周年
Civil Affairs on Postage Stamps—Dedicated to the 70th Anniversary of the Founding of the People's Republic of China

统习俗，广泛组织为烈士墓敬献花圈，或利用现有纪念设施开展多种形式的悼念活动和教育活动，因地制宜，取得了良好的效果。

在节假日和重要纪念日，如烈士牺牲纪念日、学习雷锋日等，各地都举行一系列纪念活动，以缅怀先烈、先贤，丰富了烈士纪念活动的内容和形式，显取得了显著成效。同时，充分借鉴、利用网络等新技术，采取网上祭奠等方式祭奠英烈，取得了很好的效果。如2007年清明节，国内千家网站发起的网上祭英烈活动，共有135亿人次参与了网上公祭活动。

位于广州市白云山南麓先烈中路的黄花岗七十二烈士墓园（又称黄花岗公园），是为纪念1911年4月27日同盟会在广州起义中牺牲的烈士而修建的。始建于1912年，至1921年烈士墓和纪功坊先后落成。1961年被国务院第一批公布为全国重点文物保护单位。1986年以"黄花浩气"被评为"羊城新八景"之一。

公园占地面积16万平方米，建筑规模宏大，气魄雄伟，巍峨的正门为高13米的牌坊，上面镌刻着孙中山先生亲笔题词"浩气长存"四个大字。300多米长的层级主干道两旁，苍松翠柏排列有序。园内有墓亭、陵墓、纪功坊等。岗陵上安放着七十二烈士之墓，墓后的纪功坊由前后各72块青石叠成崇山形，象征72位烈士。纪功坊上屹立着自由女神像，表达了要为建立自由平等国家而

黄花岗七十二烈士墓（极限片）

奋斗的革命思想。墓旁孙中山先生手植的松树苍劲挺拔。

1981年，为了纪念辛亥革命70周年，邮电部发行《辛亥革命七十周年》纪念邮票，1套3枚，其中第二枚图案即为"黄花岗七十二烈士墓和纪功坊"。邮票在构图、远近层次和空间关系上做了精心的安排。广场上，巨大的花岗石砌成的陵墓气势磅礴，雄伟壮观，庄严肃穆，使人产生沉思悼念之情。墓两边高大的椰子树似卫士守护着陵墓。纪功坊上的自由神，象征着革命烈士的大无畏的精神。

位于武汉和郑州的二七烈士纪念碑和二七纪念塔，是中华人民共和国成立后党和国家为了纪念二七惨案中的死难烈士而修建的。

1923年2月1日，京汉铁路工人在中国共产党的领导下，在郑州举行京汉铁路工人总工会成立大会。北洋军阀吴佩孚派军警封锁了大会会场。为了抗议吴佩孚的武力阻挠，总工会决定举行总罢工。2月4日，总罢工开始，全线各站工人一致行动，不到三小时，客车、货车、军车一律停驶，长达一千余公里的铁路顿陷瘫痪。武汉各工团代表和工人一万余人走上街头，高唱"军阀手中铁，工人颈上血。颈可断，肢可裂，奋斗的精神不消灭！劳苦的群众，快团结起来"，高呼"打倒军阀"等口号，举行了声势浩大的

黄花岗七十二烈士墓

京汉铁路工人"二七"大罢工六十周年（纪念封）

示威游行。

2月7日，吴佩孚在外国势力支持下，在江岸、郑州、长辛店等地对工人进行血腥镇压，工人被杀50余人，伤数百人，造成二七惨案。罢工坚持到2月9日结束。这次罢工是中国工人阶级在中国共产党领导下，为了反对帝国主义和军阀的压迫，争取人权、自由等权利而进行的一次震惊中外的政治大罢工。

1955年，为纪念在1923年京汉铁路工人大罢工中牺牲的烈士，位于武汉市汉口江岸的二七烈士纪念碑破土动工，并于1958年建成。纪念碑坐北朝南，通高12.6米，用280块花岗岩砌成。碑身正面镌刻毛泽东的题字"二七烈士纪念碑"，碑座刻有表现罢工场面的浮雕。

矗立于郑州市中心广场的二七纪念塔，高63米，象征着"二七"精神与天地共存，与日月同辉。

1983年2月7日，为了纪念"二七"大罢工60周年，邮电部特发行一套纪念邮票，全套2枚。

而在位于福州闽侯县祥谦镇的枕峰山西麓，也坐落着我国早期工人运动领袖、"二七"大罢工主要领导人林祥谦烈士的陵园。

林祥谦是闽侯县尚干镇人。1923年2月他参与组织领导了声势浩大的京汉铁路工人大罢工。2月7日，罢工斗争遭到北洋军阀吴佩孚的血腥镇压，50多名工友壮烈牺牲，他也在武汉江岸不幸被捕。在敌人屠刀面前，他大义凛然，视死如归，拒发复工令，最后被敌人残酷杀害，慷慨就义，时年仅31岁。

林祥谦烈士陵园背山面水，占地面积约42000多平方米，建筑面积5000多平方米。陵园入口处，屹立着一尊高4米的花岗石雕林祥谦像。倚山拾级而上，中轴线由西到东依次为陵门、墓道、纪念堂、墓地等建筑。墓道长百米，水泥铺筑，左右为荷花池。第二墓道有126级石阶。纪念堂为"工"字形双层建筑，面积1850平方米，钢筋混凝土结构。堂匾"二七烈士纪念堂"为郭沫若所书。内设正厅、礼堂、展览馆、资料室和接待室，厅内立有武汉总工会铸造的高1.2米、重

纪念"二七"大罢工60周年
（2-1）江岸"二七"纪念碑
（2-2）郑州"二七"纪念塔

230公斤的林祥谦铜像。覆鼎形的烈士墓在纪念堂后山坡，照壁式墓碑上镌刻着郭沫若手书的"二七烈士林祥谦之墓"。石阶、纪念堂基座、墓均用洁白的花岗岩砌筑。

1961年1月20日，在林祥谦烈士家乡隆重举行了林祥谦烈士遗骨迁葬仪式和林祥谦陵园奠基仪式。1963年2月7日，适逢二七惨案40周年，林祥谦陵园竣工并正式对外开放。

1964年11月，全国人大常委会委员长朱德为林祥谦纪念堂题字："二七烈士永垂不朽"。何香凝副委员长也为纪念堂画了一幅梅花，象征烈士像寒梅那样斗傲霜雪。

1985年林祥谦陵园被公布为省级文物保护单位。1989年公布为全国重点烈士纪念建筑物保护单位。2001年被中宣部列为第二批全国爱国主义教育示范基地之一。

京汉铁路工人二七大罢工六十周年（极限片）

第四章

军民团结如一人
——"双拥"优抚

军民团结如一人，试看天下谁能敌。

1963年4月，国防部授予驻守上海南京路的某部八连以"南京路上好八连"的光荣称号。随后各大报纸发表了许多文章，介绍"好八连"身居闹市、一尘不染，勤俭节约、克己奉公，热爱人灵、助人为乐的事迹。当年八一建军节，毛泽东特作《杂言诗·八连颂》给予褒奖颂扬。这首诗从八连写到全军，写到全国，最后阐明了"军民团结如一人，试看天下谁能敌"这一颠扑不破的真理。

一、拥军优属

一送红军下南山，秋风细雨扑面寒。

树树梧桐叶落完，红军几时再回山？

歌曲《十送红军》作为电视连续剧《长征》的插曲、片尾曲，其悠扬而凄婉的歌声，表达了苏区人民对红军的深情厚谊。

早在红军初创时期，我们党和毛泽东就提出了工农红军离不开工农群众的思想，要求军队爱护人民群众，苏区政府和人民支援红军、优待军属。《十送红军》反映的正是这一时期根据地军民之间水乳交融的密切关系。

抗日战争时期，为了巩固和发展抗日根据地，陕甘宁边区政府组织开展了"拥护军队、优待抗日军人家属"活动，并公布了《拥护军队的决定》《拥军公约》；八路军留守兵团开展了"拥护政府、爱护人民"活动，并发出了《关于拥政爱民月的工作指示》，公布了《拥政爱民公约》

欢送新四军抗日

十条。陕甘宁边区的这场拥军优属和拥政爱民运动，改善和密切了边区的军政军民关系，形成了军民团结、共御外侮的生动局面。

1943年10月，毛泽东为中共中央起草了《开展根据地的减租、生产和拥政爱民运动》的指示，充分肯定了陕甘宁边区的做法，号召各根据地军民广泛开展"双拥"活动，从而使"双拥"运动从延安迅速发展到各个抗日根据地，掀起了前所未有的"双拥"热潮。后来，毛泽东在《一九四六年的解放区工作方针》的报告中，正式把拥政爱民、拥军优属作为一项重要任务，使"双拥"运动走向经常化、制度化，成为人民军队的优良传统，有力地促进了党政军民的大团结。

1952年7月7日，正值七七事变15周年，邮电部发行《抗日战争十五周年纪念》邮票，1套4枚。邮票主图以4幅画面再现了这场伟大民族解放战争的光辉历史。其中第3枚为《欢送新四军抗日》。

抗日战争爆发后，新四军开辟了华中抗日根据地。1938年1月，以叶挺为军长、项英为副军长的新四军在南昌分两路进入大江南北敌后地区，与日本侵略者展开了游击战争。这枚《欢送新四军抗日》，主图是新四军战士手持武器，高举横幅，奔赴抗日战场，乡亲们热烈欢送的场面，表现了军民团结一致、共赴国难的坚强决心。

1965年9月3日，邮电部发行《纪念抗日战

光荣参军

争胜利二十周年》邮票，1套4枚。其中第4枚为《光荣参军》，主图描绘了胸戴红花的有志青年，挥手与亲人告别，即将奔赴抗日战场的情景（原绘画作品名称为《参军》），再现了广大人民群众积极参加人民军队，打击敌人的场面。

解放战争时期，正是由于广大人民群众的全力支持，才使人民军队度过了最为艰苦的阶段。在战略大反攻时期，更是人民军队打到哪里，人民群众拥军支前就跟到哪里；人民军队需要什么，人民群众就把需要的物资送到最前沿。正如陈毅元帅所说，淮海战役的胜利，是人民群众用小车推出来的。

淮海战役是解放战争时期著名的三大战役之一。为纪念这一战役的胜利，华东财办邮政管理总局于1949年5月发行《淮海战役胜利纪念》邮票，全套11枚，面值分别从1元到100元不等：图案相同，左边是中国人民解放军胜利前进，右边是淮海战役简图，图中注明该战役的主要战绩，下方印有战役胜利结束日"1949.1.10"。

淮海战役胜利纪念

战争时期的"双拥"工作是围绕战争开展的，一切为了战争，一切为了胜利，这是全党、全军的中心任务。无论是军队的群众工作，还是地方的拥军工作，都是围绕这一中心任务开展的，从而使"双拥"工作在战争的实践中不断得到丰富和发展。广大军民携手并肩，浴血奋战，终于以排山倒海之势、雷霆万钧之力，迅速摧毁了国民党的反动统治，建立了中华人民共和国。

1998年11月14日，为了纪念解放战争三大战役胜利50周年，国家邮政局发行了《解放战争三大战役纪念》纪念邮票，全套5枚。其中第5枚为《支援前线》，邮票画面表现了人民群众赶着大车、推着独轮车、肩挑手提粮食和水等物资送往前线的壮观场景（原绘画作品为崔开玺1976年创作的油画）。

支援前线

中华人民共和国成立后，随着各项政令的统一，全国性的拥军优属工作作为政府的一项日常工作也开始走上正轨。1950年12月，中央人民政府内务部、人民革命军事委员会总政治部联合发出《关于新旧年关开展拥政爱民和拥军优属运动的联合指示》，对军队、地方政府和人民群众开展"双拥"工作提出具体要求：

一是在新年和春节之际，在人民解放军全体指挥员、战斗员和各级地方政府的工作人员和广大人民群众中，分别开展拥政爱民和拥军优属运动。

二是在部队及各级地方政府和人民群众中进行广泛深入的教育。应当认识中国人民民主革命的胜利，主要是人民解放军英勇战斗和流血牺牲的结果。今天他们仍然站在国防最前线。热爱人民解放军，就是热爱祖国，就是巩固与提高保卫国家经济建设的力量。

三是政府检查拥军优属工作和归队工作，部队检查群众纪律和学习、执行政府法令的状况，应作为开展这一运动的主要内容。政府方面，要重点检查组织烈军属和残废军人、复员军人的生产工作，了解他们生产建家和就业的情况，帮助他们解决目前生活上存在的困难，务使烈军属能维持当地一般群众的生活水平，残废军人、复员军人能谋生立业，各得其所。

抗美援朝战争爆发后，中国人民抗美援朝总会向全国人民发出推行爱国公约、捐献飞机大炮和优待烈军属的号召。国内工人们提出"工厂就是战场，机器就是枪炮"，农民们提出"要人有人，要粮有粮"的口号，使志愿军获得了源源不断的物资供应。大批汽车司机、民工和医务工作者执行运输、勤务和医疗任务，有力地配合了前线的作战。

1952年11月15日，邮电部发行《中国人民志愿军出国作战二周年纪念》邮票，全套4枚，展现了抗美援朝战争中前后方的4幅画面，其中第2枚为《支援前线》。中国人民志愿军开赴朝鲜后，国内进行了广泛的宣传、动员，刚刚获得解放的老百姓纷纷捐款捐物，支援志愿军前线作战。

1950年12月，内务部与总政治部联合发出的"双拥"通知中，首次提出热爱解放军就是热爱祖国的思想，将拥军优属与热爱祖国联系起来。当志愿军在朝鲜战场作战时，全国新闻界、文艺界写出了大量歌颂指战员的新闻、通讯、特写、

支援前线

报告文学、小说、诗歌等，演出了大量反映抗美援朝战争的戏剧、电影，使志愿军官兵感受到自己的事业是崇高的，产生了巨大的精神力量。特别是魏巍的通讯《谁是最可爱的人》、杨朔的小说《三千里江山》和电影《英雄儿女》等，在广大人民群众和志愿军官兵中产生了极大的反响。

1963年3月5日，毛泽东发出"向雷锋同志学习"的号召，"学雷锋，树新风"活动迅速在军营和全国各地蓬勃兴起，千万个学雷锋标兵在人民群众心中扎下了根，对当时的社会风气产生了良好的影响。

向雷锋同志学习

"文革"期间，"双拥"工作受到严重干扰和破坏。拥军优属工作没有专门机构负责，基本处于停滞状态。但全军广大指战员没有忘记党的优良传统和作风，在力所能及的范围内坚持开展群众工作，尽力支援工农业生产和抢险救灾，为人民群众做了大量好事。

改革开放以来，"双拥"工作在继承优良传统的基础上不断创新，内容不断丰富。以军民共建社会主义精神文明为载体，广大军民参与"双拥"工作的热情空前高涨；以创建"双拥模范城（县）"为龙头，群众性"双拥"活动蓬勃兴起、持久不衰。广大军民在经济建设的主战场上通力合作，在三个文明建设中相互促进，在维护国家安全、统一和稳定中密切配合，在抗御严重自然灾害和重大疫病中并肩战斗。军政军民团结显示出强大的力量，在推进改革开放和现代化建设

中发挥出巨大的作用。

从20世纪70年代末到90年代初，中共中央发出了一系列关于开展"双拥"工作的通知，有力地推动了"双拥"活动的开展，加强了军政军民团结。如1979年《中共中央关于发扬拥军优属、拥政爱民的光荣传统，进一步加强军政军民团结的通知》，1985年《中共中央、国务院关于尊重、爱护军队积极支持军队改革和建设的通知》，1990年《国务院、中央军委关于加强军民团结正确处理军民关系问题的通知》等。

1991年，党中央批准成立全国拥军优属拥政爱民工作领导小组，使拥军优属工作更加制度化。同年1月，民改部、总政治部在福州召开了中华人民共和国成立以来的第一次全国"双拥"工作会议，对1987年全国拥军优属拥政爱民经验交流会以来的"双拥"工作情况进行了系统的总结；首次命名表彰了10个"双拥模范城（县）"，邓小平为"双拥模范城（县）"亲笔题词，创建"双拥模范城（县）"活动由此兴起，"双拥"工作也由此迈向新起点。

全国"双拥"工作会议召开前，时任福州市委书记、福州军分区党委第一书记的习近平，于1月9日写下了《七律·军民情》，表达了"人民军队爱人民、人民军队人民爱"的鱼水深情：

挽住云河洗天青，闽山闽水物华新。
小梅正吐黄金蕊，老榕先掬碧玉心。
君驭南风冬亦暖，我临东海情同深。
难得举城作一庆，爱我人民爱我军。

此后，党中央、国务院、中央军委先后13次下发文件，指导"双拥"工作。2005年，全国"双拥"理论研讨大会召开，首次系统地对"双拥"工作的性质特征、内涵外延、地位作用等基本理论问题进行了全面概括，为新时期"双拥"工作创新发展奠定了理论基础。拥军主体由党政机关、企事业单位等特定群体，向包括"两新组织"在内的全体社会成员延伸；拥军内容由过去单纯物质拥军，向科技拥军、智力拥军、文化拥军、社区拥军等多方面扩展；拥军形式由临时性的节日拥军，向经常性的常态拥军转变。

千年古榕（邮资片）

中国邮政明信片
Postcard
The People's Republic of China

中国邮政 CHINA　60分

千年古榕 Ancient Banyan
FP9 (10-1) 1999 A

邮政编码

2008年，全国"双拥"工作会议成功召开，命名表彰了355个"双拥模范城（县）"、383个"双拥模范"单位和个人，温家宝总理亲切接见了与会代表并做了重要讲话。

党的十八大以来，习近平总书记多次强调，在新形势下，"双拥"工作只能加强、不能削弱。只要军地合力，军民同心，我们就一定能实现"两个一百年"的奋斗目标，实现中华民族伟大复兴的中国梦，共同创造更加美好的未来。

在党和国家的关心重视和正确领导下，"双拥"工作在继承中发展，在改革中前进，取得了巨大的成绩和进步，有力地促进了国家的改革发展稳定和军队建设。同时，也创造和积累了许多具有时代特点和创新特色的成功经验，主要有：

（1）用建设中国特色社会主义的共同政治基础凝聚军心民心，保证"双拥"工作始终沿着正确方向发展。

（2）坚持围绕中心，服务大局，始终把党在各个时期、各个阶段的历史使命作为最高目标，促进经济实力、国防实力和民族凝聚力同步增强。

（3）坚持从政治上看待和处理军政军民关系问题，不断密切军队与人民群众的血肉联系，维护社会政治稳定大局。

（4）坚持深入持久地开展国防教育，增强全民国防观念，形成人人关心国家安全、勇于献身国防事业的社会风尚。

（5）坚持主题鲜明、富有时代特色的"双拥"形式，深入持久地开展军民共建和创建"双拥模范城（县）"活动，不断提高"双拥"工作的整体水平。

（6）坚持在地方党委、政府的统一领导下，发挥各级"双拥"领导机构和军地职能部门的作用，形成齐抓共管、各司其职的"双拥"工作运行机制。

这些经验是在"双拥"实践中总结出来的，又指导着"双拥"实践不断发展。

二、鱼水情深

正月里来是新春，

撵着那猪羊出了门，

猪啊羊啊送到哪里去，

送给那英勇的八路军……

这是抗战时期流行于沂蒙山区的一首革命歌谣。

军民鱼水情

1943年，为加强军政军民的大团结，夺取对敌斗争的胜利，我党在延安领导开展了"双拥"运动。迄今"双拥"活动已走过70多年的光辉历程。黄土地上那充满深情的歌声"猪啊羊啊，送到哪里去，送给那英勇的八路军……"也随着人民子弟兵成长、发展、壮大的步伐，唱遍大江南北，唱彻祖国的山山水水，唱响在一代代人的心头。

"双拥"就是你中有我、我中有你，相互寄托、相互依靠。正是有了爱的滋润，爱的播撒，"双拥"之花才璀璨夺目，大放异彩。

"人民是靠山！"这是我军的共识。革命战争年代，我们打的是人民战争。淮海战役的胜利是解放区人民用小车推出来的。正是由于人民的支持，人民军队才无往而不胜。

"关键时刻还得靠解放军！"这是老百姓对军人的最高褒奖。抵御SARS、抗洪一线、地震救灾，哪里有危险，哪里就有子弟兵；哪里有子弟兵，哪里就有国家和人民的安宁。

中国革命的胜利，是军民齐心协力赢得的；中华人民共和国的辉煌成就，是军民共同努力创造的。今日中国，处处可见军民共同奋战的场景。西部开发、三峡工程、西藏铁路、灾区重建，一个个艰难险阻被军民联手踩在脚下，一个个建设项目被军民协作成功突破，一个个人间奇迹被军民合力共同铸造。

"双拥"作为我们党和军队长期坚持的一项制度和传统，已经转化为全民族的一和精神和意志。回眸这场发生在中国大地上、至今仍然历久弥新的"双拥"运动，不难体会到它对于人民军队建设发展的重大历史意义。

（1）牢记全心全意为人民服务的宗旨，永葆人民军队的性质和本色，是我军和广大人民群众始终保持血肉联系的基石。

（2）积极参加地方经济建设，帮助发展社会生产力，是我军和广大人民群众始终保持鱼水情谊的重要原因。

（3）坚持先进文化的引导方向，采用群众喜闻乐见的形式，是密切军政军民关系的有效途径。

1978年2月5日，邮电部发行《军民一家人》特种邮票，全套2枚，用人们喜闻乐见的手法表现了人民群众对人民军队的拥护、爱戴、支持和尊敬。

（2-1）团结战斗
（2-2）共夺丰收

纵观70余年"双拥"工作的实践，可以看出，"双拥"工作具有浓厚的政治属性和政治功效，在凝聚军心民心、保障党和国家中心工作中发挥了重要作用。

（1）从政权建设看，战争年代，它是我们党夺取政权的重要法宝；和平时期，它是巩固我们党执政地位的基础要素。

（2）从经济发展看，"双拥"工作是保持经济建设和国防建设协调发展的重要平台，是促进社会生产力和部队战斗力提高的有效载体。

（3）从国防战略看，"双拥"建设是国防建设的重要内容，是军队政治工作在地方以及各个领域的扩展延伸。

（4）从安全稳定看，"双拥"工作与军政军民团结紧紧相连，与军民切身利益息息相关，与政治稳定、社会和谐密不可分。

实践证明，每当国家主权、安全和统一面

临严峻挑战，每当遇到各种政治风浪的重大考验，每当发生各种突发事件的关键时刻，坚强的军政军民团结都显示了不可战胜的强大力量，成为我们战胜艰难险阻、不断从胜利走向胜利的重要保证。

随着改革开放和社会主义现代化建设的推进，国家的国力不断增强，"同呼吸、共命运、心连心"的"双拥"理念越来越深入人心；广泛参与、踊跃实践已成为社会各阶层的自觉行动，并向多接口、深层次发展；军民水乳交融、唇齿相依、鱼水情深已成为社会生活的真实写照。

"双拥"工作形式不断丰富。2017年，广泛开展科技拥军、智力拥军和社会化拥军活动，支持部队加强信息化、军事重点工程、新型作战力量建设和军事人才培养，配合完成训练演习、深化军事斗争准备和海上维权等军事任务，军民融合不断拓展。组织第十轮全国"双拥模范城（县）"创建和命名表彰等重大活动，成功举办军民迎新春茶话会，配合开展庆祝中国人民解放军建军90周年系列活动，发布最美拥军人物，开展"双拥在基层"、"双拥"文艺节目调演等活动，"双拥"工作不断创新发展，凝聚力、影响力、带动力进一步提升，积极服务国防和经济建设。

2017年5月1日，中国邮政发行《内蒙古自治区成立七十周年》纪念邮票，1套3枚，图案内容分别为守望相助、亮丽北疆、民族和谐。其中第1枚《守望相助》表现了军民团结、共同守卫祖国边疆、守望相助的景象。在山东省蒙阴县野店镇烟庄村，居住着全国著名支前模范、共产党

守望相助

员"沂蒙六姐妹"。在抗日战争、解放战争时期，她们带领全村妇女为部队筹集草料、烙煎饼、做军鞋、送弹药、救伤员。1947年6月10日《鲁中大众》载文盛赞她们的事迹，称之为"沂蒙六姐妹"。迟浩田将军曾欣然题词："沂蒙六姐妹，用军情不忘。"

中华人民共和国成立后，"沂蒙六姐妹"依然心系国家大事，十分关注国防建设。"心系长城励新兵，披红戴花送军营"是她们在新形势下对人民子弟兵亲切关怀的真实写照。每年新兵入伍，当地武装部都会邀请"沂蒙六姐妹"为新兵讲述革命传统故事，教育新兵苦练本领，为沂蒙争光。

情系灾区，奉献爱心，"沂蒙六姐妹"的慈善之心在军地双方留下了妇孺皆知的口碑。1998年8月，长江流域特大洪灾牵动着"沂蒙六姐妹"的心，她们在生活并不宽裕的情况下，每人向灾区捐款500元，并绣制了几十双鞋垫，连同一封慰问信寄往抗洪第一线。

2008年5月12日四川省汶川县发生特大地震后，"沂蒙六姐妹"自行开展了"交纳特殊党费，捐献一颗爱心"的活动，每人捐款600元。当她们从电视上看见子弟兵在一线不怕流血牺牲，冒着生命危险参与抗震救灾的情景时，心疼得直掉眼泪，发动儿媳、孙女和全村妇女经过十几个昼夜加工，赶制了500双"千层底"寄给了抗震救灾一线的子弟兵。让子弟兵穿上它，在地震灾区再立新功。

"沂蒙六姐妹"数十年拥军报国的先进事迹，激励着全县人民。在她们的带动和影响下，蒙阴县拥军优属活动广泛深入地开展。继1996年荣获"全国拥军优属模范县"之后，又连续6年被山东省人民政府、山东省军区评为"全省双拥模范县"。

沂蒙红嫂（明信片）

三、优待抚恤

优待抚恤工作是国家和社会对以军人及其家属为主体的优抚对象实行物质照顾和精神抚慰的一项特殊社会工作，包括为其提供生产、生活、住房、医疗等方面的帮助和精神慰藉等抚恤优待，以及举办军人疗养院、光荣院等。

早在土地革命战争时期，各级苏维埃政权就成立了相应的优待抚恤机构，中央革命军事委员会设立了专门的抚恤委员会，地方苏维埃设立经常性或临时性的优待、慰劳红军委员会，负责管理、督促、检查落实红军的优抚工作。

抗日战争和解放战争时期，各根据地的民主政府继承苏区拥军优属的光荣传统，制定了具有各自特点的优抚条例。如1937年12月，陕甘宁边区政府就制定了《抗日军人优待条例》，规定抗日军人在服役期间，本人和家属免纳一切捐税；家属居住公家房屋免交租金；子弟读书免交一切

古田会议八十周年

费用；军属缺乏劳力，由群众尽代耕代收义务等。

1949年5月，边区政府正式颁布《陕甘宁边区抚恤工作细则》和《陕甘宁边区革命烈士荣誉军工人员及年老之革命军工人员抚恤优待条例》，对烈士抚恤、荣誉军工餐费等级、抚恤金发放、设立荣军院和荣誉队等都做出了详细规定，使边区抚恤工作走上法制化、规范化的轨道。

中华人民共和国成立后，党和政府对优抚工作更加重视，先后制定颁布了一系列法规，积累了一整套工作经验，在全国范围内初步形成了统一的优抚工作体系。

1949年中华人民共和国成立前夕，第一届全国政协会议通过的《共同纲领》就规定，"革命烈士家属和革命军人家属，其生活困难者应受国家和社会的优待。参加革命的残废军人和退伍军人，应由人民政府给以适当安置，使能谋生立业"。

根据这一规定，1950年，刚刚组建不久的内务部制定了《革命烈士家属、革命军人家属优抚暂行条例》、《革命残废军人优待抚恤暂行条例》、《革命军人牺牲病故褒恤暂行条例》、《革命工作人员伤亡褒恤暂行条例》和《民兵民工伤亡抚恤暂行条例》，经政务院批准后施行。这些条例的制定和施行，统一了革命烈士的条件和革命军人的评残条件及伤残等级区分，统一了对革命军人家属的优待办法和各类优待抚恤标准及优抚证

件。这些条例颁布后，在全国范围内有了统一的优抚法规，全国优抚工作得以有法可依。这对鼓舞人民保卫祖国的激情、鼓舞部队的士气、密切军政军民关系、巩固国防都具有重要的意义。

谢觉哉在担任中华人民共和国首任内务部部长期间，始终重视优抚工作。每年春节前夕，他总会用那浓重的湖南口音和真挚的感情向全国烈属、军属、残疾军人和复员退伍军人发表慰问广播讲话，鼓励他们为社会主义建设事业贡献力量，号召全国人民向他们学习，尊重他们的政治地位，照顾他们的生产、生活。

当时，大量的优抚对象都在老根据地。1951年7月，中央人民政府决定，派遣中央访问团访问各革命老根据地，由谢觉哉担任总团长，下设9个分团，共有8400多人参加了慰问活动。

谢觉哉带领中央苏区分团先后访问了南昌、瑞金、长汀、宁都、兴国等革命老根据地，受到当地群众的热烈欢迎。在瑞金，一位当年的赤卫队队员拨开人群，挤到谢觉哉面前，一把抓住他的手，泪水夺眶而出，哽咽着说："谢老，我们早盼星星，晚盼月亮，党中央和毛主席的代表终于回来了。"

结束这次访问回京后，谢觉哉向党中央和中央人民政府及政务院报告了访问情况，并反映了各革命老根据地存在的一些实际问题，如经济恢

瑞金沙洲坝

复问题、优抚问题、人民民主政权建设问题等。这些问题都得到了中央的重视。

谢觉哉主持和指导内务部制定、发布了一系列优抚条例和办法，对于优抚对象的生产、生活问题给予切实解决。在1953年10月举行的第二次全国民政会议上，他明确提出，民政部门必须切实领导人民群众做好优抚工作，对革命烈士家属、革命军人家属、革命残疾军人、复员转业军人的生活、生产问题切实负责予以解决。发挥他们在政治上和生产上的积极性，发动和组织他们按照互助合作的道路积极从事生产，达到生产自给；或参加其他可能的和能胜任的工作，参加国家的各种社会主义建设事业。对于缺乏劳动力或生活贫困必须予以物质补助的，给予代耕或物质的补助，使他们也尽可能地逐步达到生产自给。

1954年我国公布的第一部《宪法》明确规定了保障残废军人的生活、优抚革命烈士家属、优待革命军人家属的条款。这就把优抚工作用国家根本大法的形式固定下来，极大地统一了全国人民的思想。1955年公布的《中华人民共和国兵役法》，对现役军人的优待和退出现役的安置工作做了详细规定，特别强调现役军人、因公残废军人、烈士家属、现役军人家属，应当受到社会的尊重，受到国家和人民的优待。

为保障优抚对象的生活，调动他们参加社会主义建设的积极性，各级政府从生产和生活各方面都给

军人（邮资图）明信片

予优抚对象以特殊的关心和照顾。以北京市为例，从1949年到1956年，全市共安排就业的烈军属达1.1万人，他们的生活有了很大的改善。各地农村则组织农民群众为农村优抚对象代耕土地，每年平均达1200万亩左右。

与此同时，国家从财政经济状况和人民群众生活水平出发，制定了军人牺牲、病故抚恤和伤残抚恤标准及制度，并先后于1952年、1953年和1955年对伤残抚恤标准进行了调整。

1956年和1959年，内务部先后两次召开全国烈军属和残废、复员、退伍、专业军人社会主义建设积极分子大会，参加会议的优抚对象代表共1760人。党和国家领导人亲自接见了会议代表，在社会上产生了极大的反响，提高了广大优抚对象的政治地位。

"文革"期间，随着各级民政部门的撤销，优抚工作在许多方面处于停滞状态，许多优抚政策被歪曲批判，许多优抚对象遭到打击迫害，已经建立起来的优抚制度受到冲击，优抚工作陷入十分混乱的局面。

十年"文革"结束后，尤其是党的十一届三中全会以来，优抚工作出现了新的转机，有了新的发展。1978年5月，民政部重建不久，便着手进行全国优抚对象普查工作。全国组织了200余万人的普查队伍，经过一年艰苦努力，查清了优抚对象的底数，为调整、制定新的优抚政策打下了基础。同时，以优抚对象身份待遇恢复认定为标志，实施重点抚恤政策，丰富定期补助制度，恢复兴办光荣院、优抚医院。

中华人民抗日战争暨世界反法西斯战争胜利七十周年（邮资图）

1988年国家出台《军人抚恤优待条例》，形成第一部综合性优抚基本法规。1998年国务院办公厅下发《关于加强优抚工作的通知》，建立了优抚对象分级负担保障体制。

1999年开展"爱心献功臣行动"，推进优抚对象生活、住房难问题的解决。2004年，召开全国优抚工作会议，全面贯彻新修订的《军人抚恤优待条例》；推进抚恤补助标准自然增长机制，广泛开展"关爱功臣活动"；出台给予部分参战、参试退役人员生活补助，完善优抚对象医疗保障等方面的政策措施，实现了优抚政策的重大突破。

改革开放40余年来，我国优待抚恤工作伴随着国家经济社会的发展而发展，经历了服务领域不断拓展、工作内容不断丰富、保障水平不断提高的过程。

（1）在优待制度方面，从优待工分、优待劳动日逐渐过渡为发放优待金，从乡镇"三提五统"列支转变为全部由县、乡财政纳入预算安排，从乡镇间标准不一、负担畸轻畸重转变为统一优待标准、统一发放。

（2）在死亡抚恤方面，实现政策新的突破，将死亡性质由两个档次改为三个档次，一次性抚恤金由过去的固定标准改为与死者生前工资挂钩，一次性抚恤金标准翻番。

（3）在伤残抚恤方面，取消残疾抚恤在职在乡区别，实现了补助性向补偿性的转变，调整"四等六级"的伤残等级为"十级"，实现了与工伤标准和国际惯例的接轨。

（4）在定期补助方面，实现了烈军属和在乡复员军人的生活补助费"临时性、随意性"向定期定量补助的转变；实现了"三属"、"三红"、带病回乡退伍军人由地方财政负担补助向中央财政给予定期抚恤的转变，实现了"两参"人员定期生活补助从无到有的转变。

（5）在优抚医疗体制改革方面，从仅对部分对象的低水平保障，转变为面向全体对象较高水平的"体系保障、实施补助、给予优惠"三位一体的新型优抚医疗保障制度，进而实现了从单纯生活保障向生活、医疗、住房、交通、子女入学等综合保障的重大转变，优抚对象"三难"问题基本得到解决。

（6）在优抚事业单位管理方面，不断加强建设和管理力度，基本建立覆盖全国的优抚事业单位服务保障网络，较好地满足了孤老优抚对象供养、特一等伤残军人、复退军人慢性病患者和精神病患者的医疗康复需求。

党的十八大以来，中央就加强新形势下优抚工作进行了顶层设计，做出了明确部署，民政部会同有关部门先后制定出台《优抚对象住房优待办法》《人民警察抚恤优待办法》《执行多样化军事任务民兵预备役人员抚恤优待办法》，使优抚工作进一步法制化、规范化。

改革开放以来，国家已连续24次提高残疾军人抚恤金标准，27次提高烈属定期抚恤金标准和在乡退伍红军老战士生活补助标准。2017年国庆节前，民政部、财政部发出通知，再次提高优抚对象等人员抚恤和生活补助标准。2017年中央财政安排优待抚恤经费达到427.4亿元，全国共有863.6万人受益。

除原有的军烈属、残疾军人外，自2005年以来，民政部门先后将参战退役人员、参加核试验退役人员、铀矿开采退役人员、烈士老年子女、60周岁以上农村义务兵等对象纳入国家定期生活补助范围，优抚安置对象由近500万人，增加到860多万人，待遇水平也有了大幅提高。

由民政部门负责的优抚安置资金，包括优待抚恤补助资金、烈士褒扬金、军休资金、退役士兵安置资金、优抚安置事业单位补助资金等共5大项。近20多年来，优抚安置保障经费连年创历史新高，2016年中央财政保障经费达892.7亿元，较2012年增长40%。新增军休服务管理机构建设、伤病残退休军人住房安置、精神病退休军人护理费等优抚安置经费项目，建立健全保障经费自然增长、与物价水平挂钩联动两个机制。统一城乡"三属"定期抚恤金标准，2016年烈属的年抚恤金标准达到21030元，较2012年增长203%。抚恤补助标准逐年增加，较好地保障了优抚对象的生活水平。

近5年来，按照"普惠"加"优待"原则，民政部门将优抚对象的住房、医疗、养老等优先优惠纳入社会保障和公共服务体系。创新优抚医疗保障和住房优待制度，基本实现优抚制度与城乡低保、医疗、养老、住房等社会保障制度的有效衔接，提升了优抚保障水平。

2012年以来，在全国范围内建立优抚对象短期疗养制度，累计为70多万人次残疾军人、烈士遗属、在乡老复员军人等优抚对象提供服务，提高了优抚群体的荣誉感，受到优抚对象和社会各界的一致好评。

四、接收安置

军人退役后的接收安置工作是体现国家责任、帮助退役士兵实现由兵转民的一项特殊工作，也是连接军队与地方的桥梁。

中华人民共和国成立后，随着人民革命战争的胜利，大规模的战事已经结束，1950年6月，中央军委、政务院发出《关于人民解放军1950年的复员工作的决定》；7月15日，组建了中央复员委员会，由周恩来任主任，聂荣臻为副主任。各级地方政府也相应成立了复员委员会，形成了对复员工作的坚强领导。1954年10月和1955年5月，国务院还先后发布了《复员建设军人安置暂行办法》和《国务院关于安置复员建设军人工作的决议》。

这些决定、决议，明确了复员工作的总原则是服从国家经济建设和国防建设需要，并使二者结合起来；在军队要做到"走者满意，留者安

心"，在地方要做到"妥善安置，各得其所"。同时，国务院还批转了内务部关于安置复员军人工作的报告和加强对复员军人管理教育的通知。特别是1957年4月召开的全国复员工作会议，具体分析了复员安置工作中的问题，提出了解决问题的办法，有力地推动了复员安置工作的开展。

这次大规模的复员安置工作，从1950年6月开始，到1958年基本结束，共安置了复员志愿兵482万余人。在此期间，国家共支出复员费15亿元人民币，医疗补助费1亿元，有力地保障了复员工作的顺利进行。

1955年实行义务兵役制后入伍的义务兵，从1958年开始退伍。国务院在总结复员安置工作经验的基础上，于1958年制定了《关于处理义务兵退伍的暂行规定》，确定了"从哪里来，回哪里去"的安置原则；明确了思想教育和解决实际困难相结合的安置办法；提出了退伍军人是保卫祖

中国人民志愿军凯旋归国纪念

国和社会主义建设的一支可贵力量的思想；对义务兵的退伍、途中运输和安置等项工作也做出了原则规定，使退伍安置工作逐步走上制度化道路。

"文革"期间，退伍安置工作受到干扰，几乎处于停滞状态。部队中有数万名伤病残战士长期滞留，无法退伍安置；回乡退伍军人在生产生活中存在的困难也得不到及时解决，导致不断上访。直到1975年，国务院、中央军委发布《军队干部退出现役暂行办法》，对军队干部复员的条件、去向、工作安排、工资待遇做出了明确规定，使复员安置工作重新回到正常轨道上来，对此后若干年的退伍安置工作发挥了积极的作用。当时在边疆和内地组建的12个生产建设兵团，也成为安置退伍义务兵和转业干部的一个重要渠道。

粉碎"四人帮"之后，国务院委托民政部于1980年召开全国军队退休干部和退伍军人安置工作会议，随后成立了国务院退伍军人和军队退休干部安置工作领导小组，由万里副总理任组长，杨静仁、程子华、何正文任副组长。由此全面展开兵役制度变革之后退伍义务兵、转业志愿兵和复员干部的安置工作。

对退伍义务兵的安置，明确提出了城镇退伍安置实行"按系统分配任务，包干安置"的政策。到1987年，随着经济发展对劳动力素质的要求越来越高，为稳定军心，鼓励战士安心服役，对以往安置政策进行了及时调整，提出把个人专长、服役期间的表现和退伍安置工作挂钩，打破了平均主义、"大锅饭"的做法，起到了鼓励先进、鞭策后进的良好作用。1994年国务院、中央军委又针对城镇退伍义务兵安置难的问题下发了有关文件，对部分政策做出及时调整。

对转业志愿兵的安置，国务院、中央军委于1983年发布了《中国人民解放军志愿兵退出现

因泪而产生无尽爱恋，因血而渴望疆场生还，战士的心愿：让天下所有的军旗全化作和平鸽图案。

枪，青春，军魂——血染风采纪实录（明信片）

役安置暂行办法》，明确规定退出现役的志愿兵原则上转业回原籍，由县（市）政府安排工作。1991年，又根据安置中出现的新情况，在全国试行转业志愿兵集中交接办法，即需要转业的志愿兵，经团以上单位逐级审查上报，由大军区、军兵种等大单位军务部门与省级安置部门进行交接，限期安置。经过两年实践，证明该办法切实可行，随后正式实行。这一办法的实行不仅加快了安置工作进度，而且减轻了基层工作压力，保证了转业志愿兵安置工作的顺利进行。

1993年，有关部门联合发出《关于做好军队复员干部安置工作的通知》，打通了军队二部退出现役、复员回乡工作的路子，有效地保障了复员干部的切身利益。

改革开放后，随着国家人事劳动制度和军队相关制度的改革，退伍军人安置也逐渐实现由城乡有别、以计划安置为主向城乡一体、以扶持就业为主的重大转变，并按照"妥善安置、各得其所"的要求和"从哪里来，回哪里去"的原则，逐步推进安置保障机制的创新发展。

（1）工作重心由扶持农村退役士兵生产生活为主逐步向以安排城镇退役士兵就业为主转移。1980年10月召开的全国军队退休干部和退伍军人安置工作会议，确定了我国退役士兵安置工作重点在农村的重大政策。20世纪80年代末，随

军人贴用

着国家用工制度的重大改革，退役士兵安置难的问题逐步凸显出来，退役士兵安置工作重心开始向安置城镇退役士兵转移。

（2）安置方式逐步由政府指令性安排工作向安排工作与自谋职业相结合过渡。1981年，开始推行"按系统分配任务，包干安置"的安置政策，1987年，将这一政策以《退伍义务兵安置条例》的形式固定下来。1998年修订的《兵役法》，明确了城镇退役士兵安置实行安排工作与自谋职业相结合的安置原则，赋予了这一原则法律地位。2001年，在辽宁丹东召开全国退役士兵安置改革工作经验交流会，推广了部分地区鼓励城镇退役士兵自谋职业的经验做法，推动退役士兵自谋职业工作全面展开。

（3）就业培训服务经历了由退役前培训向退役后培训、由军队开展两用人才培训向地方开展技能培训转变的演变过程。1986年，国务院、中央军委批转民政部、总政治部《关于全国开发使用退伍军人两用人才现场经验交流会情况的报告》，1995年，国务院军安办、民政部表彰了119名在全国退伍军人"成才报国、建功立业"活动中涌现出的突出典型，标志着培养和使用军地两用人才工作在全国全面展开。以广东、重庆、江苏为代表的政府出钱购买培训服务，以辽宁为代表的"普惠制培训、订单式就业"，以河南为代表的建立机构、独立运作等模式的形成，标志着开展退伍军人技能培训、就业服务工作进入了新

的发展阶段。

20世纪80年代初，为配合改革开放战略的实施，军队开始进行大规模的精简整编，全军有几十万军队干部退出现役，除大部分作转业安置外，还有相当一部分要作离休退休安置。为此，中共中央于1980年发出《关于妥善安排军队退出现役干部的通知》，明确把军队离休退休干部的安置管理任务交给民政部，要求民政部门设立机构负责接收管理。随后，民政部受国务院委托召开全国军队退休干部和退伍军人安置工作会议，开始大批接收安置军队退休干部。

1982年，在地方和军队实行老干部离休制度后，国务院、中央军委又发出关于军队执行《国务院关于老干部离职休养制度的几项规定》的通知，明确规定已移交政府安置的退休干部，符合新的离休条件的，由所在地政府负责改办离休，按地方离休干部管理。1983年国务院办公厅发出《关于军队离休干部移交地方管理问题的通知》，规定军队离休干部移交地方后由民政部门管理。据此，民政部门承担了军队离休干部的接收安置任务。从1982年起，民政部门还承担了军队无军籍退休、退职职工（不包括军队企业职工）的接收安置任务。

1984年，国务院、中央军委批转民政部、总政治部《关于做好移交地方的军队离休退休干部安置管理工作的报告》，统一了军休干部的待遇政策，规范了军休干部的安置办法，建立了军休

干部按批次移交民政部门安置管理的体制，建立了"政治待遇不变、生活待遇略为从优"的保障项目和标准，建立了军休干部的安置建房采用国家投资、划拨"三材"指标、当地政府负责修建的模式，建立了行政安置管理机构和军休所集中服务管理的工作体系。同时，明确了政府各部门的工作分工，为保障军休服务管理工作正常开展特别配备了用车、用房和专门编制，并安排了相关经费，为此后军休干部安置管理工作的开展奠定了坚实的基础。

1994年，民政部、总政治部报请中央批准，决定从1993年10月起，移交政府安置的军队退休干部的生活待遇与离休干部一样，开始执行军队统一的项目和标准；由补助、补贴靠向地方转为全部靠向军队；改革了医疗保障办法，将不明确的公费医疗办法，明确为医疗费用由中央财政按标准拨给地方财政，纳入安置地公费医疗体系筹管，不足部分由地方财政解决；改革了住房保障模式，由地方政府建设住房转变为由军队负责解决军休干部房源，有效解决了工作中的主要矛盾和遗留问题。军休干部安置管理工作由此步入正规化发展轨道。

2004年，中办、国办和军委办公厅联合下发了《关于进一步做好军队离休退休干部移交政府安置管理工作的意见》，对军休干部安置管理政

策进行了重大调整：进一步放宽了军休干部的安置去向，改过去的"大集中、小分散"安置方法为分散的多元化安置方法；对军休干部执行军队统一的住房制度，实行住房补贴和货币补差相结合的住房保障办法；医疗保障从过去的公费医疗改为医疗保险；服务用车由过去配置专门用车改为发放交通费；服务方式由单一的国家保障改为国家保障与社会化服务相结合。军休干部安置管理工作进入多元化、多样化、社会化发展的新阶段。

进入21世纪以来，我国全力推进退役士兵安置改革。建立中央企业按照本企业全系统新招录职工数量的5%核定年度退役士兵接收计划机制。积极推进"阳光安置"办法，确保安置工作公平、公开、公正。符合政府安排工作条件退役士兵岗位落实率逐年提高，平均达90%以上。全面开展自主就业退役士兵免费教育培训，在全国建立了由民政部门牵头，教育、财政、人力资源社会保障等部门参加的教育培训工作机制，参训退役士兵总计达到150多万人，平均参训率达90%以上，平均就业率达85%。

党的十八大以来，中央就加强新形势下优抚安置工作强化了顶层设计，做出了明确部署，各相关部门坚决抓好贯彻落实。民政部会同军地有关部门出台《关于加快推进军供应急保障能力建

关怀老兵（明信片）

新春的祝福（明信片）

设的意见》《关于发挥双拥工作优势大力支持深化国防和军队改革的通知》《关于服务深化国防和军队改革进一步做好军队离休退休干部移交政府安置工作的通知》《关于加强移交政府安置的军队离休退休干部医疗保障工作的通知》《军队离休退休干部服务管理办法》《军队无军籍退休

退职职工服务管理办法》等重要优抚安置政策；协调出台退役军人、职工安置政策文件20多个，涵盖退役士兵岗位落实、免费教育培训、就业创业优惠政策等各个方面；制定军休干部医疗住房保障和服务管理、优抚对象巡诊和短期疗养等政策，优抚安置政策制度体系更加完善，为维护优抚安置对象合法权益提供了可靠的保证。

2017年，民政部门服务保障的军队离退休干部、职工50余万人，每年还新接收大量退役士兵、伤病残退役军人和复员干部。为做好对上述对象的服务保障工作，全国民政系统设立优抚医院246家、光荣院1400多所、军休服务管理机构2200多个、军供站270多个。走出了一条政策体系逐步完善、工作体系基本健全、保障体系日益成熟的发展道路。

天灾无情人有情

——减灾救灾

"大地无情，人间有爱"，"一方有难，八方支援"，这是中华民族素有的扶危济贫的传统美德，也是中国人民通过减灾救灾抗灾，战胜无数次灾难的可靠保证。

一、大国"荒政"

> 军人退役后的接收安置工作是体现国家责任、帮助退役士兵实现由兵转民的一项特殊工作，也是连接军队与地方的桥梁。

中国是一个历史悠久的文明古国，也是世界上自然灾害最为严重的国家之一。从古至今，频繁的自然灾害，给中国人民带来了巨大的灾难。

由于灾害频繁，丰歉不定，因此，历朝历代都以赈灾、救灾为重要政务，称之为"荒政"，并将它作为安抚民心、稳定社会、巩固政权、塑造开明形象的重要措施，采取赈济、平粜、常平仓、调粟、养恤、减税、发放钱粮以及移民等种种赈救措施，取得了一定的成效，使广大灾民一次次度过了灾荒。

到清代时，为应付灾荒而采取的赈灾对策和措施，即荒政已经相当完善，形成了以皇帝为统领，户部筹划组织，地方督抚主持，知府协办，州县官吏具体执行的救灾管理体系。历朝皇帝都将荒政视为国家根本大计，从批阅报灾奏章到派员拨款赴救，躬亲督办，追问查询，可谓不遗余力。清代平均每州县赈济用银近4万两，全国年均支出230万两左右；乾隆时期年平均救灾款项约占全部支出的12%；清代前196年救荒用银4.5亿两左右，仅次于饷乾、公廉之款而居第三。

成书于北宋元祐年间（1086—1093）、被称为"中国古代百科全书"的《梦溪笔谈》，在《官政一》中，记载了宋代著名改革家范仲淹主政浙西时厉行荒政的事迹："皇祐二年，吴中大饥，殍殣枕路，是时范文正领浙西，发粟及募民存饷，为术甚备，……岁饥发司农之粟，募民兴利，近岁遂著为令。既已恤饥，因之以成就民利，此先生之美泽也。"

意思是说，皇祐二年，吴中发生大饥荒，饿死者的尸体遍布于道路。这时范仲淹主管浙西，他调发国家仓库粮食，募集民间所存的钱物来赈济灾民，救荒之术十分完备。饥荒年份打开司农粮仓赈济灾民，募集民间财力为地方兴利，近年来已定为法令。既赈救了饥荒，又趁荒年替民间兴利，这是范仲淹的恩泽。

中华人民共和国成立后，中央政府迅速建立起一套完整的、行之有效的救灾体制。由内务部

沈括像

（社会司）主管社会救济（救灾）工作，并确定了"节约防灾，生产自救，群众互助，以工代赈"的救灾工作方针。

1949年12月，政务院颁布《关于生产救灾的指示》，对全国救灾工作做出部署。这时，谢觉哉刚刚出任中华人民共和国首任内务部部长不久。他到任后碰到的第一件大事，就是1949年到1950年的大水灾，灾情遍及16个省份。

战胜灾荒、稳定人心成为内务部的首要任务。但是当时国家刚刚成立，缺钱缺粮，如何救灾？谢觉哉特地去请示毛泽东主席。毛主席指示，要发动群众，生产自救，节约度荒，调剂有无，互相帮助，财政上要拿出点力量来，搞点以工代赈和必要的救济。毛主席的指示给大家以极大的鼓舞。谢觉哉提出"不许饿死一个人"，并表示这是动员口号，也是必须完成的任务。

为调动各方面的人力、物力、财力，谢觉哉主持召集中央各有关部门开会研究对策；1950年2月，政务院成立了中央救灾委员会，由董必武副总理任主任，谢觉哉任副主任，负责具体的组织领导工作。在中央救灾委员会成立大会上，董必武提出要实行"生产自救，节约度荒，群众互助，以工代赈，辅之以必要的救济"的救灾方针。中央救灾委员会的日常工作亦由内务部办理。

中央救灾委员会采取一系列有效措施，调动了有关方面的积极性，经过发动群众生产自救、节约互助，并辅以必要的救济，使得灾区群众不是四处逃荒，而是就地抗灾救灾。短短几个月的时间，一场特大灾害即被克服。

1950年，中国人民救济代表大会在北京召开，谢觉哉在会上做了《我们能够战胜灾荒》的报告，他指出，旧时代压在人民头上的统治阶级，削弱了人民的抗灾力量，甚至他们直接造灾；新时代——人民的时代，人民以自己的力量，对抗自然以及人为的灾害。

1953年，内务部制定了《农村灾荒救济粮款发放使用办法》，把无劳动能力、无依无靠的孤

生产救灾

老残幼定为一类救济户，按缺粮日期长短予以全部救济。

1954年，长江、淮河出现百年不遇的大洪水，沿江、沿河的几个省市都遭遇了这场特大洪水灾害。谢觉哉参与防洪抢险工作，指导当地群众进行生产自救，重建家园。在紧要关头，他给几个受灾省市的党政负责同志写信，指出"救灾如救火，不可有一环脱节，不可有一时松懈"，"救灾款发放得好与坏，是救灾的大关键"。由于国家及时有效地开展救助，保障了灾区人民的基本生活。全年共支出救灾资金3.2亿元，占全国财政支出的1.31%。灾区的广大群众深情地说："这是百年不遇的大水灾，千年未有的好政府！"

1956年3月，国务院发出《关于切实做好春荒救济工作的指示》，对春荒救济进行了总体部署。1957年7月，国务院对中央救灾委员会班子进行了调整，由邓子恢副总理担任主任，习仲勋、谢觉哉为副主任。具体事务由内务部农村救灾司承担。

从1949年到1957年，全国年均救灾支出占年均财政支出的0.76%以上，基本保证了紧急救援的需要和受灾群众的物资供应、医疗救助以及灾区的恢复重建，并形成了一整套查灾、报灾及灾情统计制度，确保国家救灾工作方针的贯彻执行，在稳定和巩固政权方面发挥了重要作用。

谢觉哉在担任内务部部长期间，经常深入灾区，视察灾情，发现并解决问题。他曾先后两次到山东，三次去河南，还到过河北、湖北、湖南、广西、四川、陕西等受灾地区，指导当地政府开展受灾群众安置等工作。

070

邮票上的民政事业——献给新中国成立七十周年
Civil Affairs on Postage Stamps—Dedicated to the 70th Anniversary of the Founding of the People's Republic of China

1958年，由于"大跃进"运动和人民公社的建立，人们以为很快就会进入共产主义，自然也不会再有灾荒。于是各级救灾委员会普遍被撤销，救灾工作的力量被弱化。从这一年开始，内务部确定以公社为救济对象，而不再以个人为救济对象。按照这一原则，救灾款拨到基层后，由公社包干负责，调节使用，导致救灾资金几乎全部投入生产，救灾措施却难以落实。

1960年，由于极左思潮的影响和连年自然灾害，我国粮食产量大幅度下降，全国缺粮人口急剧上升，荒情十分严重。国家所有救灾款全部用于受灾群众生活救济还捉襟见肘，更无力兼顾其他。内务部提出"国家扶助集体，集体保证个人"的救灾款使用原则，明确救灾款的发放必须落实到户，做到专款专用、专物专用。同时，国家加大了救灾的财政支持力度，1964年救灾款支出达11亿元以上，占当年国家财政支出的3%，为新中国成立以来的最高值。

1969年内务部撤销后，救灾职能划给财政部，救灾工作变成一项简单的拨款业务。直到1978年民政部设立后，救灾工作才重新划归民政部主管，由农村社会救济司负责全国农村救灾工作。

1980年，国家财政体制实行重大改革，中央财政与地方财政"分灶吃饭"，原有救灾管理

体制与社会经济发展需要不相适应的情况日益突出。一是与国家财政状况不相适应。原有救灾体制的核心是国家出钱救灾，一遇灾害地方就向国家要钱，救灾资金渠道单一，经费严重不足。二是与财政体制不相适应。财政"分灶吃饭"后，救灾经费仍由中央财政大包大揽，既加重了中央负担，又不符合分级负担的原则。三是与农村体制改革不相适应。农村实行家庭联产承包责任制后，集体经济功能和救灾调剂功能都削弱了，造成"丰收归个人，救灾靠国家"的状况。此外，与农村社会保障的实际需要及物价上涨的情况也存在脱节的情况。

1983年4月，第八次全国民政会议明确提出改革救灾工作，并决定当年先在甘肃、宁夏、青海、西藏、新疆、贵州等6个省、自治区试行自然灾害救济款包干体制（包干期3年），由省、自治区统一掌握使用的办法，待取得经验后再逐步推广。

自然灾害救济款是用来保障受灾群众基本生活的，为使其发挥更大效益，使"死钱"变"活钱"，允许适当用于发展农副业生产，将生活救济与生产扶持相结合；适当采取"有偿使用"的办法，变全部无偿救济为部分有偿扶持，收回经费由地方建立救灾、扶贫基金；引进保险机制，实行救灾与保险相结合，以及建立农村基层互助储金会、储粮会，开展集资备荒活动。

这一时期，全国救灾款的支出比例，除1985年和1991年略高外，其他年份均低于0.5%，说明农村实行"大包干"以后，农业的大发展使政府救灾资金的压力得到了较大的缓解。

1991年夏，淮河流域和长江中下游地区，长达近两个月大范围连降暴雨。安徽的江淮地区、江苏的里下河和沿江地区、湖北东北部和河南东南部降雨量达700～1200毫米，比常年多1～3倍，致使江、河、湖、水库的水位猛涨，形成洪水和大面积内涝。淮河流域发生了1949年以来仅次于1954年的大洪水。

截至当年6月底，全国有18个省、自治区、

山洪里抢救国家物资

赈灾（首日封）

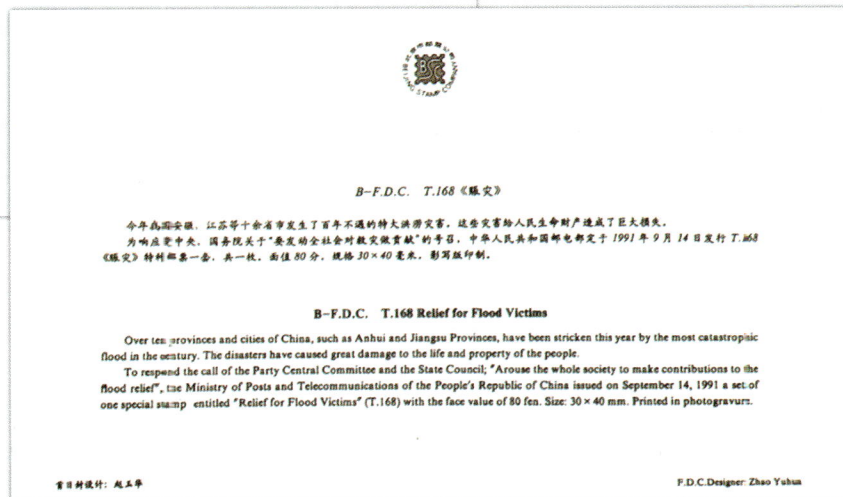

直辖市遭受洪涝灾害，受灾耕地面积1.3亿亩，倒塌房屋65万间，各项经济损失总和达160亿元。其中安徽、江苏两省受灾程度最深、损失最重、造成困难最多。两省受灾人口占两省人口总数的70%；农作物受灾面积占播种面积的60%以上；工业，特别是乡镇企业损失严重。加之水灾发生在夏粮收获和秋粮播种季节，造成两季作物大面积减收。

洪灾发生后，国务院有关部门迅速行动，帮助地方解决困难。民政部会同财政部拨给安徽救灾应急款8.13亿元，拨给江苏省救灾应急款3.2375亿元。截至1991年12月31日，民政部和中国红十字会系统共接收内地（大陆）各界、港澳各界、台湾各界、海外侨胞团体、个人以及外国政府、国际机构救灾捐献款物总计25.6亿元。

为救助灾区，国务院先后拨款22亿元人民币和14亿千克粮食用于救灾，并制定了对灾区人民的优惠政策。各级政府及时发放了救济粮款，由于措施得力，安徽省不但在当年大雪大寒来临之前就全部解决了房屋全倒户的过冬住房问题，而且推动了全省灾后农村经济的迅速恢复和发展。

1991年9月14日，为了表达全国百万邮电职工支援灾区、重建家园的一片深情，邮电部发行《赈灾》特种邮票，全套1枚。

邮票图案采用抽象手法，描绘了两只大手紧握成一个红色的心脏图形，寓意中华民族心连心、手挽手，紧密团结奋战洪涝灾害，突出表现了在社会主义制度下"一方有难、八方支援"的精神

赈灾

风貌。邮票发行后,全国各地掀起了热购的高潮。

1992年党的十四大确立社会主义市场经济体制的改革方向之后,救灾工作也面临着新的机遇和挑战,救灾经费偏紧的问题更加突出。1993年11月,民政部在福建省南平市召开全国救灾工作座谈会,提出深化救灾体制改革,建立救灾工作分级管理、救灾款分级负担的救灾管理体制的新思路。1994年召开的第十次全国民政会议充分肯定了这一改革思路,将救灾工作分级管理作为"建立与经济发展水平相适应的社会保障制度"的重要措施提出。

黑龙江、浙江等省采取划分灾害登记的办法,推行分级管理制度,即确定特大灾、大灾、中灾、小灾四个等级,并考虑地区经济差异、财政承受能力和救灾工作基础等要素,划分各级政府救灾责任,确定不同的经费分级负担标准;福建省则实施救灾款逐级配套制度,省、地、县都列支了配套救灾款,与中央下拨的救灾款统一使用;有的计划单列市建立了救灾储备金制度,专户专储,由民政部门掌握,根据灾情调剂使用,灾年多用,平年少用,以丰补歉,结转使用,逐年累积增值,以备大灾、特大灾时使用;辽宁、吉林等省建设救灾仓库,储备救灾应急装备,提高了紧急救援能力和救灾工作水平。

通过实行救灾分级管理,大大增强了各级政府对救灾工作的责任感,拓宽了救灾资金的来源渠道,促进了生产自救、互助互济的广泛开展,同时提高了民政部门救灾工作的时效性。由于地方列支了救灾款预算,民政部门有了应急手段,一旦发生灾害,无须等待上级拨款,就可动用救灾款转移安置受灾群众,妥善安排受灾群众生活,从而增加了救灾工作的主动性、灵活性和时效性,深受灾区群众的好评。

1999年,民政部、财政部发出《关于进一步加强救灾款使用管理工作的通知》,对救灾体制又进行了一次调整:一是重新明确了救灾款的适用范围,即解决受灾群众无力克服的衣、食、住、医等生活困难,紧急抢救、转移和安置受灾群众,受灾房屋恢复重建以及加工、储运救灾物资,救灾款发放重点是重灾区和重灾户。二是停止救灾扶贫周转金制度,明确救灾款不得用于扶贫支出,以切实保障受灾群众的基本生活。三是停止救灾保险试点,取消农村基层扶贫互助储金会。同时,将中央救灾预算固定为每年22亿元,不再以上年实际开支来核定预算。

进入21世纪之后,全球气候变化日益显著,重特大自然灾害频发,对经济社会发展和人民群众生命财产安全造成了重大影响。党中央、国务院高度重视救灾工作,将其纳入国家可持续发展战略,注重减轻生态、资源和环境的脆弱性,减少灾害风险。

2003年非典疫情暴发后,各级政府逐步完善

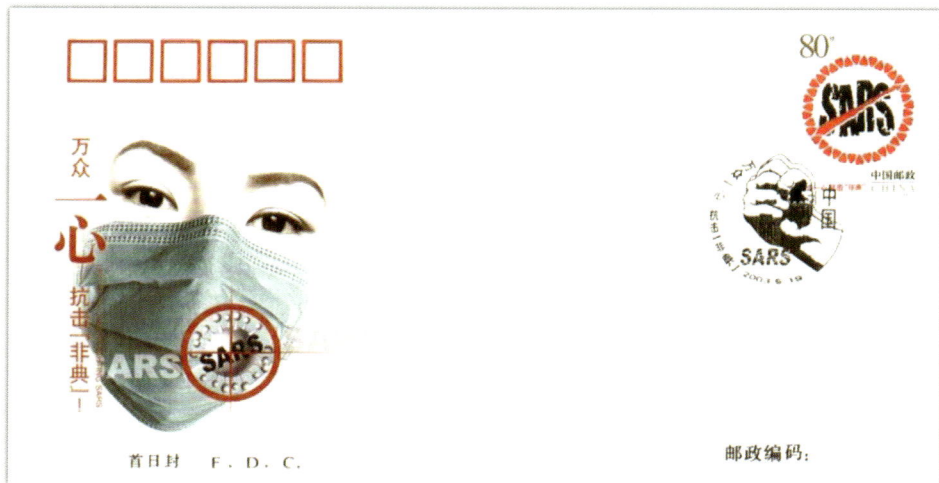

抗击"非典"(首日封)

抗击"非典"

了灾害应急管理体系建设，尤其是突发事件的应急预案编制。2005年5月，国务院办公厅发布了《国家自然灾害救助应急预案》，明确国家减灾委员会为国家自然灾害救助应急综合协调机构，国家减灾委办公室、全国抗灾救灾综合协调办公室设在民政部，进一步健全和完善了我国突发重大自然灾害应急救助体系和运行机制，规范了应急救助行为，提高了应急管理水平。

2006年11月，第十二次全国民政会议将国家救灾方针调整为"政府主导，分级管理，社会互助，生产自救"，强调了政府在救灾工作中的主导地位。每年中央和地方政府都投入大量资金和物资以保障受灾人员的吃、穿、住、医等基本生活，国家各级银行向灾区投入大量无息贷款帮助受灾群众恢复生产，税务部门对灾区减免税收，粮食等其他部门也对受灾群众的灾后恢复重建提供各种必要的优惠措施。

由民政部负责安排使用和管理的中央自然灾害生活救助资金，划分为灾害应急救助资金，倒塌、损坏住房恢复重建补助资金，旱灾临时生活困难救助资金和受灾群众冬春临时生活困难救助资金。2000年，中央下拨的自然灾害生活救助资金仅为30亿元，2003年超过40亿元，2006年超

抗击"非典"（小版票）

过50亿元，2008年达到509亿元。救灾补助标准也不断提高，如倒塌、损坏住房恢复重建补助资金，2000年前每间仅65元，2008年后提高到每户1万元。1997年至2004年，中央和地方在救灾资金投入上的比例大致为55：45。各级民政部门也强化了对救灾资金使用的监督检查，确保救灾资金及时、足额落实到受灾群众身上。

随着高新技术的应用，灾害信息处理水平和救灾工作效率有了极大的提高。2008年，民政部使用无人驾驶飞机对安徽、浙江、福建、新疆等省、自治区自然灾害灾情进行核查和评估，效果十分显著。历经多年努力和积累，我国灾害信息管理制度已日益健全，内容不断丰富、全面，发布更加规范，时效性也更强，在救灾工作中发挥着越来越重要的作用。

二、减灾防灾

中国是一个自然灾害频繁的国家，每年大大小小的旱灾、水灾、蝗灾、雹灾等接连不断，其中水旱灾害影响最大。救济灾民对保证灾区来年生产的顺利恢复固然十分重要，但毕竟只是一种消极的办法，积极的办法则是防治灾害。

防治水旱灾害的主要办法是兴修水利，可以说，水利是农业的命脉。1949年前，水利没人管，广大百姓每遇灾害，往往处境异常凄惨，农民被迫卖地典房乃至卖儿卖女、逃荒要饭，上演了一幕幕惨绝人寰的悲剧。

中华人民共和国成立后，人民政府为防治灾害，进行了有史以来规模最大的水利建设。1949年11月，水利部召开各解放区水利联席会议，确定当时的水利方针是防止水患，兴修水利，以达到发展生产的目的。

从1949年到1952年，国家在财政经济十分困难的情况下，仍拿出大笔资金用于水利建设。1950年水利建设经费合粮食27亿斤，1950年、1951年、1952年三年经费合计约10亿元。对全国42000余里堤防的绝大部分进行了培修和加固，对一些水灾比较严重的河流，如淮河、沂河、沭河、永定河、大清河、潮白河进行了全流域的治理，还修建了荆江分洪工程，这些工程规模之大为历史上罕见。

1950年淮河发生大水灾，使豫皖境内4000多万亩农田受灾，灾民达1300万人。灾情之严重，是淮河流域百年没有过的，淮北地区受灾尤为严重。淮河水灾惊动了国家领导人，毛泽东主席在翻阅某日《人民日报》时发现一篇报道：淮河地区遭受特大洪涝，灾民在求生中，与被淹的蛇同争一棵树，结果，人在树上被蛇咬，中毒而亡。他读后心情十分沉痛，久久不语，随后提笔写下了"一定要把淮河修好"8个字，以示根治淮河水患的决心。他不仅要求国务院迅速下拨粮款救

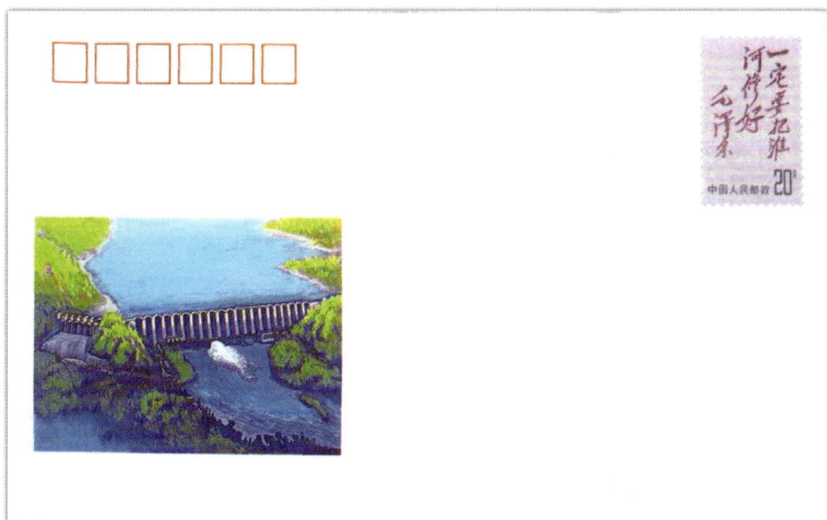

淮河治理四十年纪念（邮资封）

济灾民，而且多次批示要求有关部门开展根治淮河的工作。

当年8月底，水利部召开治淮会议，决定以蓄泄并重为治淮的方针，并确定淮河上游以蓄洪发展水利为长远目标，中游蓄泄并重，下游则开辟入海水道。10月14日，政务院做出关于治理淮河的决定；10月15日，《人民日报》发表社论《为根治淮河而斗争》，指出淮河水灾是一个历史性的灾害，但在人民政权手中，不但要根本消灭这个历史性的灾害，并且即将开始长期的水利工程，豫皖苏三省的干部群众应积极动员起来，在政务院和各级治淮委员会统一领导下，为完成伟大的治淮任务而斗争。

根治淮河的决定传到淮河两岸，深受淮河泛滥之苦的两岸百姓莫不欢欣鼓舞，他们不仅可以通过以工代赈度过饥荒，子孙后代也能过上太平日子，因此对治淮工程热情高涨。11月上旬，规模巨大的治淮工程在淮河上中下游相继开工。仅江苏淮阴专区境内各河的冬修工程，参加的民工就达37万人。

淮河治理工程，共修建了13处水库，17处控制性工程，358处灌溉工程，还疏浚旧河，开挖新河，修建船闸等，完成的土方达17亿立方米以上。工程量之大举世罕见。淮河两岸人民克服重重困难，硬是肩挑手推完成了这一巨大工程。经过治理，淮河流域6000万人和22万平方千米二地根绝了水患，5000万亩土地可以引淮河之水灌溉。

1952年10月，邮电部发行《伟大的祖国——建设》（第二组）邮票，全套4枚。其中第一枚为《淮河水闸》，票面上有毛泽东题词"一定要把淮河修好"。

淮河是中华人民共和国第一条全面综合治理

（4-1）淮河水闸（4-2）成渝铁路（4-3）石油工业（4-4）国营农场

的大河，治淮也是中华人民共和国大规模治水事业的开端。以1950年10月政务院发布《关于治理淮河的决定》为标志，到2010年，治淮已走过60年光辉历程，成就举世瞩目。

这60年里，党和国家始终把淮河作为全国江河治理的重点，摆在关系国家事业发展全局的战略地位，先后12次召开国务院治淮工作会议，做出一系列重大决策，领导人民开展了波澜壮阔的治淮建设，淮河治理取得了举世公认的伟大成就。

2010年10月14日，中国邮政发行《新中国治淮六十周年》纪念邮票，1套4枚。4枚邮票的主图分别为淮河流域河南、安徽、江苏、山东四省具有代表性的治淮工程。邮票设计采用写实手法，再现了治淮工程的恢宏大气，并配有反映淮河治理后环境改善、生态良好、农业三收、城乡发展的喜人画面，全面展示中华人民共和国治淮60年取得的伟大成就。

（4-1）南湾水库，地处河南信阳市浉河上游，是中华人民共和国成立初期兴建的一座大型治淮水利工程。从邮票上不仅可以领略"高峡出平湖"的壮美，体会绿色生态和白鹭翱翔带来的心旷神怡心境，而且通过水库大坝上毛泽东"一定要把淮河治好"的亲笔题词，可以感受到老一辈革命领袖和中央政府治理淮河的决心。

（4-2）临淮岗洪水控制工程，位于浉河干流中游王家坝和正阳关之间，跨霍邱、颍上、阜

（4-1）南湾水库（4-2）临淮岗洪水控制工程（4-3）淮河入海水道（4-4）南四湖二级坝水利枢纽

南三县，是国务院确定的19项治淮骨干工程之一。该工程被称为"淮河上的三峡工程"，雄伟壮观，让人油然而生"截断长淮云雨，缚住龙蟠咽喉"之赞叹！那金黄的稻穗、高压线铁塔更是带给人们无限收获的希望。

　　（4-3）淮河入海水道，即江苏淮安市楚州区的淮安枢纽，其上部渡槽承京杭运河航运之需，下部涵洞则沟通淮河入海水道，是亚洲最大的"水路立交"工程。桀骜不驯的淮河经过治理以后，变得温顺轻盈，淮河两岸变得繁华昌茂、货运通达，现代化城市紧依奔流不息的淮河，温馨依恋，使人们深切地感受到母亲河的博大胸怀。

　　（4-4）南四湖二级坝水利枢纽，地处山东微山县境内，工程位于微山湖和昭阳湖之间，东起微山县欢城镇，西至微山县张楼乡。邮票展现了一幅天蓝水碧、鱼肥荷香的淮河美景。拦湖大坝横架淮河南北，一泓碧水孕育两岸生灵，让人们从中感受到几代治淮人无怨无悔的奉献精神。

　　邮票在创意设计上运用左右双画面突出展示邮票主题，运用寓意为"水"的流畅曲线将左右画面有机统一起来。全套邮票色调明亮，以绿、黄、紫、蓝色为主，体现了展示成就、寓意积极向上的设计思想。

　　改革开放以来，随着我国经济的快速发展、城市化进程的不断加快以及全球气候的变化，我国的资源、环境和生态压力加剧，自然灾害不仅表现为灾害种类多（包括气象灾害、地震灾害、地质灾害、海洋灾害、生物灾害和森林草原火灾等），分布地域广（各省、自治区、直辖市均不同程度受到自然灾害影响，70%以上的城市、50%以上的人口分布在气象、地震、地质、海洋等自然灾害严重的地区。三分之二以上的国土面积受到洪涝灾害威胁），而且突出表现为发生频率高（气象灾害、地震活动频繁，局地性或区域性干旱灾害几乎每年都会出现），造成损失重（1990年至2008年的18年间，我国平均每年因各类自然灾害造成约3亿人次受灾，倒塌房屋300多万间，紧急转移安置人口900多万人次，直接经济损失2000多亿元人民币）。

　　特别是1998年发生在长江、松花江和嫩江流域的特大洪涝灾害，2006年发生在四川、重庆的特大干旱，2007年发生在淮河流域的特大洪涝灾害，2008年发生在中国南方地区的特大低温雨雪冰冻灾害，以及2008年5月12日发生在四川汶川，影响甘肃、陕西等地的特大地震灾害等，均给人民群众的生命财产和经济社会发展造成重大损失。

在一定时期内，在全球气候变化背景下，我国极端天气气候事件发生的概率进一步增大，降水分布不均衡、气温异常变化等因素导致的洪涝、干旱、高温热浪、低温雨雪冰冻、森林草原火灾、农林病虫害等灾害可能增多，出现超强台风、强台风以及风暴潮等灾害的可能性加大，局部强降雨引发的山洪、滑坡和泥石流等地质灾害防范任务更加繁重。随着地壳运动的变化，地震灾害的风险有所增加。因此，自然灾害防范应对形势更加严峻复杂，减灾、防灾的任务十分艰巨。

2006年7月26日，为纪念中国地震局成立35周年、邢台大地震40周年、唐山大地震30周年，中国地震局和中国邮政共同发行《防震减灾》特种邮票1套1枚。邮票图案采用了古代科学家张衡发明的地动仪的复原件。

邮票画面以地球为背景，以张衡发明的地动仪复原件为主图，反映地震是地球地质变化这一概念及地震预测的成就，突出以防为主。画面整体基调为蓝色，给人安宁、祥和的心理暗示和视觉效果。

2008年5月12日发生的四川汶川特大地震，

防震减灾（极限片）

造成重大人员伤亡和财产损失，给中国人民带来巨大伤痛。中国政府决定，自2009年开始，每年的5月12日为国家"防灾减灾日"。

在长期的减灾救灾实践中，中国建立了符合国情、具有中国特色的减灾救灾工作机制。包括灾害应急响应机制、灾害信息发布机制、救灾应急物资储备机制、灾情预警会商和信息共享机制、重大灾害抢险救灾联动协调机制和灾害应急社会动员机制等。

其中，在救灾应急物资储备机制方面，目前全国已设立了10个中央级生活类救灾物资储备仓库，并不断建设完善中央级救灾物资、防汛物资、森林防火物资等物资储备库。部分省、市、县建立了地方救灾物资储备仓库，抗灾救灾物资储备体系初步形成。通过与生产厂家签订救灾物资紧急购销协议、建立救灾物资生产厂家名录等方式，进一步完善应急救灾物资保障机制。

在灾情预警会商和信息共享机制方面，已建立由民政、国土资源、水利、农业、林业、统计、地震、海洋、气象等主要涉灾部门参加的灾情预警会商和信息共享机制，开展灾害信息数据库建设，启动国家地理信息公共服务平台，建立灾情信息共享与发布系统，建设国家综合减灾和风险管理信息平台，及时为中央和地方各部门灾害应急决策提供有效支持。

防震减灾

在灾害应急社会动员机制方面，国家已初步建立以抢险动员、搜救动员、救护动员、救助动员、救灾捐赠动员为主要内容的社会应急动员机制。注重发挥人民团体、红十字会等民间组织、基层自治组织和志愿者在灾害防御、紧急救援、救灾捐赠、医疗救助、卫生防疫、恢复重建、灾后心理支持等方面的作用。

21世纪以来，随着我国经济的快速发展和国力的增强，各级政府更加重视减灾的能力建设，在减灾工程、灾害预警、应急处置、科技支撑、人才培养和社区减灾等方面做了大量工作。尤其在减灾工程方面，国家通过实施防汛抗旱、防震抗灾、防风防潮、防沙治沙、生态建设等一系列重大减灾工程，大大提高了灾害的综合防范防御能力。

（3-1）水库蓄水
（3-2）船闸通航
（3-3）电站发电

（1）大江大河治理工程。国家通过实施积极的财政政策、发行国债等，加快大江大河大湖治理步伐。2009年，长江中下游干堤全部修完修好，黄河下游标准化堤防建设全面展开，治淮19项骨干工程基本建成，长江三峡、黄河小浪底、淮河临淮岗等水利枢纽工程全面发挥效益。中国大江大河防洪能力进一步提高，部分主要河段已基本具备防御百年一遇洪水的能力。中小河流防洪能力也不断提高，重点海堤设防标准已提高到防御50年一遇洪水的能力。

2003年8月20日，中国邮政发行《长江三峡工程·发电》特种邮票，全套3枚。其中第1枚为《水库蓄水》。

（2）农村困难群众危房改造工程。国家注重提高农村居民住房抗灾能力建设，在灾后倒房重建工作中加强房屋选址设计、施工验收等环节的技术指导和质量监督，结合扶贫开发工作推进减灾安居工程建设。2005年至2009年，全国各地共投入资金175.35亿元人民币，完成改造、新建农村困难群众住房580.16万间，使180.51万户、649.65万人受益。

（3）中小学危房改造工程。从2001年开始，国家实施全国中小学危房改造工程。截至2005年，中央财政安排专项资金90亿元人民币，全国纳入农村中小学危房改造规划的项目学校共4万多所。从2006年起，将全国农村义务教育阶段中小学校舍维修改造纳入农村义务教育经费保障机制。

（4）中小学校舍安全工程。从2009年起，国家用三年时间，在全国中小学开展抗震加固、提高综合防灾能力建设，使学校校舍达到重点设防类抗震设防标准，并符合对山体滑坡、岩崩、泥石流、热带气旋、火灾等灾害的防灾避险安全要求。

（5）病险水库除险加固工程。2008年3月，国家颁布《全国病险水库除险加固专项规划》，提出在三年内完成现有大中型和重点小型病险水库除险加固。2008年，全国即安排专项规划内病险水库除险加固工程项目4035个，占规划内全部

6240座病险水库的65%。

（6）农村饮水安全工程。"十五"期间（2001—2005年），国家共投入资金223亿元人民币，解决了6700万人的饮水问题，基本结束了农村严重缺乏饮用水的历史。从2006年开始，农村饮水工作进入以保障饮水安全为中心的新阶段。从2006年到2008年，安排中央投资238亿元人民币，地方自筹配套资金226亿元人民币，累计解决1.09亿农村人口的饮水安全问题。

（7）水土流失重点防治工程。20世纪80年代，国家开始在黄河、长江等水土流失严重地区实施水土流失重点防治工程。"九五"（1996—2000年）末期，开始加大投入力度并扩大治理规模，水土流失重点防治工程覆盖了全国七大江河湖（长江、黄河、淮河、海河、松辽、珠江、太湖）的上中游地区。截至2008年，重点防治二程共治理水土流失面积26万平方公里，已实施重点区域治理的水土流失治理程度达到70%，减沙率达40%以上。长江上游嘉陵江流域土壤侵蚀量减少三分之一，黄河流域每年减少入黄河泥沙3亿吨左右。

2002年6月8日，中国邮政发行《黄河水利水电工程》特种邮票，全套4枚。

（4-1）李家峡水电站（4-2）刘家峡水电站
（4-3）青铜峡水利枢纽（4-4）三门峡水利枢纽

（8）农田灌排工程。自"九五"以来，国家加大投入，开展以大型灌区续建配套与节水改造为重点的农田灌排工程设施建设，农田灌排能力明显提高，抗御干旱、洪涝灾害能力得到加强。

（9）生态建设和环境治理工程。21世纪初，国家开始实施天然林资源保护、退耕还林、三北（东北、华北、西北）防护林建设、长江中下游重点防护林建设、京津风沙源治理、岩溶地区石漠化综合治理、野生动植物保护以及自然保护区建设、沿海防护林建设、退牧还草等重点生态建设工程，抑制荒漠化扩张速度，缓解极端气候的危害程度。同时，开展生态补偿试点工作，确定山西省煤炭资源开发等6个生态环境补偿试点。组织开展生态省、市、县和环境优美乡镇、生态村建设，推进建设103个重点生态环境工程示范县。

（10）建筑和工程设施的设防工程。国家出台《市政公用设施抗灾设防管理规定》，发布《城市抗震防灾规划标准》《镇（乡）、村建筑抗震设计规程》。发布国家标准《中国地震动参数区划图》，完善重大建设工程地震安全性评价管理制度，修订《建筑工程抗震设防分类标准》《建筑抗震设计规范》。

（11）公路灾害防治工程。从2006年起，结合公路水毁震毁等灾害发生情况，国家开始实施公路灾害防治工程。截至2008年，全国各地共投入资金15.4亿元人民币，以增设和完善山岭重丘区公路的灾害防护设施为重点，对公路边坡、路基、桥梁构造物和排（防）水设施进行综合处治，普通公路防灾能

080

邮票上的民政事业——献给新中国成立七十周年
Civil Affairs on Postage Stamps—Dedicated to the 70th Anniversary of the Founding of the People's Republic of China

力全面提高。

此外，在四川汶川特大地震后，还推进了全国农村民居地震安全工程的实施，完成约245万户抗震安居房的建设和改造加固。

进入21世纪以来，中国政府始终坚持以人为本的理念，以提高全社会的综合减灾能力为核心，以提升城乡基层社区的综合减灾能力为重点，以提高全社会民众的防灾减灾意识和避灾自救水平为基础，不断提高综合防范防御自然灾害的能力和水平，赢得了海内外的广泛赞誉。

汶川大地震两周年纪念（小版张）

三、抢险救灾

灾情就是命令，灾区就是战场。

每当地震、洪涝、台风等重特大自然灾害来临时，国家都要动用一切力量抢险救灾，组织人力物力去解救、转移或者疏散受困人员，抢救、运送重要物资，保护人民的生命和财产安全，保护重要目标的安全。受灾地区的情势，往往牵动着党中央和全国人民的心。

子弟兵抗洪抢险

1998年长江发生了自1954年以来的最为严重的全流域性大洪水。从6月中旬起，因洞庭湖、鄱阳湖连降暴雨、大暴雨，使长江流量迅速增加。受上游来水和潮汛的共同影响，江苏省沿江滩立自6月25日起全线超过警戒水位。由于高水位持续时间较长，加之河湖调蓄能力下降、分洪溃口少及削峰作用降低等原因，造成全流域性大洪水。

在长江洪水泛滥之际，东北嫩江、松花江也发生了150年来最严重的全流域特大洪水。

8月24日，全军和武警部队投入长江的抗洪抢险兵力已达27.6万人，这是自渡江战役以来在长江集结兵力最多的一次。

据初步统计，包括受灾最重的江西、湖南、湖北、黑龙江四省，全国共有29个省、自治区、直辖市遭受了不同程度的洪涝灾害，受灾面积3.18亿亩，成灾面积1.96亿亩，受灾人口2.23亿人，死亡4150人，倒塌房屋685万间，直接经济损失达1660亿元。这是中国历史上百年一遇的洪水灾害。

面对史上罕见的特大洪涝灾害，民政部按照中央统一部署，全力以赴做好救灾工作：

一是会同财政部向灾区下拨特大自然灾害救济补助费12.282亿元，调拨救灾帐篷14万顶，并向灾区派出60多个工作组。

二是组织发动全国性的救灾捐赠活动。在抗洪救灾期间，民政部与中华慈善总会、中国红十字总会及各地民政部门组织发动了中华人民共和国成立以来规模最大的抗洪救灾捐赠活动，共接收国内外社会各界捐赠款物134亿元（其中捐款64亿元，物资折价70亿元）。民政部按照"专款专物专用"的原则，统筹兼顾，分配下拨到灾区，除用于紧急转移安置受灾群众和灾区防病治病外，重点用于受灾群众生活安排和灾后重建家园，为灾区人民战胜灾害、重建家园发挥了巨大的作用。

三是为解决灾区尤其是北方灾区群众御寒衣被短缺问题，民政部及时制订了对口支援方案，紧急发动了17个省、自治区、直辖市开展专项募集衣被活动，在不到一个月时间内，就募集单衣5698万件，棉衣3575万件，并在10月1日前将募集的棉衣全部运送到灾区。

四是保障了灾区群众冬令和春夏荒期间的口粮。民政部和财政部及时向灾区下拨救灾资金15.868亿元，下拨救灾资金8.3486亿元，用于受灾群众的口粮救济，帮助灾区人民渡过了难关。

1998年9月10日，为了以实际行动支援抗洪救灾，中国邮政发行《抗洪赈灾》特种邮票、附捐邮票，全套1枚。

邮票画面以"众"字为主图，将"众"字变形，显现出众多的"人"手挽手，组成一道道人墙，有力地抵御着洪水。画面上方写着"爱心同在，众志成城"八字。其附票为附捐票，印有附捐面额50分。从8月12日国家邮政局决定增发这套邮票，到8月24日邮票全部印制完成，仅用了不到两周时间，这在我国邮票发行史上是罕见的。其印版于9月8日销毁。这套邮票的全部收入，包括邮票销售收入和附捐收入，全部用于支援灾区抗洪救灾和重建家园。

抗洪赈灾附捐票 抗洪赈灾

"98洪灾"十年后，2008年5月12日14时28分，四川省汶川县发生了特大地震。震中位于四川省汶川县映秀镇与漩口镇交界处，地震波及大半个中国及亚洲多个国家和地区，北至辽宁，东至上海，南至香港、澳门地区以及泰国、越南、菲律宾，西至巴基斯坦均有震感。其中以川、陕、甘三省震情最为严重。

震后仅2分钟，民政部国家减灾中心立即联系中国地震局，希望尽快了解地震震源和震级等信息。14时48分，在获知7.8级（后确定为8.0级）特大地震通报后，民政部立即终止部务会议正在研究的其他事项，紧急转入部署救灾工作。根据分析评估和会商，15时40分，民政部决定启动国家自然灾害救助Ⅱ级紧急响应，并紧急向所属的10个中央救灾物资储备仓库发出调令，要求将库存的14.96万顶帐篷通过铁路、公路尽快运往地震灾区，其中5月12日夜首批2000顶救灾帐篷从西安库起运。

当天16时40分，温家宝总理乘专机飞赴四川灾区。在专机上成立了国务院抗震救灾总指挥部，下设抢险救灾、群众生活等8个工作组。民政部作为群众生活组牵头部门，迅速成立机构，制订工作方案，明确工作重点和责任分工。

22时15分，国家减灾委将自然灾害救助等级提升为Ⅰ级，这是国家减灾委成立以来首次启动Ⅰ级响应。23时，民政部会同财务部紧急下拨四川省第一笔救灾资金7亿元，其中中央救灾应急资金2亿元，综合财力补助资金5亿元。

汶川大地震发生后，灾区各级政府全力以赴抗震救灾，各级民政部门也认真履责，全力做好受灾群众的生活救助和临时安置工作。四川省民政厅干部职工全部进入应急状态，成立了救灾应急安置、接受捐赠等6个工作组，并把救灾物资筹集调运作为重中之重。在民政厅办公楼、成都火车东站、龙潭寺仓库、成都双流机场等地设立了救灾捐赠物资接收组，负责救灾物资的接收、保管、分配和转运工作。震后一个多月里，四川省各级民政部门共接收、调运和发放帐篷1261万顶，彩条布和篷布35949平方米，食品34万吨，棉被228万床，衣物132万件，还有来自57个国家和地区的各种救灾物资。

汶川大地震共造成4625.7万人受灾，因灾紧急转移人口1510.6万人，大量群众无房可住。5月13日，民政部会同财政部召开紧急会议，决定将年初安排的中央级救灾储备物资采购资金全部用于灾区急需的帐篷采购，包括13万顶12平方米单帐篷（后增加到90万顶），9000顶36平方米单帐篷；并向各地民政部门发出紧急通知，要求迅速筹集生活类救灾物资援助地震灾区。为解决偏远山区帐篷难以运达的实际困难，民政部还决定动用本级接收的非定向救灾捐赠资金紧急采购2000吨防雨篷布，以解灾区的燃眉之急。

针对部分山区县市交通受阻，救灾物资难以运抵的严峻局面，民政部及时会商总参作战部，向汶川等县空投空运棉大衣、棉被、食品等救灾物资，并积极协调国际社会向灾区捐赠救灾帐篷。

汶川大地震后，一位诗人写下了《临江仙·抗震救灾有感》，表达了全国人民的哀痛之情和抗灾到底的坚强信念：

刹那九州惊巨变，废墟吞灭城乡。凄风惨雨计伤亡，纷纷百千万，一一痛肝肠。

大地无情人有爱，八方争赴沙场。乌云横扫见阳光，天灾诚可怕，中国更坚强。

2008年5月20日，中国邮政特别发行《抗震救灾 众志成城》附捐邮票，全套1枚。

汶川大地震不仅给灾区同胞造成了巨大的创伤和痛苦，而且震惊了全中国甚至全世界。截至2008年9月18日12时，汶川地震共造成69227人死亡，374643人受伤，17923人失踪，是中华人民共和国成立以来破坏力最大的地震，也是唐山大地震后伤亡最严重的一次地震。地震严重破坏地区超过10万平方千米，其中极重灾区共10个县

（市），较重灾区共41个县（市），一般灾区共186个县（市）。

截至2008年9月25日12时，全国共接收国内外社会各界捐赠款物总计594.68亿元，实际到账款物总计594.08亿元，向灾区拨付捐赠款物合计268.80亿元。社会力量还开展有效的心理抚慰等个性化服务，帮助灾区群众树立战胜灾害的信心。

2013年4月20日8时02分，四川雅安芦山发生7.0级地震，给当地人民群众生命和财产造成了重大损失。共有196人遇难，13484余人受伤。

齐心协力 抗震救灾

为表达对芦山地震灾区人民抗震救灾、重建家园的支持，中国邮政于2013年5月3日发行编号为特8的《齐心协力 抗震救灾》邮票，全套1枚。

该邮票印制数量1000万枚，面值1.2元，全部邮资收入1200万元捐赠给地震灾区。邮票采用红、黑、白三种颜色，票面上印有地震波与双手传递爱心的图案。

2017年以来，我国自然灾害以洪涝、地质灾害为主，干旱、风雹、台风、地震、崩塌、滑坡、泥石流、低温冷冻、雪灾和森林火灾等灾害均有不同程度发生。截至2017年7月24日，各种自然灾害共造成全国31个省、自治区、直辖市（未含港澳台地区）和新疆生产建设兵团8330万人次受灾，402人因灾遇难，129人失踪，358万人次紧急转移安置，120万人次需紧急生活救助；11万间房屋倒塌，20余万间房屋严重损坏，约80万间房屋一般损坏；农作物受灾面积达到1233万公顷，其中绝收100余万公顷；直接经济损失达1704.6亿元。

抗震救灾 众志成城

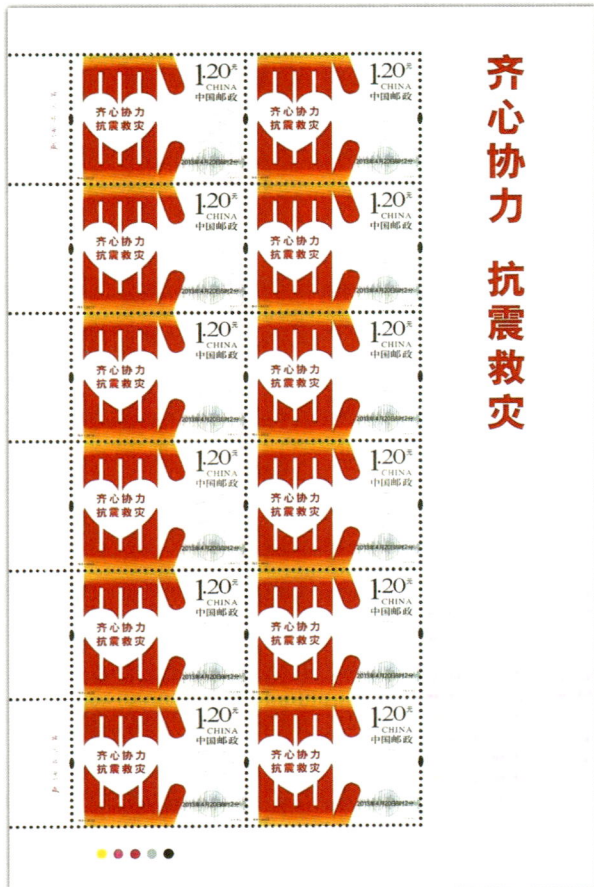

齐心协力　抗震救灾（整版票）

在党中央、国务院坚强领导下，民政部党组第一时间传达学习中央重大决策部署和重要指示批示，研究贯彻措施、做出安排部署，督促抓好各项措施落到实处。民政部和地方各级民政部门上下一心，齐心协力，积极践行"民政为民、民政爱民"理念，高效有序做好防灾减灾救灾各项工作，有力保障了受灾群众的基本生活。

一是加强工作安排部署。针对主汛期以来严重灾情，民政部部长黄树贤连续4次主持召开部长专题会议，对主汛期全国民政系统防灾减灾救灾工作进行具体部署，提出明确要求。国家减灾委、民政部连续4次下发紧急通知，突出强调"将人民群众生命安全放在首位"，对进一步强化防灾减灾意识、做好应急准备、加强灾情报送、有序开展应急救灾、安排好受灾群众避险转移和临时安置等工作提出明确要求，层层传导压力，层层压实责任，确保各项抗灾救灾措施落实到位。

二是做好灾害应急准备。民政部积极协商发展改革委，下达2017年度综合防灾减灾能力建设中央预算内投资4亿元，支持中西部地区25个省、自治区、直辖市165个救灾物资储备库项目建设。组织实施2017年中央级救灾储备物资采购项目；优化升级灾情管理系统，初步实现全国乡镇网络报灾全覆盖。

三是及时启动应急响应。2017年，针对各地暴雨洪涝、山体滑坡和旱灾等严重自然灾害，国家减灾委、民政部共启动救灾应急响应9次，派出9个救灾工作组前往灾区指导开展救灾工作。其中，针对四川茂县"6·24"特大山体滑坡灾害，王勇带领国务院工作组赶赴灾区，看望慰问受灾群众，察看灾情，研究落实支持措施，指导开展抢险救灾工作；国家减灾委紧急启动Ⅱ级救灾应急响应，协助做好相关工作。

四是调拨中央救灾款物。针对各地灾情，民政部积极协商财政部，共下拨中央财政自然灾害生活补助资金11.93亿元。根据灾区需求，组织调拨10批次共1.8万顶帐篷、9万床（件）衣被、6.4万张折叠床、2.5万条睡袋等中央救灾物资，支持各地做好受灾群众基本生活保障工作。

五是加强灾后救助指导。结合民政部"加强基层民政工作"蹲点活动，将指导各地做好灾害救助和灾后民房重建列为重点任务。向前期遭受严重洪涝灾害的湖南、广西、浙江、江西、贵州等5省、自治区派出专项工作组，深入了解灾区存在的困难和问题，就进一步做好受灾群众临时安置和灾后重建提出意见和建议。

四、灾后重建

灾后重建是指在自然灾害之后灾区恢复正常的生产、生活秩序，重建家园的活动，包括对灾害影响的评估，受损基础设施和倒塌房屋恢复、重建的规划，优惠政策的制定，民众利益的保障等等。其目的都是让灾区人民能够更快地开始正常的生活生产活动，能够在大灾之后过上"好日子"。

1976年唐山发生了震惊世界的7.8级大地震，给当地人民生命财产和社会经济发展造成了巨大灾难。有24万人在地震中失去了生命，经济损失高达300亿元。震后，唐山市96％的住房倒塌，未塌的也损坏严重，地震给这座城市造成了毁灭性的打击。

地震发生后，唐山人就栖身于帐篷、窝棚、简易房中。截至1976年年底，市区内共建成抗震简易房约40万间，全部灾民搬进了防震、防雨、防风、防寒、防火的新居。很多人在砖头压油毡的简易房里一住就达10年之久。当时有一句顺口溜称："登上凤凰山，低头看唐山。遍地简易房，砖头压油毡。"

震后的唐山怎么办？是就此放弃，还是重新建设？重建的话是选择异地，还是原地重建？经过充分调研、论证，唐山市决定在原地重新建设一个新唐山。

1978年2月11日，国务院以国发〔1973〕19号文下达《关于加快重建唐山市报告的批复》，从此揭开了新唐山恢复建设的序幕。当时国家困

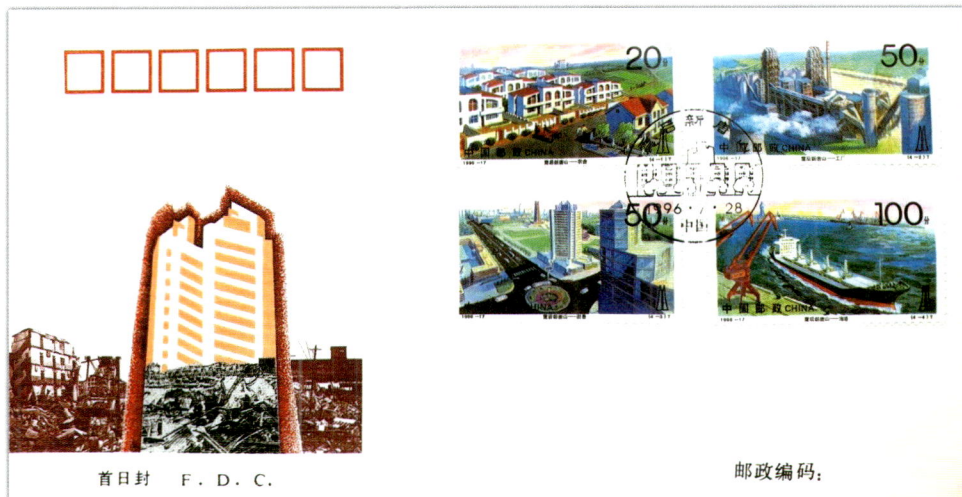

唐山大地震（首日封）

难，资金短缺，国务院最后批准下来的重建资金，是依照唐山震前年度国民生产总值，按五年免缴国家财税的数额，留下来用于唐山复建，并实行了包干制。

当时唐山每年应交国家财税约4亿多元，5年总数约20多亿。这点钱本来就紧张，后来由于人工材料涨价、回迁人口增多，尽管在建设规模、设计水平上做了大幅砍切，资金还是不够用。于是，国家又同意延长一年，最后唐山复建总投资约26亿元。那时候唐山人住在简易房里，"仨人工作俩人干，抽出一人搞基建"。唐山人的抗震精神，并不是一句虚言。

到1986年，唐山共建设各类建筑1800万平方米，其中住宅1122万平方米，约占62.3%，工业及其他公共建筑为678万平方米。市区141万人口、23万户人住，占总户数的98.5%，人均7平方米以上，居当时全国之冠。同时，工业生产全面恢复，工业总产值78.39亿元，是震前的214%。至此，一座功能分布明确，布局比较合理，市政建设比较配套，抗震性能良好，环境比较优美，生产生活方便的新型城市已基本建成。1986年7月28日，1万多名唐山各界人士聚集在纪念碑广场举行唐山抗震10周年纪念大会，正式宣告唐山重建基本结束。

20世纪80年代的唐山，脱胎换骨，浴火重生，经过唐山人民顽强不屈的建设，唐山从无到有，从有到优，将一个全新唐山呈现在全国人民眼前。1990年11月，唐山市因为震后重建工作而获得联合国人居奖，成为中国首个荣获联合国人居奖的城市。

到1996年，唐山市区建筑面积3914万平方米，其中住宅2000万平方米，人均使用面积12.2平方米，居住面积8～9平方米。住宅建筑较1986年增加78%，工业及其他公共建筑增加182%。

建筑抗震设防烈度为8度。经过20年的发展，唐山如劫后的凤凰，奋翅于冀东之沃野，不仅恢复了地震的创伤，而且跟上了时代奋进的步伐。1985年至1995年间，唐山经济发展迅速，成为一座震后崛起的资源型工业城市，仿若渤海之滨的一颗璀璨明珠。

1996年7月28日，在纪念唐山抗震20周年之际，中国邮政发行《震后新唐山》特种邮票，全套4枚。设计者以写实手法，通过农舍、工厂、街景和海港等画面展现了新唐山建设取得的非凡成就。

1998年的长江大洪水人们一直记忆犹新。4年之后的2002年，同样是暴雨、洪水，同样是突破警戒水位，长江汛情一度非常紧急。但是，1998年特大洪水时惊心动魄的抢险场面没有再

（4-1）农舍（4-2）工厂
（4-3）街景（4-4）海港

现。因为重新加高加固的3500多千米长江干堤犹如水上长城，经受住长江历史上第四高危水位的冲击和浸泡，没有出现一处严重险情。这是我国大江大河防洪能力全面提高、防灾减灾建设加速发展的一个缩影。

党中央历来重视防灾减灾和灾后重建工作。1998年大洪水之后，中央对灾后重建、整治江湖、兴修水利工作进行了全面部署，提出了"封山育林、退耕还林、平垸行洪、退田还湖、加固干堤、疏浚河湖、以工代赈、移民建镇"的指导方针。

国家投入巨大人力、物力、财力，兴利除害，标本兼治，统筹解决水多、水少、水脏的问题，并将水资源的可持续利用提到战略高度。

水利建设投资力度之大前所未有。到2002年8月底，中央水利基建投资5年达1755亿元，占中华人民共和国成立53年来中央水利基建总投资的69%；仅投入长江干堤的中央建设资金就超过210亿元。在中央发行的6600亿元国债资金中，用于水利建设的占18.7%。投入水利的国债资金70%用于防洪建设。

各大江河防洪标准得到了较大幅度的提高。1998年至2002年，堤防加固工程共开工3.5万千米，其中70%的宽度、高度、坡度已达标。长江中下游干流堤防3578千米已基本完成达标，黄河下游堤防完成达标982千米，欠高0.5米以上的堤防全部加高，险工险段全部加固。松花江、辽河干堤建设加快。700多座病险水库得到除险加固。退田之后，洞庭湖、鄱阳湖等天然湖泊新增蓄洪面积1400多平方千米。

2008年"5·12"汶川大地震是中华人民共和国成立以来破坏性最强、波及范围最广、救灾难度最大的一次地震。灾后重建被称为"世界性难题"，没有先例可循。

震后第一时间，党中央做出指示，强调抢救人民生命是当务之急，尽力安排好灾区人民群众生活。在灾后重建和发展方面，党中央要求，必须以人民为中心，贯彻"民生优先"原则。

2008年6月4日，国务院第十一次常务会议通过《汶川地震灾后恢复重建条例》；6月11日，《汶川地震灾后恢复重建对口支援方案》正式颁布，中央统一部署对口支援任务，创新提出"一省帮一重灾县，举全国之力，加快恢复重建"的口号，明确要求19个省市以不低于1%的财力对口支援重灾县市3年。党中央一声号召，19个省市"一对一"对口援建重灾县，30多万援建大军先后奔赴地震灾区，近百万志愿者自发前来，海内外同胞纷纷援助，灾区成了建设战场。

在地震发生后不到三个月，就解决了上千万受灾群众的住房安置问题。全国19个对口支援省市同灾区当地结成对子，针对灾区对口实际，派人给物，不惜一切代价，在汶川的大地上留下了一幅幅感人的共建画面。

灾难激发实干，创新带动发展。汶川县水磨镇震前是阿坝州工业重心，集中了全州30多家高耗能高污染企业。震后重建时，当地党委和政府痛下决心搬离污染企业，打造出有浓郁羌族风韵的"生态旅游小镇"，被联合国誉为"灾后重建的灯塔"。

绵竹市坚定贯彻新发展理念，在原机械加工产业因灾搬迁损失上百亿产值的逆境下，坚决退出污染环境的磷矿开采，走农旅、文旅业融合发展的转型之路，2017年接待游客人数接近600万人次，农民收入年均增长12%，城乡居民收入差距缩小到1.96∶1。

转瞬11年，"5·12"汶川特大地震灾区已凤凰涅槃、浴火重生。穿行于灾区的山川城乡，一

（4-1）震后新城（4-2）古镇新貌
（4-3）民生设施重建（4-4）乡村新居

度破碎的山河已焕然一新，川、陕、甘41个重灾县（市、区）的经济、社会、生态、文化全面超越震前水平。

回首11年，在抢救生命、重建家园、振兴发展的过程中，中国人民谱写了感天动地的壮歌，创造了一个个攻坚克难的奇迹。这是中华儿女坚韧不拔、自强不息的精神与力量，是中华民族血脉里流动的善良与担当。

2011年10月13日，为配合"5·12"汶川特大地震灾后重建表彰大会，弘扬伟大的抗震救灾精神，展现灾后重建的巨大成就，中国邮政发行《美好新家园》特种邮票，1套4枚，以及小型张1枚。

小型张的主图为汶川体育广场的雕塑作品《手牵手心连心》，边饰为现代交通、绿色能源、灾区新居和壮美山川。右侧为"汶川地震 恢复重建"字样，右下角为"美好新家园"标题。画面表现了全国各族人民在灾害面前手拉手、心连心，众志成城的坚强意志和无私奉献的精神，凸显了灾后重建的目标。

美好新家园（小型张）

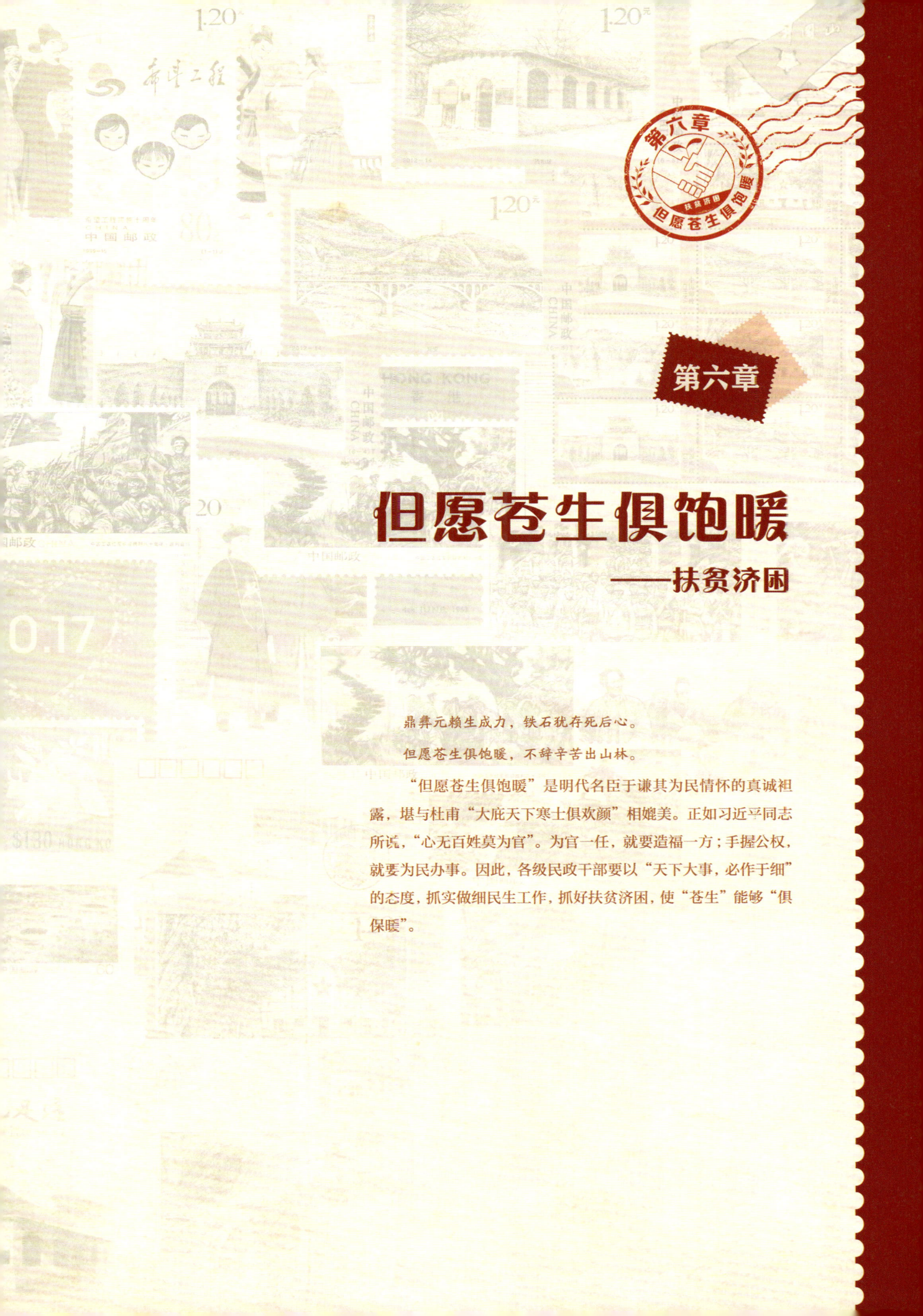

第六章

但愿苍生俱饱暖
——扶贫济困

鼎彝元赖生成力，铁石犹存死后心。

但愿苍生俱饱暖，不辞辛苦出山林。

"但愿苍生俱饱暖"是明代名臣于谦其为民情怀的真诚袒露，堪与杜甫"大庇天下寒士俱欢颜"相媲美。正如习近平同志所说，"心无百姓莫为官"。为官一任，就要造福一方；手握公权，就要为民办事。因此，各级民政干部要以"天下大事，必作于细"的态度，抓实做细民生工作，抓好扶贫济困，使"苍生"能够"俱保暖"。

090

邮票上的民政事业——献给新中国成立七十周年
Civil Affairs on Postage Stamps—Dedicated to the 70th Anniversary of the Founding of the People's Republic of China

一、情系老区

20世纪80年代末，项南在卸任中共福建省委书记后，出任中国扶贫基金会会长。有一次，他去看望聂荣臻元帅，谈起河北阜平——当年晋察冀边区所在地、如今的国家级贫困县。曾担任晋察冀军区司令员的聂帅眼含泪水说："老百姓保护了我们、养育了我们，我们打下了天下，是为老百姓打下的天下，阜平的乡亲们现在生活还没有明显改善，我于心不忍。"他嘱咐项南等同志，一定要把老区的事情办好！

时任中共福州市委书记的习近平得知此事后也深受感动。自幼对老区怀有深厚感情的他，在担任中共中央总书记后对革命老区的发展倾注了满腔心血，他强调："小康路上一个都不能掉队！"

1. 让老区人民过上好日子

在革命战争年代，老区人民养育了中国共产党及其领导的人民军队，提供了坚持长期斗争所需要的人力、物力和财力，为壮大革命力量，取得最后胜利，做出了巨大牺牲和极大贡献。革命老区是中华人民共和国的摇篮，是社会主义大厦的牢固基石，老区的革命传统和历史经验是非常宝贵的精神财富。

中华人民共和国成立后，民政部门承担了革命老根据地建设的具体事务。1951年8月，中央组织了南方、北方老根据地访问团，走访革命老

西柏坡

区，慰问老区人民，带去了毛主席、党中央对老区人民的关怀。毛主席为革命老区亲笔题词"发扬革命传统，争取更大光荣"，由此揭开了建设革命老区的序幕。

1952年全国革命老根据地建设委员会成立，办公室就设在内务部。之后，全国20个省（行署）先后成立了老根据地建设委员会，中央拨出革命老区建设专款，其中仅1952年一年就达520亿元（旧币），以帮助老区优抚对象解决生活困难，促进当地生产建设和逐步改变贫困面貌。

然而，由于战争创伤及自然条件、地理等多方面原因，直到21世纪初，赣南等原中央苏区经济发展仍然滞后，民生问题仍较突出，贫困落后面貌没能得到根本改变。还有不少群众住在危旧土坯房里，不能正常用电，也喝不上干净水；一些红军和革命烈士后代生活困窘；基础设施薄弱、产业结构单一、生态环境脆弱等制约当地经济社会发展的问题仍然比较突出。

长征出发——于都

瑞金

2012年7月，国务院发布《关于支持赣南等原中央苏区振兴发展的若干意见》(以下简称《意见》)，支持赣南等原中央苏区振兴产业，发展经济，尽快改变贫困落后面貌，确保与全国同步实现全面建设小康社会的目标。同时要求这些地区充分发挥自身的比较优势，逐步缩小区域发展差距，进一步保障和改善民生，促进和谐社会建设。

《意见》提出，要充分考虑赣南等原中央苏区的特殊地位和当前面临的特殊困难，在资金、项目和对口支援等方面进一步加大支持力度，充分调动和发挥地方的积极性、主动性、创造性，大力弘扬苏区精神，通过自身努力加快发展。

为贯彻落实国务院《意见》精神，民政部出台了《关于进一步支持和促进赣南等原中央苏区民政事业振兴发展的意见》，并提出支持发展的八大重点：一是健全完善综合防灾减灾应急体

系；二是健全完善覆盖城乡的社会救助体系；三是加快推进社会福利体系建设；四是切实提高社会管理服务水平；五是健全完善优抚安置服务体系；六是积极支持调整优化行政区划格局；七是着力推进罗霄山片区扶贫开发；八是推进民政信息化建设。

具体举措包括：重点支持赣州市加快实施农村革命烈士遗属、在乡退伍红军老战士子女及失散红军遗属危旧土坯房改造；支持农村五保供养服务机构建设，赣南等原中央苏区每个乡镇建设一所敬老院，每个县建设一所综合性社会福利中心；推行公办民营、民办公助，引导和支持社会力量参与养老服务；利用中央财政支持社会组织参与社会服务项目，增加赣南等原中央苏区的项目数量和资金；研究解决赣南等原中央苏区特别是赣州特殊困难群体中孤老病残优抚对象的集中

革命摇篮——井冈山（明信片）

供养问题，支持县级中心光荣院建设，维修改造现有乡镇光荣院；对江西17个罗霄山片区县（市）在项目资金安排上给予重点扶持；中央专项资金对赣南等原中央苏区市、县"数字民政"工程项目给予补助等等。可谓"干货满满"，力度很大。

民政部还提出，在涉及民政的中央财政转移支付、投资补助、税收优惠等各项政策方面，对赣州执行西部大开发政策；中央在赣州安排的民政公益性建设项目和专项补助，取消市、县及以下资金配套；进一步加大中央专项彩票公益金对赣州社会公益事业的支持力度，参照新疆、西藏切块支持赣州社会公益事业项目建设；加大民政部本级使用的中央彩票公益金投向赣南等原中央苏区力度；支持赣南等原中央苏区开发、发行福利彩票新品种、新游戏，中国福利彩票发行的新品种优先照顾在赣州上市；发行即开型"振兴赣南等原中央苏区"专项彩票；扶持创建具有赣南等原中央苏区地方特色的品牌慈善项目，鼓励和引导国内外慈善组织、民营资本参与赣南等原中央苏区慈善公益事业发展；鼓励东部发达省市民政系统对口支援赣南等原中央苏区民政事业，形成区域间协调互动、共同发展新局面。

原中央苏区地跨赣、闽、粤，是土地革命战争时期中国共产党创建的最大、最重要的革命根据地。为贯彻落实国务院《意见》精神，进一步细化实化各项政策措施，国家有关部门制定了《赣闽粤原中央苏区振兴发展规划》。福建省的龙岩、三明、南平三市全境及漳州、泉州的部分地区被列入该规划。

2012年9月27日，福建省人大常委会通过了《福建省促进革命老区发展条例》；福建省委、省政府随后出台《关于进一步扶持省级扶贫开发工作重点县加快发展的若干意见》，对既是老区又是贫困地区的23个重点县加

大了扶贫开发力度。把促进老区发展纳入当地国民经济和社会发展规划及年度计划，及时解决老区发展中的困难和问题；对这些地方的基础设施和社会事业项目给予优先安排，有力地促进了革命老区的发展，提高了公共服务水平。

这些强有力的措施，对原中央苏区的振兴发展产生了极大的推动作用。其目的只有一个，就是早日让老区人民过上好日子。

2. 八闽红土地同步摆脱贫困

从1985年到2002年，习近平在福建工作了17年有余。无论是在地方还是在省委、省政府任职，他始终情系老区和老区人民，在老区留下了深深的足迹，为老区人民办了许多实事好事。

他多次深情表示："忘记老区，就是忘本，忘记历史，就意味着背叛。"根据福建省委、省政府的决策部署，他亲自组织实施了惠及老区的"德政工程"——老区和少数民族建制村"五通"（通路、通饮用水、通电、通电话、通广播电视）建设；大力推动"造福工程"、水土流失治理、集体林权改革等工作，为老区人民增添福祉。

担任宁德地委书记期间，为了让闽东老区"摆脱贫困"，习近平到任3个月就走遍了全区9个县，后来又跑遍了闽东地区绝大部分乡镇。他"三进下党"与"三上毛家坪"的故事，至今仍为当

太姥山 Taimu Hill
FP9 (10-3) 1999 A

中国邮政明信片
Postcard
The People's Republic of China

中国邮政 CHINA 60分

邮政编码

宁德太姥山（邮资片）

地百姓津津乐道。

主政福州后，习近平情注老区，一以贯之。1995年5月3日，在福州市老区建设促进会成立大会上，习近平强调："关心支持老区的建设与发展，是党和政府义不容辞的责任。"对老区要采取"政策上优惠、安排项目优先、服务上优质"的措施，促进老区加快经济发展步伐，尽快脱贫致富。

在担任福建省委副书记时，习近平分管过老区工作，后来担任代省长、省长，对老区工作一如既往高度重视。为了做好老区工作，他多次到省老区建设促进会座谈，听取意见；两次专程到省老区办调研、指导工作，帮助解决实际困难和问题。

1998年8月11日，习近平对做好福建省老区工作提出四点要求：一要统一认识，加强领导。老区是福建一大特色，也是省情之一。老区工作非常重要，"饮水思源，勿忘老区"。二要从各方面继续向老区进行倾斜，各级财政要随着收入的增长而逐年相应增加对老区的投入。三要进一步落实革命"五老"的待遇。四要在老区建设上坚持"两手抓"，既要全面推进老区建设，又要重点把握老区基点村的建设；既要突出以经济建设为中心，又要把基础设施建设、文化教育等事业搞好。

1998年11月15日，福建省委、省政府专门召开全省老区工作会议。时任省委副书记的习近平提出要"加大扶持力度，举全社会之力支援老区建设"，并要求各级党委和政府的一把手都要重视老区工作，确定一位领导分管老区工作，真正把老区工作列入议事日程。

福建老区大多地处山区，基础条件差、资源禀赋弱。经过历届党委和政府的努力，老区的生产生活条件不断得到改善，但与全省其他地方比，还处于相对滞后的状况。一些贫困山区依然"交通基本靠走，通讯基本靠吼，照明基本靠油"。

龙岩永定土楼（邮资片）

1999年7月，在深入实地调研的基础上，福建省委、省政府急老区人民之所急，做出庄严承诺：在两年内基本解决老区建制村的"五通"问题，并将其列为2000年福建省委、省政府15件为民办实事项目之一。

1999年习近平先后4次到龙岩、宁德、三明等地的老区县市进行专题调研。1月8日至12日，他冒着严寒，深入武平、上杭、长汀、新罗的十几个乡镇，走访了闽籍革命前辈邓子恢、陈丕显、杨成武、刘亚楼、邓六金的家乡和傅连暲任院长的中央红色医院旧址，慰问了老红军和革命"五老"人员（指中华人民共和国成立前参加革命的老地下党员、老游击队员、老苏区乡干部、老交通员、老接头户）以及特困群众。习近平代表省委、省政府向他们发慰问金，赠送《开国大典》年画，他动情地说："我们不能忘了老区人民对革命的贡献，一定要把老区的事办得更好，让革命老前辈放心。"

龙岩市新罗区东肖镇邓厝村是老一辈革命家、国务院原副总理邓子恢的家乡。得益于临近龙岩市区，邓厝村较早就通了路、通了电，但直到1999年年底还没有通自来水，村里人十分期盼能在家里拧开龙头，喝上自来水。当习近平专程到邓厝村看望慰问革命烈属、"五老"人员，了解到村里自来水尚未通的现状后，他马上指示龙

094

邮票上的民政事业——献给新中国成立七十周年
Civil Affairs on Postage Stamps—Dedicated to the 70th Anniversary of the Founding of the People's Republic of China

岩市有关部门帮助解决。

从1999年到2000年，福建全省投入老区和少数民族建制村"五通"建设的资金达4.6亿多元，其中，1999年就投入3.48亿元，成为中华人民共和国成立以来全省老区和少数民族建制村"五通"建设资金投入最多、力度最强、规模最大的一年。到2000年年底，全省近3000个老区建制村"五通"建设任务基本完成，其后两年又进行了完善提高。省委和省政府对老区人民的庄严承诺郑重兑现，一项为民办实事的"德政工程"在老区人民心中树起丰碑。

除了水、电、路等条件需要改善，当时在福建老区，还有许多村子位于大山深处，不仅交通闭塞，而且很多人还居住在茅草房中。在宁德等地，甚至还生活着一群"连家船民"，世代在江上海上漂泊，"一条破船挂破网，祖宗三代共一船，捕来鱼虾换糠菜，上漏下漏度时光"。

这属于福建省困难群众中最贫困的一部分。习近平对此高度重视，多次召集有关部门商讨解决办法，亲自下基层实地考察，形成专题调研报告。福建省委、省政府据此决定，从1998年开始，花3年时间解决这一问题。此后，茅草房改造和连家船民上岸定居被列为福建省"造福工程"的重要组成部分。到2000年年底，福建省"造福工程"搬迁20万人，其中连家船民18466人，截至2014年，有6000多个自然村整体搬迁，村民的居住条件大为改善。

在福建省工作期间，习近平始终情系老区，经常轻车简从深入老区调查研究，进村入户，嘘寒问暖，把党和政府的关怀带给老区人民。他每到一地，都要看望革命"五老"人员和优抚对象等，和他们拉家常，话发展。

在习近平等历任省领导的关心下，福建省不断加大对革命"五老"人员的保障。从1999年7月1日起，福建省革命"五老"人员全面实行了生活定期补助制度。2003年至2013年10年间，福建省连续11次提高革命"五老"人员生活定期补贴，并统一了补助标准。

在福建省任职期间，习近平对一些事关老区长远发展的体制机制变革和打基础之举尤为关注。福建省林权制度改革、长汀水土流失治理与生态省建设能走在全国前列，就是很好的例证。

福建省有很多老区县处于林区，习近平在省长任上，对武平县率先探索的林改工作给予肯定和支持，并由此推动福建省在全国率先开展以"明晰产权、放活经营权、落实处置权、确保收益权"为主要内容的集体林权制度改革，成为全国林改的标杆。过去，因为产权不清、机制不活、分配不合理，广大林农守着"金山银山"过着穷日子；如今，山定权、树定根、人定心，山林成为富民的"绿色银行"。

调离福建省及到中央工作后，习近平仍然十分关注福建省革命老区和老区人民，先后两次对长汀水土流失治理工作作出重要批示，继续关注、推动着福建省革命老区在新时期的发展与建设步伐。

二、扶贫攻坚

中华人民共和国是在"一穷二白"的基础上建立的。从1949年到1978年，国家虽然采取了一系列恢复生产、促进农业发展的政策，为解决全国人民的吃饭问题付出了艰辛的努力，但广大农民群众的温饱问题仍然没有解决，中国甚至成为世界上贫困人口最多的国家之一。

黄河水车

党的十一届三中全会后，随着农村经济体制的改革，农业生产面貌发生了天翻地覆的变化，农村的扶贫工作也由此开始起步。

1. 大规模开发扶贫的演进

改革开放以来，中国农村的扶贫工作取得了长足进展，大致经历了四个阶段：

第一阶段（1978—1985年），是农村经济改革和小规模的区域扶贫阶段，主要通过全面改革农村经济体制，解放生产力，实现全面的经济增长来缓解贫困。

党的十一届三中全会以后，由于在农村普遍实行家庭联产承包责任制以及以农产品价格调整为主要内容的农村经济体制改革，农民的生产积极性得到了极大调动，劳动生产率大幅提升，农村经济迅速发展，农民的生活水平明显提高，全国大多数地区的农户基本解决了温饱问题，还没有解决温饱的绝对贫困人口从2.5亿减少至1.25亿，占农村人口的比例下降到14.8%。

这一时期的扶贫主要是传统意义上的救济式扶贫，即对那些丧失劳动能力以及由于不可抗拒的原因陷入贫困状态的个人和家庭，由民政部门实施救助。国家还没有建立专门的扶贫机构，也没有系统的扶贫管理机制。

第二阶段（1986—1993年），即大规模开发扶贫阶段，主要通过有计划、有针对性的扶贫开发政策与一定的经济政策相结合的方式来缓解贫困。我国多数贫困人口主要集中在经济比较落后或自然环境非常恶劣的地区，即老、少、边、穷地区，在此背景下，国家开始提出明确的扶贫战略。

1986年5月，国务院成立贫困地区经济开发领导小组（1993年12月更名为"扶贫开发领导小组"），作为国务院的议事协调机构。扶贫开发实行分级负责、以省为主的行政领导扶贫工作责任制，各省、自治区、直辖市，特别是贫困面积较大的省、自治区、直辖市，应把扶贫开发列入重要议程，根据国家扶贫开发计划制定本地区的具体实施计划。通过评定国定贫困县和省定贫困县，制定与中国国情和发展阶段相适应的扶贫开发方针。中央各项扶贫资金每年初一次性下达到各省、自治区、直辖市，实行扶贫资金、权力、任务、责任"四个到省、自治区、直辖市"，中央下达的扶贫资金由省级人民政府统一安排使用，并由各有关部门规划和实施项目。

第三阶段(1994—2000年)，即深入扶贫阶段，主要通过具体的、有针对性的项目开发等方式来缓解贫困。随着农村经济改革深化以及扶贫战略的推进，农民的温饱问题已基本得到解决，剩余贫困人口主要集中在国家重点扶持的592个贫困县，地缘性贫困问题更加突出。对这部分贫困人群的扶助，最急迫的就是保障他们的基本生存权。

1994年4月，国务院公布实施《国家八七扶贫攻坚计划》，明确了阶段性扶贫开发的目标，把扶贫开发作为脱贫致富的主要途径，鼓励和帮助有劳动能力的扶贫对象通过自身努力摆脱贫困；把社会保障作为解决温饱问题的基本手段，逐步完善社会保障体系。

《国家八七扶贫攻坚计划》是中国历史上第

一个有明确目标、对象、措施和期限的纲领性扶贫文件，标志着扶贫开发工作发生深刻的变化，即由道义性扶贫向制度性扶贫转变，由救济性扶贫向开发性扶贫转变，由扶持贫困地区(主要是贫困县)向扶持贫困村、贫困户(主要是贫困人口)转变。

第四阶段(2001年至今)，称之为开发式扶贫阶段，扶贫工作由以解决温饱为主转入解决温饱和巩固温饱并重。2001年6月，国务院制定并颁布了《中国农村扶贫开发纲要(2001—2010)》，提出21世纪前十年扶贫开发的奋斗目标、基本方针和政策措施。明确新阶段扶贫开发的奋斗目标是"尽快解决少数贫困人口温饱问题，进一步改善贫困地区的基本生产生活条件，巩固温饱成果，提高贫困人口的生活质量和综合素质，加强贫困乡村的基础设施建设，改善生态环境，逐步改变贫困地区经济、社会、文化的落后状况，为达到小康水平创造条件"。

这一时期，国家扶贫工作重点放到西部地区，贫困村成为基本扶持对象，扶贫资金覆盖到非重点县的贫困村；同时，注重发展贫困地区的科学技术、教育和医疗卫生事业，强调参与式扶贫，以村为单位进行综合开发和整村推进，并把城乡间人口流动作为扶贫的一个重要途径，采取

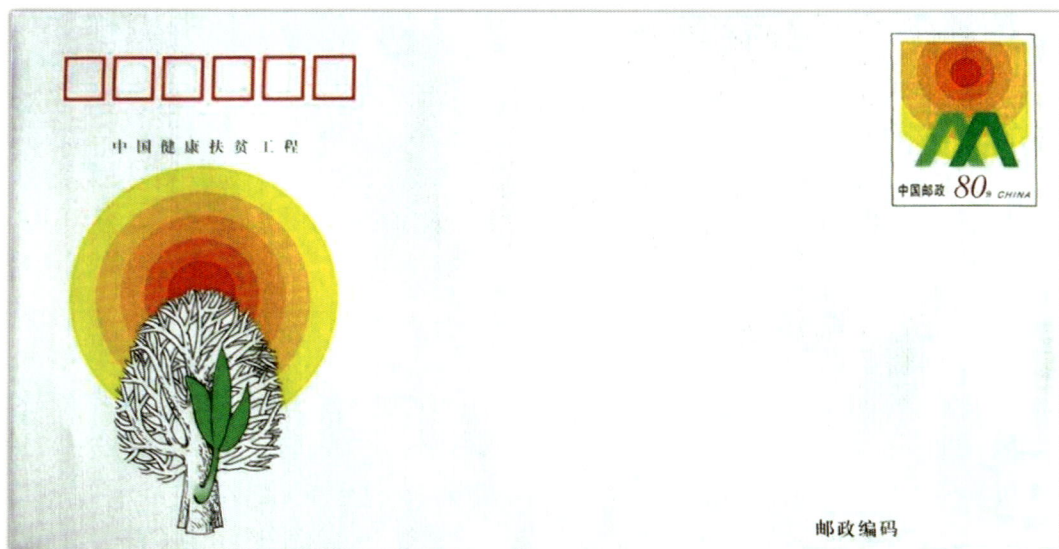

健康扶贫工程（邮资封）

新的政策举措使农村居民更容易转移到城镇地区就业。2011年《中国农村扶贫开发纲要（2010—2020）》的发布，使扶贫的具体政策更为明细化。

党的十八大以来，党中央对脱贫攻坚做出新的部署，吹响了打赢脱贫攻坚战的进军号。习近平总书记多次前往河北阜平、西柏坡和山东沂蒙、陕西延安等革命老区和贫困地区调研考察。从地处太行山深处的特困村河北阜平县骆驼湾村、顾家台村，到甘肃渭源县元古堆村、东乡县布楞沟村，再到湘西土家族苗族自治州十八洞村……习近平始终强调，领导干部要看真贫、扶真贫、真扶贫。

扶贫日

2014年8月1日，国务院决定从2014年起，将每年10月17日设立为"扶贫日"。改革开放以来，特别是20世纪80年代中期，我国开始有计划、有组织、大规模地开展扶贫开发以来，我国的扶贫开发事业取得了巨大成就。扶贫开发为促进经济发展、政治稳定、民族团结、边疆巩固和社会和谐发挥了重要作用，也为全球的减贫事业做出了重大贡献。但是，贫困地区受多方面因素的影响，贫困问题依然十分突出。

一是贫困人口多，按照国家的标准，到2013年年底全国还有8200多万贫困人口，如果参考国际标准，还有两亿多人。二是贫困程度还比较深，贫困人口不仅收入水平低，一些地方还面临着吃水、行路、用电、上学、就医、贷款等诸多困难。三是扶贫攻坚任务十分艰巨，大部分贫困地区的贫困人口集中分布在生产生活条件比较差、自然

灾害多、基础设施落后的连片特困地区，这些地方的贫困问题是难啃的硬骨头，是到2020年全面建成小康社会的一个短板。所以，必须进一步动员全党、全国、全社会的力量，齐心协力打一场新的扶贫攻坚战。

设立扶贫日的主要目的，就是引导社会各界关注贫困问题，关爱贫困人口，关心扶贫工作。核心内容是学习身边榜样，宣传凡人善举，动员广泛参与，培育良好风尚。设立扶贫日充分体现了党中央、国务院对于扶贫开发的高度重视和对贫困地区、贫困群众的格外关心。设立扶贫日不仅是继续向贫困宣战的一个重要的举措，也是广泛动员社会各方面力量参与扶贫开发的一项重要的制度安排。

2016年10月17日，是第三个全国扶贫日。中国邮政为此发行《扶贫日》纪念邮票1套1枚。当天，多地举办了邮票首发活动。

2. 总书记指挥"扶贫攻坚"

梁家河、正定、宁德……40多年来，习近平从一个生产大队的党支部书记，到一个泱泱大国的最高领导人，他始终牵挂着贫困群众，关心和思考着扶贫工作。党的十八大以来，习近平几乎走遍了我国最贫困的地区，把大量心血用在了打赢脱贫攻坚战、全面建成小康社会的伟大事业上。

2017年2月21日，中央政治局就我国脱贫攻坚形势和更好实施精准扶贫进行第三十九次集体学习。习近平在主持学习时强调，要强化领导责任、强化资金投入、强化部门协同、强化东西协作、强化社会合力、强化基层活力、强化任务落实，集中力量攻坚克难，更好推进精准扶贫、精准脱贫，确保如期实现脱贫攻坚目标。

习近平强调，要坚持精准扶贫、精准脱贫。一是要打牢精准扶贫基础，通过建档立卡，摸清贫困人口底数，做实做细，实现动态调整。二是要提高扶贫措施有效性，核心是因地制宜，因人因户因村施策，突出产业扶贫，提高组织化程度，培育带动贫困人口脱贫的经济实体。三是要组织好易地扶贫搬迁，坚持群众自愿原则，合理控制

建设规模和成本，发展后续产业，确保搬得出、稳得住、逐步能致富。四是要加大扶贫劳务协作，提高培训针对性和劳务输出组织化程度，促进转移就业，鼓励就地就近就业。五是要落实教育扶贫和健康扶贫政策，突出解决贫困家庭大病、慢性病和学生上学等问题。六是要加大政策落实力度，加大财政、土地等政策支持力度，加强交通扶贫、水利扶贫、金融扶贫、教育扶贫、健康扶贫等扶贫行动，扶贫小额信贷、扶贫再贷款等政策要突出精准。

习近平指出，要加强基层基础工作。首先要加强贫困村两委建设，深入推进抓党建促脱贫攻坚工作，选好配强村两委班子，培养农村致富带头人，促进乡村本土人才回流，打造一支"不走的扶贫工作队"。其次要充实一线扶贫工作队伍，发挥贫困村第一书记和驻村工作队作用，在实战中培养锻炼干部，打造一支能征善战的干部队伍。农村干部在村里，工作很辛苦，对他们要加倍关心。

习近平强调，要把握好脱贫攻坚正确方向。要防止层层加码，要做到量力而行、真实可靠、保证质量。要防止形式主义，扶真贫、真扶贫，扶贫工作必须务实，脱贫过程必须扎实，脱贫结果必须真实，让脱贫成效真正获得群众认可、经得起实践和历史检验。

2015年2月，习近平在春节前夕来到陕西看望慰问群众。2月13日上午，他一下飞机就前往自己当年插队的延川县梁家河村看望慰问父老乡亲，并就老区脱贫致富进行实地调研。下午又马不停蹄地赶回延安，主持召开陕甘宁革命老区脱

贫致富座谈会，同来自陕西、甘肃、宁夏的24位市县委书记一起，共商革命老区脱贫致富奔小康的大计。

习近平指出，一些老区发展滞后、基础设施落后、人民生活水平不高的矛盾仍然比较突出，特别是老区还有数量不少的农村贫困人口，我们必须时刻挂在心上。在听取延安、延川、清涧、华池等地用好革命老区自身资源优势，大力发展特色产业、特色农产品，实现农民收入快速增长，以及搞好基础设施建设，发挥革命老区后发优势，实现脱贫致富的经验介绍后，习近平强调，扶贫不是一句空口号，得有真办法、实举措、硬功夫才行。

他要求各级党委和政府要增强使命感和责任感，贯彻精准扶贫要求，做到目标明确、任务明确、责任明确、举措明确，把钱真正用到刀刃上，真正发挥拔穷根的作用。他强调各级政府应努力做到：

一是加大投入支持力度，采取更加倾斜的政策，加大对老区发展的支持，增加扶贫开发的财政资金投入和项目布局，鼓励引导社会资金投向老区建设，形成支持老区发展的强大社会合力。

二是加快社会事业发展，重点是发展教育、医疗卫生、公共文化、社会保障等事业，实现基本公共服务对老区城乡居民全覆盖，深入推进老区新农村建设，加强农村环境卫生和住房建设。

三是加大产业培育扶持力度，国家大型项目、重点工程、新兴产业，在符合条件前提下，要优先向老区安排；发达地区劳动密集型产业转移，要优先向老区引导；国家建设用地指标，要优先满足老区小城镇产业聚集区建设用地需要。

总之，要确保老区和贫困地区人民群众同全国人民一道进入全面小康社会。

2018年9月19日，中国邮政发行《宁夏回族自治区成立六十周年》纪念邮票，全套3枚。其中第2枚为《脱贫富民》。邮票主图以闽宁镇原隆村民居为原型来设计，表现宁夏实施易地扶贫搬迁生态移民工程。画面上还展现了宁夏的硒砂瓜、

延安

宁夏回族自治区成立六十周年

中国邮政 CHINA

（3-2）脱贫富民

枸杞、滩羊等特色产品，表现自治区通过特色产业实现精准扶贫。邮票整体展现了宁夏各族人民安居乐业、同庆祝日的喜悦和团结携手共建美好家园的信心。

2018年11月1日，改革开放与中国扶贫国际论坛在北京开幕，习近平向论坛致信表示祝贺。他在信中说："中国作为世界上人口最多的发展中国家，一直是全球减贫事业的积极倡导者和有力推动者。新中国成立近70年来，中国共产党领导人民自力更生、艰苦奋斗，为解决贫困问题付出了艰辛努力。特别是40年前，中国开启了改革开放的伟大历程，同时也开启了人类历史上最为波澜壮阔的减贫进程。过去40年来，中国人民积极探索、顽强奋斗，实现7亿多贫困人口摆脱绝对贫困，创造了人类减贫史上的奇迹。让贫困人口和贫困地区同全国一道进入全面小康社会，是中国确定的庄严目标。我们将坚持以人民为中心的发展思想，大力实施精准扶贫、精准脱贫，发挥中国制度优势，坚持政府主导，深化东西部协作，动员全社会参与，把扶贫同扶志扶智相结合，开发式扶贫同保障性扶贫相统筹，确保到2020年消除绝对贫困。"

2018年10月17日，在第五个全国扶贫日到来之际，全国脱贫攻坚奖表彰大会暨先进事迹报告会在北京举行。习近平对脱贫攻坚工作做出重要指示，他强调，改革开放的40年，是我国逐步消除贫困的40年。40年的接续奋斗，让7亿多人口摆脱了贫困，创造了人类减贫史上的奇迹。现在，中华民族千百年来存在的绝对贫困问题，就要历史性地得到解决，脱贫攻坚进入最为关键的

阶段。他指出，行百里者半九十，越到紧要关头，越要坚定必胜的信念，越要有一鼓作气攻城拔寨的决心。

3. 全社会参与脱贫攻坚

扶贫脱困，小康路上一个都不能掉队，已经成为全社会的共识。发动全社会扶贫，包括社会组织和个人两大部分。

在脱贫攻坚的主战场，有一支力量不容忽视——分布在各个领域的70多万个社会组织。其中，全国性社会组织共2315个，在资产规模、动员能力、业务素质等方面有较大优势。

2017年6月，民政部发布指导意见，支持社会工作专业力量参与脱贫攻坚，提出坚持以人为本、精准服务，坚持东西协作、广泛参与，坚持群众主体、助人自助。实施社会工作教育对口扶贫计划，发挥中国社会工作教育协会的推动作用，支持和鼓励高校社会工作专业院系与贫困地区合作建立社会工作专业培训、教师实践和学生实习实训基地，帮助贫困地区培养社会工作专业人才。支持高校社会工作专业教师到贫困地区开展专业督导，引导社会工作专业在校生到贫困地区进行社会实践。支持鼓励社会工作专业毕业生到贫困地区就业。到2020年，促成至少200所高校与贫困县建立社会工作专业培训、教师实践和学生实习实训基地。

民政部提出，从2017年到2020年，从发达地区共选择300家管理规范、服务专业、公信力强的社会工作服务机构，与贫困地区社会工作服务机构、儿童福利机构、老年人福利机构、救助保护机构、特困人员救助供养服务机构、优抚安置服务机构、残疾人福利与服务机构、农村社区儿童之家等开展结对帮扶，通过人才支持、项目支持、督导支持、培训支持等方式，将受援机构的社会工作服务水平提升到一个新高度。

2017年11月，民政部报请国务院扶贫开发领导小组同意，提出要广泛引导和动员社会组织参与脱贫攻坚，进一步强调社会组织在打赢脱贫

宁夏自治区成立六十年（首日封）

攻坚战中的重要作用，为引导社会组织参与脱贫攻坚，动员各方面社会力量参与扶贫工作提供了制度保障和政策指导。

民政部与国务院扶贫办联合解读政策文件，深入广泛宣传，加强贫困地区扶贫需求和社会组织对接，及时解决社会组织参与脱贫攻坚存在的困难和问题；支持农业部贫困地区农产品出村行动，参加贫困地区农产品产销对接活动，配合推动农业产业扶贫活动；与卫健委联合举办了社会力量参与健康扶贫优秀案例征集活动，鼓励各社会组织积极参加，切实推动社会组织参与健康扶贫。

为发挥全国性社会组织和省级社会组织示范带头作用，民政部结合对社会组织的培训工作，先后组织中国扶贫基金会、中国慈善联合会等180家全国性社会组织积极与深度贫困地区对接，将扶贫资源向深度贫困地区倾斜。全国性社会组织纷纷结合自身业务特点，以丰富的形式参与脱贫攻坚：

（1）农业部主管的中国优质农产品开发服务协会、中国蔬菜协会和中国农产品市场协会，从北方当地实际情况出发，推广科技产业大棚，助力河北省环京津28个贫困县共同参与产业脱贫。

（2）民政部主管的48家全国性社会组织与江西遂川、莲花两县就脱贫攻坚工作召开了供需对接会，除进行项目援助外，还采取帮扶到户的方式，对两县7000余户贫困户一一对接帮扶。

（3）国资委主管的中国质量协会，通过建立农产品追溯体系，将扶贫产业信息与贫困户建档立卡信息准确对应，为扶贫产品和扶贫对象建立"二维码名片"，帮助贫困地区推广绿色农产品、培育农业品牌，大大增加了农产品的附加值，推动贫困户增产增收。

（4）国务院扶贫办主管的中国扶贫基金会与《中国扶贫》杂志社建立了"脱贫攻坚协作交流平台"，积极协调中国银行业协会、中国保险行业协会、中国证券投资基金业协会和中国上市公司协会等金融类行业协会，整合有关社会资源，与贫困地区建立对接联系。

在推进脱贫攻坚的广阔事业中，经济较发达的地区充分采取集中引导、财政支持、对口支援等方式，将本地的社会组织引导到贫困地区，发挥重要力量。

贫困地区民政部门为推动社会组织参与脱贫攻坚，一方面积极引导具有较强能力的社会组织参与当地脱贫攻坚工作，另一方面也积极协调对接，为支持本当地脱贫攻坚工作的社会组织做好协调配合、提供信息、加强沟通等工作。

2019年1月，国务院发布指导意见，要求深入开展消费扶贫、助力打赢脱贫攻坚战，将消费扶贫纳入国家脱贫攻坚政策体系，明确开展消费扶贫的总体要求、主要举措和保障措施。

消费扶贫既是公益行为，也是经济行为。指导意见提出，要通过消费来自贫困地区和贫困人口的产品和服务，带动贫困地区产业转型升级，明确将消费扶贫纳入中央单位定点扶贫、地方各级结对帮扶和军队帮扶工作内容，纳入东西部扶贫协作和对口支援政策框架，纳入民营企业"万企帮万村"精准扶贫行动，提升了相关政策的可操作性。各级机关、国有企事业单位、金融机构、大专院校、城市医疗及养老服务机构等要带头参与消费扶贫，在同等条件下优先采购贫困地区产品，优先聘用贫困地区工勤人员，引导干部职工自发购买贫困地区产品和到贫困地区旅游。并要求东部发达地区组织辖区内各类资源与贫困地区建立长期稳定的农产品供销关系，建立劳务精准对接机制。

国际消除贫困年（邮资片）

鼓励民营企业，以及行业协会、商会、慈善机构等社会组织和个人，发挥各自优势，积极履行社会责任，采取"以购代捐""以买代帮"等多种方式，不断扩大贫困地区产品和服务消费。

这一系列措施，坚持自愿原则，不压任务、不下指标，旨在引导社会各方力量发挥主动性，积极参与到消费扶贫这个"大家庭"中来，壮大参与消费扶贫的"朋友圈"，营造人人皆愿为、人人皆可为、人人皆能为的良好氛围。

三、社会救助

社会救助是指国家和社会对由于遭受自然灾害等各种原因而失去劳动能力、陷入生存困境的公民，以及其他低收入公民，给予财物接济和生活扶助，以维持其基本生活需求、保障其最低生活需要的措施和制度。它对于调整资源配置，实现社会公平，维护社会稳定有非常重要的作用。

劝农免饥运动

社会救助作为社会保障体系的一个组成部分，是政府为履行责任而采取的一种积极的、长期性的救助措施，也是社会保障的最后一道防护线和安全网。其救助对象是低收入人群和困难人群等社会脆弱群体。

1963年6月4日，香港邮政发行《劝农免饥运动》邮票。

1. 织起生活保障"兜底网"

现实生活中，总是存在一些群众因为突发的事件或事故致使生活陷入困境乃至面临生存或心理危机的现象。从2007年起，民政部开始部署各地探索建立临时生活救助制度，努力解决因突发性事件、意外伤害或因家庭刚性支出较大导致的临时性基本生活困难。全国各省、自治区、直辖市先后制定完善了临时救助政策。

2012年3月，民政部等四部委部署开展重特大疾病医疗救助试点工作，主要帮助解决重特大疾病贫困患者经基本医疗保险补偿后，仍然难以负担的住院医疗费用，同时兼顾门诊医疗费用。低保家庭成员、五保户、低收入老年人、重度残疾人等群体，因患重特大疾病难以自付医疗费用且家庭贫困，被列入重特大疾病医疗救助对象。

为了努力减轻困难群众医疗负担，试点工作要求重特大疾病医疗救助病种先从医疗费用高、社会影响大的病种起步，并随基金总量的增加稳步推进，逐步扩大病种范围。优先将儿童急性白血病和先天性心脏病、妇女宫颈癌、乳腺癌、重度精神疾病等病种纳入救助范围。

2014年2月21日，国务院发布《社会救助暂行办法》（国务院令第649号），自2014年5月1日起施行。《社会救助暂行办法》的出台，为社会救助事业发展提供了法律依据，有利于统筹社会救助体系建设，不断完善托底线、救急难、可持续的社会救助制度，形成保障困难群众基本生活的安全网。

一是构建了社会救助制度体系。主要包括最

劝农免饥运动（首日封）

低生活保障、特困人员供养、受灾人员救助、医疗救助、教育救助、住房救助、就业救助、临时救助等八项制度以及社会力量参与，这是我国第一次以法律制度形式明确社会救助制度体系的内容。

二是加强了社会救助统筹协调。《社会救助暂行办法》规定由国务院民政部门统筹全国社会救助体系建设，各部门按照各自职责做好相应的社会救助管理工作，并要求建立健全政府领导、民政部门牵头、有关部门配合、社会力量参与的社会救助工作协调机制。

三是坚持了社会救助城乡统筹发展。《社会救助暂行办法》坚持城乡统筹发展的理念和要求，确保党和政府的关怀，广泛惠及城乡所有困难居民。

四是强化了社会救助家庭经济状况查询核对机制。《社会救助暂行办法》要求建立信息核对平台，根据救助申请及获得救助家庭的请求、委托，由县级以上民政部门代为查核其收入状况、财产状况。这为今后科学、准确认定社会救助对象并完善退出机制，确保社会救助公平、公正实施奠定了基础。

《社会救助暂行办法》第一次以行政法规形式，规定了我国社会救助制度体系的具体内容，填补了制度空白，对于救助急难、编密织牢保障基本民生安全网，维护困难群众切身利益，促进社会和谐稳定与公平正义具有重大意义和深远影响。

2014年4月，全国贯彻落实《社会救助暂行办法》电视电话会议提出，要着力强化救急难工作，加快建立健全临时救助、重特大疾病医疗救助等制度，统筹发挥各项救助制度在救急难方面的整体合力；要着力健全工作机制，抓紧健全部门受理协同办理机制、居民家庭经济状况核对机制、社会救助信息公开和共享机制，打牢社会救助工作基础；要着力加强工作保障，将更多资金用到民生领域特别是社会救助方面，加大政府向社会力量购买服务力度，创新经办服务方式。

当年5月起施行的《社会救助暂行办法》，首次将"救急难"作为社会救助的基本方针予以明确。民政部按照国务院要求，开展"救急难"工作综合试点。9月，国务院常务会议决定，全面建立临时救助制度，对遭遇突发事件、意外伤害、重大疾病或其他特殊原因导致生活陷入困境，其他社会救助暂时无法覆盖或救助之后基本生活仍有严重困难的家庭或个人，给予应急、过渡性救助，做到兜底线、救急难，填补社会救助体系的"缺项"。

2015年10月，民政部、全国妇联发布指导意见，要求做好家庭暴力受害人庇护救助工作。指导意见提出科学确定工作原则、依法界定工作对象、及时提供庇护救助服务、强调未成年受害人权益保护、深化庇护救助服务内涵、积极动员社会力量参与。全国有近400个城市依托救助管理机构设立了"家庭暴力庇护中心"。据不完全统计，2008年至2015年，全国各救助管理机构共庇护救助家庭暴力受害人5万人次左右。

截至2018年9月底，全国共有特困人员483.2万人，2018年1—9月累计支出特困人员救助供养资金237.5亿元。2018年1—9月，全国共实施临时救助565.8万人次，累计支出救助资金60.5亿元，平均救助水平每人次1069.4元。

2018年10月，民政部会同发展改革委、国务院扶贫办等部门印发《深度贫困地区特困人员供养服务设施（敬老院）建设改造行动计划》，明确深度贫困地区供养服务设施建设改造的总体要求、工作目标、重点任务和资金安排，细化了中央预算内投资对深度贫困地区的"重点支持"措施。指导和督促各地进一步规范特困人员认定，科学制定救助供养标准，加强农村特困人员供养服务机构建设管理服务，落实分散供养特困人员照料服务，确保实现"应救尽救、应养尽养"。

2019年1月，民政部会同财政部出台意见，要求进一步加强和改进临时救助工作，指导各地细化明确临时救助对象的范围和类别，简化优化审核审批程序，合理制定救助标准，拓展完善救助方式，进一步发挥临时救助制度效能，切实解决城乡群众遭遇的突发性、紧迫性、临时性基本生活困难。

党的十九大提出"兜底线、织密网、建机制"要求，各级民政部门准确把握流浪乞讨人员救助管理工作定位，深化管理体制机制改革，不断提升救助能力。截至2018年年底，全国救助管理机构已发展到1623个，覆盖全国95%以上的地级城市、50%以上的县（市、区），机构床位数达10万余张，从业职工2万余人。

从计划经济时期以救灾救济作为救助制度的主体，到改革开放后采取"补充型"制度设计，再到当前针对城乡一体化进程加快，流动人口增多，贫困家庭之外的边缘人群增多等现实填补"缺项"，我国正在构筑全面的制度型社会救助体系。

如今，我国的社会救助网络已经覆盖城乡全体居民。2018年，全国社会救助对象年均超过1.5亿人次。其中，城市低保对象2300多万人，农村低保对象4534万人，农村五保供养对象570多万人，年均救助城市生活无着的流浪乞讨人员130

多万人次，每年救助受灾群众约8000万人次，城乡每年约1500万人次得到医疗救助。社会救助制度的建立和日臻完善，为人民群众编织了一张保障基本生活的"兜底网"。

2. 帮助流浪者回到温暖的家

团圆

当绝大多数人在家中享受天伦之乐时，却还有一些人因为各种原因徘徊在寒冷的街头，遥望着万家灯火，想要有个家，想要回到家。

加强流浪未成年人救助保护体系建设，是保障未成年人基本权益、维护社会稳定的客观要求，也是构建社会主义和谐社会的重要举措。2003年8月《城市生活无着的流浪乞讨人员救助管理办法》开始实施。

2009年8月，民政部等五部委联合下发通知，要求加强城市街头流浪乞讨人员救助管理和流浪未成年人解救保护工作。组织、指导、监督救助管理机构做好街头救助，坚持"先救治，后救助"和"先解救，后救助"的原则，加强对繁华街区、桥梁涵洞、地下通道、热力管线、废弃房屋、火车站、风景游览区等流浪乞讨人员集中活动和露宿区域的巡查。对街头流浪乞讨和被组织从事违法犯罪活动的未成年人一律采血，经DNA检验后将数据录入全国打拐DNA数据库。各地在采血和检验比对工作中，不得以任何理由收取费用。

自2013年开始，民政部等部委办在全国开展了"接送流浪孩子回家""流浪孩子回校园"专

国际保卫儿童会议

项行动，3年共帮助64000多名流浪未成年人返校复学，学龄未成年人流浪乞讨的现象明显减少。

民政部建立了由26个部门组成的流浪乞讨人员救助管理工作部际联席会议工作机制，强化部门协作配合，统筹资源及时解决工作中面临的重大问题。多地开设"救助大讲堂"，交流学习甄别技术、完善寻亲方法，引进人脸识别等现代技术，实现无法查明身份救助对象信息100%上传全国救助寻亲网、100%报请公安机关采集DNA工作常态化，先后帮助6600多名救助对象成功返家。

为保障流浪乞讨人员有饭吃、有衣穿、不受冻，各地民政常态化跨年度开展冬春季专项救助行动，通过公布救助热线和救助途径、设置救助引导牌、增设救助服务点、动员基层组织和志愿者参与等方式，积极拓展救助服务渠道。2017年冬季至2018年春季专项行动期间救助流浪乞讨人员59.6万人次，全年救助120万人次。

各地认真贯彻《关于加强和改进流浪未成年人救助保护工作的意见》精神，坚持未成年人权益保护优先、救助保护和教育矫治并重、源头预防和综合治理兼顾、政府主导和社会参与结合的基本原则，建立流浪未成年人救助保护制度，并不断完善相关工作措施。

寻子寻亲牵动社会各方关注。在日常救助工作中，各地救助管理机构与走失人群接触的概率较高，每年都会救助大量的疑似走失、被拐的老年人、妇女、未成年人和疑似精神障碍、智力障碍人员。与此同时，许多走失人员的家人也经常到全国各地救助管理机构寻亲或寻求帮助。每年6月19日，全国救助管理机构举办"开放日"活动，邀请社会各界进站参观，了解救助管理工作情况。

2016年1月，由民政部开发的全国救助寻亲网正式上线，面向社会公开运行，为长期滞留流浪乞讨人员发布寻亲信息。各地救助管理机构通过该网站发布寻亲公告，便于寻亲家庭查找走失的家人，帮助滞留受助人员早日回归家庭。上线运行仅一周，各地已录入近1500条受助人员寻亲公告。全国救助寻亲网的启用，有效对接了社会寻人和受助人员寻家需求，突破了传统寻亲公告在版面、地域、时限等方面的局限，在更大范围内帮助滞留受助人员回归家庭。

四、民政"兜底"

从农村看，20世纪50年代农业合作化时期，以保吃、保穿、保住、保医、保葬（保教）为基本内容的农村五保户供养制度，是中华人民共和国第一项农村社会保障制度，主要由农村集体经济负担，国家给予必要的补助。

实行农村家庭联产承包责任制后，国务院于1994年颁布条例，将农村五保供养所需经费纳入了村提留、乡统筹。2006年，为适应农村税费改革的新形势，修订后的《农村五保供养工作条例》颁布实施，农村五保供养经费纳入了财政预算，五保供养服务机构建设纳入了当地经济社会发展规划，供养资金有了稳定、可靠的来源，农村五保供养事业实现了从农村集体福利向现代社会保障的转型。"应保尽保""按标施保"基本实现，供养标准基本上达到当地村民平均生活水平，自然增长机制逐步建立，农村五保供养工作走上长效发展的轨道。

以基本解决温饱为目标的第一轮大规模的农村扶贫开发计划（即"八七"扶贫攻坚计划）完成以后，我国绝对贫困人口大幅度减少。进入21世纪，剩余的农村贫困人口出现了新的特点，脱贫的难度在加大，"八七"时期形成的扶贫方式的适用性受到不少限制。为了更好地适应当前贫困的特点，增强扶贫的力度，中央在连续推出并实施两个农村扶贫开发纲要的同时，开始探索提出全面实施农村最低生活保障制度。

2002年，党的十六大提出，有条件的地方，探索建立农村最低生活保障制度。2006年，十六届六中全会提出在全国"逐步建立农村最低生活保障制度"。2007年1月，中央一号文件要求"在全国范围建立农村最低生活保障制度"。自此，我国形成了以低保和扶贫开发两大制度为主干的农村扶贫

精准扶贫（明信片）

社会福利服务（小型张）

新格局。低保与扶贫开发都是农村扶贫、减贫和脱贫工作的基本制度安排，两项制度各具特点和制度优势，可以形成政策互补效应，形成帮扶合力，整体提升农村脱贫效果。

为确保到2020年现行扶贫标准下农村贫困人口实现脱贫，2016年9月，民政部等部委办提出指导意见，要求做好农村最低生活保障制度与扶贫开发政策有效衔接，实施农村低保兜底脱贫的制度性保障。

低保和扶贫开发有着不同的具体政策目标、政策手段、政策适用范围和条件以及不同的财权事权主体。在基层实施和实践中，面临各地农村社会环境差异性大、政策执行标准模糊、政策对象精准识别困难、乡村政策执行能力不足、基础数据条件缺乏等问题。切实做好低保和扶贫开发两项制度的分工协调和有效衔接，可以减少因制度不一造成的问题，形成合力提升两项制度的实施绩效。

民政部有针对性地提出了一系列实现有效衔接的指导意见。在制度衔接的目标定位上，把重点放在围绕脱贫攻坚加强部门协作、完善政策措施、健全工作机制、形成制度合力上，并具体提出了政策衔接、对象衔接、标准衔接和管理衔接四项重点任务。

在政策衔接的内容上，民政部提出了"应扶尽扶""应保尽保"的要求，体现了实事求是、因户施策、精准帮扶、精准施救的工作原则。对

于符合农村低保条件的建档立卡贫困户，按规定程序纳入低保范围；对于符合扶贫条件的农村低保家庭，按规定程序纳入建档立卡范围，并根据不同致贫原因予以精准帮扶；对于不在建档立卡范围内的农村低保对象、特困人员，要求各地统筹使用相关扶贫开发政策。这充分体现了党中央、国务院确保小康社会"一个贫困人口也不掉队"的核心原则。

从城市看，计划经济时期，我国城市贫困人群主要依靠集体互助并辅之以必要的政府救济来渡过难关。20世纪90年代中叶，随着我国经济体制的加速转轨，一大批国有企业职工下岗、失业，城市贫困问题日益凸显。需要国家和社会救济的城市居民规模，从不足百万人增加到2000多万人。

与消除农村贫困一样，我国为解决城市贫困做出了艰辛的努力。1994年，第10次全国民政会议提出"在城市要逐步按照城市居民最低生活保障线进行救济"的改革思路。经过调研和试点，1997年国务院决定，在全国建立城市居民最低生活保障制度。2001年和2002年，中央又先后提出把符合条件的所有特困职工全部纳入最低生活保障范围，尽快实现"应保尽保"的要求。

城市低保制度在普遍施行的基础上，实现了动态管理下的"应保尽保"和"分类施保"。帮助人民群众特别是低保边缘群体解决突发性、临时性、特殊性生活困难的临时救助制度逐步建立。

上海在1993年就率先建立了城镇低保制度，1996年出台了全国第一个省市级社会救助规章，2014年具有上海特色的"9+1"社会救助制度体系日臻完善。到2015年又率先实现了低保标准城乡统一，至2018年年底，上海城乡低保标准先后调整了22次。

2018年，民政部指导各地进一步完善农村低保制度，健全低保对象认定方法，将未脱贫的建档立卡重度残疾人、重病患者等完全丧失劳动能力和部分丧失劳动能力且无法依靠产业/就业帮扶

108

邮票上的民政事业——献给新中国成立七十周年
Civil Affairs on Postage Stamps—Dedicated to the 70th Anniversary of the Founding of the People's Republic of China

的贫困人口纳入低保，核算收入时允许扣减重病、重残等家庭刚性支出，实行救助渐退等。动态监测各地农村低保标准调整情况，确保以县为单位的农村低保标准始终达到或超过国家扶贫标准。社会救助兜底保障工作取得积极进展，有效保障了困难群众基本生活。

民政部的资料显示，截至2018年9月底，全国城乡低保标准同比分别增长7.6%和12.9%，圆满完成政府工作报告确定的工作任务。全国共有城乡低保对象4619.9万人，其中，城市低保对象1068.8万人，农村低保对象3551.1万人。全国城市低保平均标准达到每人每月575元，农村低保标准达到每人每年4754元，1—9月全国累计支出低保资金约1172.5亿元。我国在实现贫困群体"应保尽保"的同时，守住了社会公平底线。

2019年年初，国务院政府工作报告提出，当年农村贫困人口要减少1000万以上，居民收入增长与经济增长基本同步。对标全面建成小康社会任务，扎实推进脱贫攻坚和乡村振兴。坚持农业农村优先发展，加强脱贫攻坚与乡村振兴统筹衔接，确保如期实现脱贫攻坚目标、农民生活达到全面小康水平。

报告提出，要打好精准脱贫攻坚战，重点

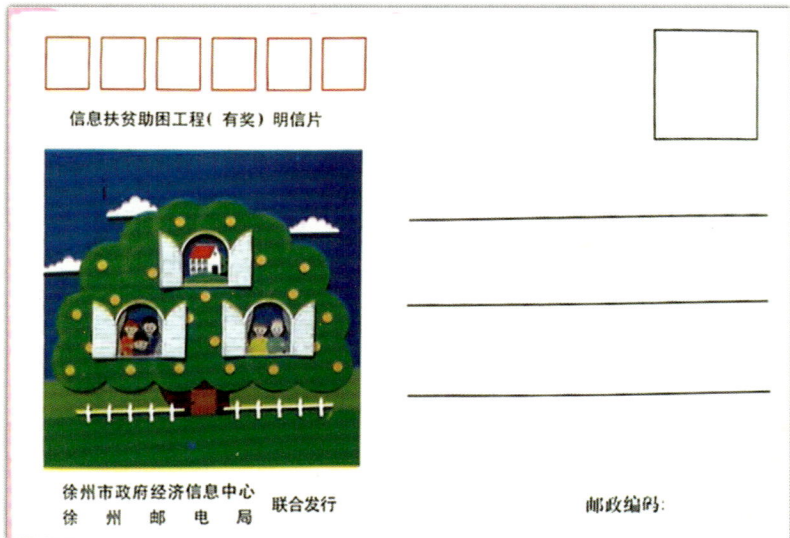

信息扶贫（明信片）

解决实现"两不愁三保障"面临的突出问题，加大"三区三州"等深度贫困地区脱贫攻坚力度，落实对特殊贫困人口的保障措施。大力扶持贫困地区特色优势产业发展。开展贫困地区控辍保学专项行动、明显降低辍学率，继续增加重点高校专项招收农村和贫困地区学生人数，用好教育这个阻断贫困代际传递的治本之策。基本完成"十三五"易地扶贫搬迁规划建设任务，加强后续扶持。对摘帽县和脱贫人口的扶持政策要保持一段时间，巩固脱贫成果。

城乡低保制度是社会救助制度的重要组成部分，是社会保障制度的防线。城乡低保制度的实施，使保障困难群众最低生活的"兜底网"基本编织成型，困难群众的基本生活得到了切实保障。

第七章

安得广厦千万间

——福利慈善

安得广厦千万间，

大庇天下寒士俱欢颜，

风雨不动安如山。

这是唐代伟大的现实主义诗人杜甫在《茅屋为秋风所破歌》中写下的脍炙人口的诗句，表达了诗人对生活不幸者的同情，对民生疾苦的关心，以及与百姓同生死、共患难的高尚情怀。

社会福利和慈善事业的本质，正是对弱势群体的关怀，对民生疾苦的关心和对孤寡老人、孤残儿童和残疾人的关爱。这也是人道主义精神的弘扬和体现。

110

邮票上的民政事业——献给新中国成立七十周年
Civil Affairs on Postage Stamps—Dedicated to the 70th Anniversary of the Founding of the People's Republic of China

一、社会福利

社会福利有广义和狭义之分。广义的社会福利是指提高广大社会成员生活水平的各种政策和社会服务，旨在解决广大社会成员在各个方面的福利待遇问题；狭义的社会福利是指对生活能力较弱的儿童、老人、母子家庭、残疾人、慢性精神病人等的社会照顾和社会服务。

在阳光下健康成长

社会福利事业是社会为孤、老、残、幼和其他有特殊困难的社会成员提供社会服务的事业。早在16—17世纪，欧洲就出现了由教会、慈善团体兴办的救济贫民、保护孤寡的福利机构和服务设施，如救济院、孤儿院、贫民医院等集中收养机构，以及使贫困者通过劳动和工作获得生活资料或换取帮助的习艺所等。

第二次世界大战后，各国政府广泛承担起社会福利的责任，开展社会福利立法，制定社会福利发展规划，根据社会的福利需求系统设计社会福利事业，使福利事业蒸蒸日上。

中华人民共和国成立初期，旧中国留下大量失业人口和贫困群体急待救济。人民政府接管和改造了一批国民党统治时期遗留下来的慈善设施和救济机构，迅速兴办起主要面向孤寡老人、孤残儿童和残疾人等特殊困难群体的福利救济事业，解了他们的"燃眉之急"。

1950年4月，在内务部领导下，召开了中国人民救济代表大会，提出在人民政府的领导下，以人民自救自助为基础进行人民大众的社会救济福利事业。会后，以解放区救济总会为基础，成立了中国人民救济总会，开展生产自救和社会救济工作。

为了妥善收容那些无依无靠的孤、老、残、幼和贫民，教育、改造染有恶习的游民、乞丐、妓女，民政部门在全国各大中城市创办了一大批救济福利事业单位（包括生产教养院和儿童教养院），采用生产与教养相结合、救济与改造相结合的方针，解决了当时面临的严重社会问题。不仅帮助数百万失业人口解决了就业和生活困难，而且救助了千百万城乡贫民、难民和灾民。

与此同时，调整、改造了原国民党政府所办的"救济堂"、"慈善堂"和封建地域性的"寡妇堂"、"教养院"，并接收外国资助的救济机构，对孤老、孤儿和残障人给予收容、妥善安置。对一些由反动势力所操纵，或假冒伪善、名存实亡的团体给予接管、代管。对有一定基础，也存在一些缺陷、尚可改造的团体，促成其改革。先后改造旧慈善机构419所，调整旧救济团体1600多个。通过调整、改造、处理，保留下来的团体成为中华人民共和国社会救济事业的一个组成部分。

截至1953年年底，全国共有城市社会福利救济事业单位920个，先后收容了孤老、孤儿、精神患者和其他人员37.4万人。社会主义改造基本完成以后，社会救济与社会福利逐步分流发展。到20世纪50年代末，形成了以无家可归、无依无靠、无生活来源的老人、儿童和残障人为主要救济对象的社会福利事业格局。

也正是从这时起，国家确立了分类收养的原则，根据不同对象设立不同的社会福利事业单位。为无依无靠、无家可归、无生活来源的孤、老、残、幼和精神病人设立社会福利院、养老院、儿童福利院、残疾儿童福利院、孤儿学校、精神病疗养院等。另为安置无家可归的长期流浪人员设立安置农场。

同时，针对不同的收养对象采取不同的工作方针。对老人采取"以养老为主"的方针，通过适当的劳动、思想教育和文娱活动，使老人身心健康，安度晚年；对残疾儿童采取"养、治、教"相结合的方针；对精神病人采取"养、治"的方针，实行开放管理和药疗、工疗、娱疗、心理治疗的"四结合"疗法。而对长期流浪人员通过劳动教育，把他们改造成为自食其力的劳动者。

这一阶段，还出现了残疾人习艺所、贫民疗养所、贫民幼儿园、贫民福利食堂、退休人员公寓等新办福利事业。国家大力提倡和积极扶持企事业单位、城市街道和农村乡镇，兴办敬老院、老人院等集体福利事业，鼓励社会福利团体依靠社会力量兴办福利事业。

20世纪80年代以来，我国进行了社会福利事业的改革，依靠社会力量，多层次、多渠道、多形式兴办福利事业，逐步形成了以国家举办的福利事业为骨干，以集体福利事业和社区服务为发展方向，以家庭自我保障为基础的具有中国特色的社会福利事业体系。这一时期的社会福利事业主要包括四个方面：

一是政府办的社会福利事业。由各级政府投资兴建，包括社会福利院、养老院、老年公寓、儿童福利院、孤儿学校、精神病疗养院等福利事业单位，以及各种康复机构、盲人学校、聋哑人学校、弱智学校等特殊教育机构，残疾人职业培训中心、盲人按摩医院，以及中国SOS儿童村、伤残人奥运会、弱智人奥运会等国际合作的福利项目。

二是农村乡镇敬老院。指依靠乡镇集体统筹兴建、管理，收养农村"五保户"的福利服务机构。

三是企事业单位、机关、学校、社会团体及个人兴办的各种福利服务设施与机构。

中国社会福利有奖募捐首日发行（纪念封）

四是社区服务机构。以城市街道、居委会为依托，依靠社会力量兴办的实行自负盈亏管理的社区型社会福利设施和社会服务网络，包括街道办敬老院、托老所、老年庇护所、老年活动中心、社区福利工厂（组）、精神病人工疗站、心理咨询辅导站、残疾人社区康复中心，以及残疾儿童寄托所、弱智儿童启智班等。

2014年9月，民政部印发意见，规范生父母有特殊困难无力抚养的子女和社会散居孤儿收养工作。据了解，当年全国有孤儿57万人，病残儿童有500多万人。我国在地市级设立了400多所儿童福利院，在800多个综合社会福利中心设有儿童部。对查找不到监护人、监护人无力抚养和未被家庭收养的孤儿、弃婴，采取分散与集中相结合的养育方式，进行养育托底。鉴于福利机构集中供养不是最佳养育方式，家庭更富有亲情，对于孩子健康人格形成更具优势，因此，民政部鼓励家庭收养、寄养、助养等多种方式，要求各地政府将扶助政策落实到位，家庭负起责任，不能把病残儿童一弃了之。

创建于1986年的天津SOS儿童村，以收养孤儿、类孤儿和事实孤儿为主，提出"不让一个孩子孤独，为折翼的天使提供一个有爱的家"的口号。经过30多年发展，儿童村拥有先进科学的国际化家庭教育模式，包括无私奉献的专业"妈妈"，良好的软硬件环境和温馨和谐的家庭氛围。2018年6月23日，是全国SOS儿童村首次社会开放日。预计到2019年年底，天津SOS儿童村还将收养300个左右失去家庭关爱、监护缺失的困境儿童。儿童村希望更多的孤儿和困难儿童来到这个家，让折翼的天使们在政府的关怀和支持下，在"村长"、"妈妈"、阿姨及全体员工的通力配合和关爱下，健康茁壮地成长。

改革开放40年来，我国福利事业不断改革创新，形成以政府为主、社区和社会团体相互补充的社会福利体系；社会福利服务的内容，也由提供基本生存需求发展到老年服务、儿童福利、青年福利、家庭福利、职业与国民健康、住宅与文化娱乐、心理卫生、伤残保护与康复、矫治离轨行为等综合性、多样化的服务；由消极的补救性服务，发展成为积极的预防与发展服务；由提供临时紧急服务，发展到运用社会工作的知识、技术和方法提供专业服务；由针对个别人的服务，发展到全民福利服务。

二、身残志坚

残疾人是指在心理、生理、人体结构上，由于某种组织、功能丧失或者不正常，全部或者部分丧失以正常方式从事某种活动能力的人。这一定义与联合国、世界卫生组织和其他国家是一致的。

1975年12月，联合国大会通过了《残疾人宣言》；1979年12月又决定把1981年设立为"国际残疾人年"，并通过开展相应活动计划的决议。设立"国际残疾人年"的目的是保证残疾人问题能够列入联合国机构的日常工作，以实现残疾人的充分参与和平等。中国为此专门成立了国际残疾人年中国组织委员会，于1981年4月和7月组织了多种形式的纪念活动。1981年11月10日，邮电部发行《国际残疾人年》纪念邮票，全套1枚。

邮票的主图为绿色的地球，象征着和平与希

国际残疾人年

望。地球上两枝橄榄叶环绕拥抱着残疾人联合会会徽。下面是黄、白、黑三种肤色的手，象征世界上不同肤色的人民。三只不同肤色的手高高托起，象征世界各国的残疾人渴望充分参与社会生活和享有平等地位的要求。主图上端有"国际残疾人年"的字样环绕地球。白底色的背景将主体图案和主题文字衬托得更加鲜明。整幅邮票外方内圆，结构和谐。

残疾人是一个特殊的群体，他们在社会生活中往往处于某种不利的地位。《残疾人保障法》等法律做出相应的规定，是为了调节由于社会补偿条件不足，给残疾人带来的某些事实上的不平等现象，为他们创造一些补偿条体，减轻或消除残疾影响和外界对他们的障碍，保障他们平等参与权利的实现。比如给肢体残疾人修一个波道、在十字路口给盲人设一个音响指示器等。这样既不损害其他公民的利益，又能达到使残疾人平等参与社会生活的目的。

到1984年，在中国10亿人口中，有2000万残疾人。为了解决残疾人的就业问题，中国各级政府根据残疾人的不同特点，创办了福利工厂一万多个。1984年3月，中国政府成立了中国残疾人福利基金会，为残疾人服务，以使残疾人走向社会、参与社会，与全国健全人一起为振兴中华而努力。

1985年3月15日，邮电部发行《中国残疾人》

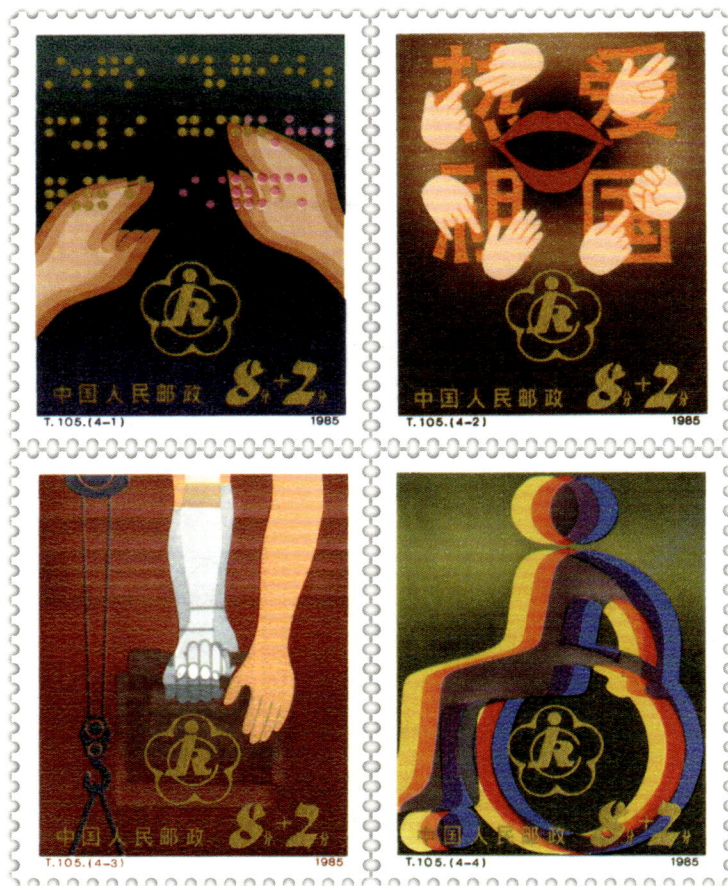

（4-1）盲文（4-2）哑语
（4-3）假肢（4-4）轮椅

邮票，1套4枚。这套邮票是中华人民共和国发行的第二套附捐邮票。

（4-1）《盲文》。画面上的内容为"中国残疾人福利基金会成立一周年"的点状盲文。画面上的双手正在移动着摸索盲文，被摸过的盲文为金色亮点，表示盲人已经知晓内容；尚未摸到的字点则为浅紫色。为了使手不遮住后边的盲文而造成字意缺损，图画采用装饰性手法，把盲文处理在挪动的双手上面，既不影响造型完整，又不妨碍内容表达。

（4-2）《哑语》。哑语是聋哑人的社会交际工具之一。哑语有手势和指语两种方式。手势语用手势和表情直接表达思想，比较形象。手指语用指式代表字母，若干指式连接起来可以拼成词句，与书写有声语言的文字类似。手指语又分为单指语和双指语，用双指语更加方便，两手一举

就是一个字。图案中采用的就是双指语。画面上将"热爱祖国"四个字作底纹，用相应的指语重叠在字上。因为哑语是以手代口，画面中又把嘴画在中间，使字、手语和嘴三者有机地联系在一起，直观地给人以联想。

（4-3）《假肢》。肢体损伤残疾人安装假肢后，可以在一定程度上恢复正常肢体的功能，重新参与社会工作。画面上出现了3种提拉物件的工具：卷扬机、假肢和手。图中的假肢称"双自由度机电手"，这种假肢可以自由地向左右边运转达３６０度，既可提拿物件，也能握笔写字。画面上，假肢正在练习提拿石锁并已将石锁提上来；右边的手呈保护姿态。左边为吊车的局部图，寓意着假肢的力量和功能。

（4-4）《轮椅》。轮椅是截瘫患者行走的重要工具，也最能代表残疾状态。画面用三色叠喷的方法绘制而成，坐轮椅者形成一种简化的图案，并呈现出向前行进的动态，表现出残疾者顽强不屈的精神。

设计者采用抽象的表现手法，反映残疾人的不同特点和中国残疾人自信、自勉、自立的进取精神。在这套邮票每一枚的下方，都有一个残疾人基金会的梅花形会徽，其中心图案以"残疾人"的汉语拼音字头C、J、R组成。J与R组成一个"人"，C象征车轮。梅花以五个连接的"人"字组成，象征残疾人生活在人们中间，得到理解和尊重。梅花的盛开意味着希望，象征着残疾人福利事业的兴旺发达。

我国正处于社会主义初级阶段，人口多、底子薄。残疾人事业必须从这一国情出发，与经济社会的发展相适应，既要缩小差距，又不能超越现实。针对残疾人迫切而又可能满足的基本需求，着眼于残疾人潜能的发挥，重点抓好抢救性的康复工程、社区和家庭训练、残疾儿童义务教育、劳动就业、扶贫解困等受益面广、适用易行、花

钱少、见效快的工作，给残疾人带来实实在在旳利益。同时，左残疾人事业的业务体系、组织工作体系、政策法规体系、思想理论体系和环境条件等方面打好基础，为残疾人事业的长远发展创造条件。

1990年12月28日，第七届全国人大常委会第十七次会议审议通过了《中华人民共和国残疾人保障法》（1991年5月15日开始实施）。其中第四十八条规定，每年5月第三个星期日，为全国助残日。全国助残日是中国残疾人的节日。全国助残日活动从1991年开始进行。

每年一次的全国助残日活动，动员了从中央到地方的各级领导及数以亿计的群众参加，形成了强劲的声势和规模，为众多残疾人提供了切实可行的帮助和扶持，有力地推动了残疾人事业的发展，其意义广泛而深远。

改革开放以来，特别是中国残联成立十多年来，我国残疾人事业走过了不平凡的历程。国家为发展残疾人事业、改善残疾人状况采取了一系列重大措施，包括进行首次全国残疾人抽样调查，摸清了基本状况；颁布残疾人保障法和残疾人教育条例；制定实施残疾人事业的三个五年计划和残疾人扶贫攻坚计划；设立政府残疾人工作协调机构；建立新型、统一的残疾人组织；开展残疾人自强活动；进行宣传和公众教育，倡导文明的社会风尚；发展残疾人领域的国际交往等等。

"十一五"时期（2006—2010）是我国残疾人事业发展较快、残疾人得到实惠较多的5年，残疾人社会保障和服务体系建设加快推进。

（1）残疾人生存和发展状况明显改善。全国有1037.9万名残疾人得到不同程度的康复；新安排城镇残疾人就业179.7万人次，累计扶持农村贫困残疾人解决温饱618.4万人次，通过参加生产劳动增加收入的农村残疾人达1749.7万人，接受各种形式社会救助的城乡残疾人达5861.3万人次；残疾少年儿童义务教育入学水平明显提高，3.5万多名残疾人考生被高等院校录取。

（2）残疾人社会保障体系和服务体系建设扎实推进。残疾人康复服务机构达到1.5万个，特殊教育学校达到1704所，残疾人职业培训机构达到4704个，就业服务机构达到3019个，法律服务机构达到3231个，残疾人综合服务设施网络初步建立。全国有55.9万名残疾人专职委员活跃在城乡社区；完成了第二次全国残疾人抽样调查，制定残疾分类分级国家标准，残疾人基层基础工作得到了加强。

（3）残疾人事业发展的社会环境更加和谐。成功举办了北京残奥会、上海特奥会和广州亚残运会等重大活动。上海世博会首设残疾人主题馆，扩大了残疾人事业的影响。中国残疾人艺术团在国内外演出700多场，特殊艺术魅力享誉世界。这些文化体育活动推动了社会精神文明进步，营造了扶残助残的浓厚社会氛围，为残疾人事业发展创造了更加和谐、有利的社会环境。

（4）残疾人事业国际影响日益扩大。积极参与联合国《残疾人权利公约》的制定，成为率先签署和批准加入公约的国家，并于2010年提交

第二届全国残疾人抽样调查（邮资片）

广州2010年亚洲残疾人运动会（首日封）

了首次国家履约报告，全面阐述了我国在残疾人人权保障方面的基本原则和立场，介绍了加快推进残疾人社会保障体系和服务体系建设取得的成效，展示了我国在保障残疾人生存权和发展权方面的巨大进步，在国际社会树立了我国社会发展和文明进步的良好形象。

2006年4月1日零时，我国进行了第二次全国残疾人抽样调查。调查分别在全国31个省、自治区、直辖市（未包括香港、澳门和台湾地区）进行。根据调查数据推算，中国各类残疾人总数为8296万人，占全国人口总数6.34%。各类残疾人的人数及其占残疾人总数的比重为：肢体残疾2412万人（29.07%），听力残疾2004万人（24.16%），视力残疾1233万人（14.86%），言语残疾127万人（1.53%），精神残疾614万人（7.40%），智力残疾554万人（6.68%），多重残疾1352万人（16.30%）。

在党和政府的关怀、领导下，经过各地区、各部门、社会各界以及广大残疾人和残疾人工作者的共同努力，我国残疾人事业取得了历史性的进展和举世瞩目的成就。

（1）残疾人状况明显改善。416万名残疾人得到不同程度的康复，其中211万白内障患者重见光明，9万名聋儿开口说话，60万名小儿麻痹后遗症患者经矫治手术改善了功能，87万名重症精神病患者经社会化、开放式、综合性防治，解除关锁，融入社会，14万名智力残疾儿童通过康复训练，增强了认知和自理能力。

盲、聋、智障儿童入学率由6%提高到64.3%，残疾人职业教育快速发展，150万名残疾人得到职业技能培训，高级中等以上特殊教育起步，改革现行盲文，推广中国手语。集中与分散相结合，多渠道扶持残疾人就业，就业率由不足50%提高到73.3%，盲人按摩人员由4千人发展到2万余人。

普遍进行的扶贫以及残疾人专项扶贫，扶持800多万名贫困残疾人解决温饱，通过社会保障使600万名残疾人得到温饱。在残疾预防方面，国家通过计划免疫消灭了脊髓灰质炎；控制遗传因素致残；全民食盐加碘，并为9000多万名孕妇、2岁以内婴幼儿等特需人群补用碘油丸，减少了残疾发生。

（2）残疾人事业走上法制轨道。保障残疾人合法权益以《残疾人保障法》为基础，辅以行政法规、地方法规和扶助规定，确认残疾人的权利和义务，规范公民的行为，确定政府和社会各界的责任，明确残疾人事业各领域的指导原则和工作方针，使残疾人事业走上法制轨道。通过法律宣传、执法检查、法律服务和法律援助，保障残疾人的权利在事实上得到实现。

（3）社会对残疾人的观念发生深刻变。残疾人不再被称为"残废人"。人们尊重他们的权利，肯定他们的能力，歧视与偏见大为减少，全社会更加重视残疾人事业。普遍开展红领巾助残、青年志愿者助残、"一助一"送温暖等多种形式的活动，全国助残日活动持续开展，各级领导和数以亿计的群众参加。公共文化场所为残疾人提供方便和服务，大众传媒开设残疾人专题（栏），残疾人参与社会生活的环境大为改善。

（4）残疾人自强不息贡献社会。广大残疾人"自尊、自信、自强、自立"，在各条战线上为祖国建设做出了贡献，创造了可歌可泣的业绩。残疾人艺术团出访多个国家，残疾人在重大国际体育赛事中获得1291枚金牌。国家和地方政府表彰了一大批残疾人自强模范。

2008年9月6日，中国邮政发行《北京2008年残奥会》纪念邮票，全套2枚。

残疾人事业是多学科、跨部门、业务广泛、综合性很强的社会事业，必须以政府为主导，各方协调运作。《残疾人保障法》颁布以来，政府将残疾人事业纳入国民经济和社会发展计划，兼顾特性，统筹安排，同步实施，协调发展；政府残疾人工作协调机构发挥综合协调作用，有关部门各司其职，社会各界广泛参与，形成了各尽其

广州2010年亚洲残疾人运动会

责、密切配合、齐抓共管、协调运作的工作机制，有效地推动了残疾人事业的发展。

与此同时，建立了定位合理、职能得当的新型残疾人组织，并充分发挥其作用，使其符合机构改革的方向，适应客观需要，推进了残疾人事业。残疾人是残疾人事业的主体，发挥他们的主观能动性，唤起参与意识，激励奋斗精神，发掘自身潜能，促进残疾人创造社会财富、实现人生价值。

2010年9月3日，中国邮政发行《广州2010年亚洲残疾人运动会》纪念邮票，全套1枚。

我国残疾人事业的做法和成就受到海内外的广泛赞誉。联合国和有关国际组织授予我国"联合国残疾人十年特别奖"等十余个奖项。经过探索与实践，我国残疾人事业由小到大，由点到面，从较低的起点走上了一条适合国情、具有特色、系统发展的道路。

在康复方面，实施白内障复明、小儿麻痹后遗症矫治和聋儿听力语言训练计划；在教育方面，大力发展特殊教育和职业技术教育，对接受义务教育的残疾学生免收学费；在劳动就业方面，我国实行对城镇残疾人按比例就业制度。

对残疾人福利企业和个体开业的残疾人减免税收，对残疾个人从事劳务、修理、服务性业务取得的收入免征营业税，对残疾个人从事商业经营的，如果营业额较小，纳税后生活有困难的，

（2-1）北京2008年残奥会会徽
（2-2）北京2008年残奥会吉祥物

118

邮票上的民政事业——献给新中国成立七十周年
Civil Affairs on Postage Stamps—Dedicated to the 70th Anniversary of the Founding of the People's Republic of China

可由省、自治区、直辖市税务局给予定期减免税照顾。

银行在信贷上也给予优惠,海关对残疾人组织和个人专用物品实行进出口减免税制度。此外,在农村减免残疾人困难户的义务工和农业税,开展康复扶贫;盲人免费乘坐市内公共电、汽车;盲人读物邮件免费寄递;逐步广泛推行无障碍设施等等。

为了不让残疾人缺失任何福利,国家和社会帮助安排盲、聋、哑和其他残疾人的劳动、生活和教育。如残疾人福利企业,就是政府为安置具有一定劳动能力的残疾人劳动就业而兴办的、具有福利性质的企业。民政部会同有关部门着力加强资金保障,完善服务供给,促进产业发展,不断满足残疾人日益增长的福利服务需求。

据统计,2010年,全国城镇实际在业残疾人数441.2万人,1749.7万名农村残疾人稳定实现就业。尽管残疾人就业取得了很大的进步,但与健全人相比,残疾人的就业率和就业水平仍偏低,需要各界继续给予更多的关注。

2011年5月15日是第二十一次全国助残日,主题为"改善残疾人民生,保障残疾人权益"。中国残联在北京宣布,全面启动"城镇百万残疾人就业工程"。

"城镇百万残疾人就业工程"对残疾人就业情况进行实名制统计管理,为新增就业残疾人建立台账,实行动态管理;完善残疾人就业援助制度;进一步加强残疾人职业教育和职业培训,全国挂牌成立残疾人职业培训基地1000家;加快推进残疾人就业服务机构规范化建设;同时加大资金投入,广泛开展残疾人职业培训,给予残疾人岗位补贴、社会保险补贴,扶助残疾人就业。

就业是残疾人全面参与社会生活的基础;是实现自身权利和人生价值的必要条件;是提高残疾人自身素质、参与社会活动、分享社会进步成果的途径。残疾人劳动权利的实现还是国家和社会的责任,对于稳定社会秩序,促进社会发展有着重要意义。改革开放以来,我国在促进残疾人就业方面,积极发挥政府和社会的主导作用,通过多渠道、多层次、多种形式促进残疾人就业。

"十二五"期间,中国残联依法全面推进按比例安排残疾人就业;落实集中安排残疾人的用人单位税收优惠政策,稳定残疾人集中就业;扶持残疾人自主创业和个体从业;开发公益岗位,以社区为重点拓宽就业渠道;探索残疾人辅助性就业,扶助盲人按摩行业发展等途径,实现全国城镇新增残疾人就业100万人,同时建立起保护和促进残疾人就业的政策法规体系和长效工作机制。

2016年,民政部出台《关于贯彻落实残疾人两项补贴制度有关政策衔接问题的通知》,惠及1000余万困难残疾人和1100余万重度残疾人,年发放资金约250亿元。2017年又出台《关于加快精神障碍社区康复服务发展的意见》,提出要加大政府投入,通过购买服务等方式,鼓励和引导社会组织开展精神障碍社区康复工作,大力推进服务主体多元化、服务形式多样化。

2017年12月31日,中国邮政发行《北京2022年冬奥会会徽和冬残奥会会徽》纪念邮票,全套2枚。其中第2枚为《北京冬残奥会会徽》。

即将于2022年在我国北京、张家口两地举办的冬残奥会,是我国残疾人运动员施展才华的一次大好机会,同时也将推动奥林匹克精神在我国的广泛传播,促进我国残疾人运动竞技水平的提高。

截至2018年年底,我国有智障与精神病人福利机构(含复退军人精神病院)236家,床位数8.8

北京冬残奥会会徽

万张，职工数近3万人，年末在院人数7.2万人，特困人员、流浪乞讨及贫困人员中精神障碍患者的机构康复服务需求得到进一步保障。

根据规划，我国到2020年将重点建设一批残疾人康复、托养及综合服务设施，显著提升服务水平，增强兜底保障能力，逐步形成特色鲜明、布局合理、方便可及的残疾人服务体系。推动县级残疾人康复、托养和综合服务设施三者有其一，实现县级残疾人服务设施基本覆盖，每个省、自治区、直辖市都建有一所专业化的残疾人康复设施，地市都建有一所专业化的残疾人康复设施或残疾人托养设施。

2018年5月20日，中国邮政发行《全国助残日》纪念邮票，全套1枚。这是全国助残日设立以来，中国邮政首次发行全国助残日主题的纪念邮票。

邮票主图以残疾人标识为主要元素，白色的标识和色相渐变的爱心图案，象征残疾人事业的

全国助残日

纯洁、美好，突出全社会关爱残疾人的主题。爱心背景上有八种助残标识，按顺时针分别为无障碍标识、手语、助听、信息、盲文、医药护理、手推轮椅、导盲（聋）犬，体现残疾人平等参与社会、共享发展的理念。整体寓意改革开放40年，特别是中国残疾人联合会成立30年以来，中国残疾人事业的蓬勃发展。

三、乐善好施

100多年前，我国近代慈善事业的先驱张謇在创办南通医院时，曾题词"祈通中西，以宏慈善"。2016年9月，中华慈善博物馆在张謇所办大生纱厂旧址上建成，馆训墙上就写着"祈通古今，以宏慈善"。

博物馆的展柜里，展示了两张1992年"希望工程"的捐款收据，署名为"一位老共产党员""一位老党员"。经过工作人员多方查证，确认捐款者就是我国改革开放的总设计师邓小平同志。这两笔捐款，后来由中国青少年发展基金会捐献给广西革命老区——百色地区的失学孩童。邓小平当年曾经在那里战斗过，并发动了著名的百色起义，创建了红七军。

慈心为人，善举济世。中华人民共和国成立后，民政部门开展了对灾民和孤儿、孤寡老人、残障人等困难民众的救济救助，包括张謇在内的传统慈善文化，得到更为广泛的传承。

1. 中国慈善思想源远流长

中国古代慈善家　范蠡

《孟子》云"君子莫大乎与人为善"。中国自古就有乐善好施、恤老慈幼、扶贫帮困的传统，这也是中国人约定俗成的道德规范。

从先秦诸子百家到后来的佛教、道教，对慈善都有过精辟的阐述。如儒家讲"仁爱"，佛教讲"慈悲"，道教讲"积德"，各家流派在表述上虽不尽相同，但义理相近，都蕴含着济世救人、福国利民的思想。这些思想在历史的长河中积淀、凝结成一种乐善好施的观念和行为，成为中华传统美德的一部分。

在这种观念的影响下，中国历代慈善之举层出不穷。以"先天下之忧而忧，后天下之乐而乐"闻名于世的范仲淹首创义庄，不仅开宋代义庄之风气，成为历代义庄之典范，而且成就了他在中国慈善史上的崇高地位。"唐宋八大家"之一的苏轼任杭州太守时创设病坊，任密州太守时收养弃婴，任黄州太守时成立救婴组织，可谓"为官一任，慈善一方"。隋唐时期的仓廪制度，两宋时期的福田院和居养院、安济坊和惠民药局，明清时期的养济院和普济堂，都在中国慈善史上写下了光彩的一页。

中国近代慈善事业的兴起，以西方教会慈善活动的介入以及中西慈善文化的冲突和融汇为标志。在激烈跌宕的社会变迁进程中，由旧趋新，兼纳中西，最终形成了顺应时代要求，又具有崭新内涵的慈善事业。民国时期由于战乱频仍，战后疫疫发生和蔓延，使人们挣扎在死亡边缘。政府和民间慈善团体为此开展了一系列慈善救济活动，特别是灾荒和兵灾救济以及慈善医疗。红十字会以"博爱""恤兵"为宗旨，拯救受伤兵民，安顿流离难民，发挥了巨大的社会功用。熊希龄、张謇等实业家几乎将全部家财捐赠给慈幼事业，充分体现了乐善好施、济人贫苦的传统美德，不仅惠及当时社会，而且对后世影响深远。

抗战时期，数以千万计的民众被迫流离失所，救济难民成为慈善事业最重要的内容。许多民间慈善团体对难民特别是逃难的儿童，给予了相当多的救济和帮助，使难民们得以在战火中幸存。战时设立的慈善医院、慈善学校、慈善工厂或习艺所，实施"以工代赈"工程，把实物救济和劳务谋食相结合，取得了巨大的成效。

中华人民共和国成立后，对弱势群体的救助仍是慈善救济的主要内容。贫苦市民、无固定职业而临时出卖劳动力者、经营难以维持生计的小摊贩、失业店员和手工业者、丧失劳动能力的孤寡老弱病残构成了中华人民共和国成立初期的弱势群体，政府和社会各界根据实际情况对他们进行了经常性或临时性的救济，采取诸如收容教养、补助安置、群体互助和政府救助的形式，使老残无靠等弱势群体的衣食有了着落，生活逐步安定下来。这一救济政策的实施也有助于巩固新生的人民政权。

由于当时暴风骤雨般的阶级斗争，许多民国年间创办的慈善机构处于瘫痪或解散状态。1950年，政府将救济福利事业提上日程，对旧有的慈善机构进行接收和改造，并新建了一些社会福利机构，颁布了相关法规。社会主义改造完成后，慈善事业基本由政府包办，民间慈善事业的独立地位被否定。"文革"时期，慈善事业更是被当作"旧社会统治阶级麻痹人民的装饰品"而屡遭批判。慈善事业由此陷入停滞，几近销声匿迹。

2. 慈善事业随思想解放而复兴

慈善事业是以社会成员的慈善心为道德基础，以社会成员自愿捐献的款物为经济基础，对社会中遇到灾难或不幸的人，不求回报地实施救助的一种社会公益事业。慈善事业通常在政府的倡导、帮助和扶持下，由民间团体和个人自愿组织与开展活动，是政府主导的社会保障体系的一种必要补充，实质上也是社会再分配的一种实现形式。不但起着安老助孤、扶贫济困的作用，而且起着疏理社会人际关系、缓解社会矛盾、稳定社会秩序的作用，既是社会利益的调节器，也是和谐社会的重要力量。

1978年5月，《光明日报》发表特约评论员文章《实践是检验真理的唯一标准》，引发了关于"真理标准问题"的大讨论，掀起了一次思想解放运动，社会开始出现相对自由的活动空间。

1978年年底，中共十一届三中全会胜利召开。随着党的"解放思想，实事求是"的思想路线的确立，对极左思潮的清算和拨乱反正工作的开展，政治空气逐渐和缓，改革开放全面展开，经济开始快速发展，从而使慈善事业的复兴具备了条件。

1981年7月，中国儿童少年基金会成立。以此为起点，我国慈善事业开始解冻，并逐步走向复苏。第一批具有公益慈善性质的全国性基金会纷纷成立，客观上为慈善事业的复兴与发展打下了基础。但由于起步晚、底子薄、阻力大，各种慈善机构发展较为缓慢，救济方式也比较落后，大多是在政府扶持下兴办，采用官办或半官办的

希望工程实施十周年

邮票上的民政事业——献给新中国成立七十周年
Civil Affairs on Postage Stamps—Dedicated to the 70th Anniversary of the Founding of the People's Republic of China

122

管理模式。

随着改革开放和现代化建设事业的推进，我国慈善事业得以加快发展。各地慈善机构发动和依靠社会各界力量赈灾救难，帮助社会上遭遇不幸的个人和困难群体，特别是那些因产业结构调整出现的新弱势群体，如农村特困户、城镇下岗职工等，开展了形式多样的慈善救助活动，体现了"乐善好施"的人文精神和传统美德。

1989年10月，由团中央、中国青少年发展基金会发起的"希望工程"正式实施，旨在帮助贫困地区失学儿童重返校园及改善乡村办学条件，得到海内外各界人士的大力支持和广泛参与。至1999年6月底，"希望工程"共筹集捐款17.8亿元，资助儿童200多万名，捐建"希望小学"7500所，成为我国社会参与最广泛、最富影响的民间公益事业。

1999年10月30日，中国邮政发行《希望工程实施十周年》纪念邮票，全套1枚。

1993年1月8日，中华人民共和国成立后第一个以"慈善"命名的慈善组织——吉林省慈善会（今吉林省慈善总会）成立。

1994年2月，《人民日报》发表《为慈善正名》的社论，开始褪去裹挟"慈善"的污名化外衣，让"慈善"公开重返政治舞台和公众视野。同年

4月，全国第一个综合性慈善机构——中华慈善总会成立，标志着现代慈善理念开始在中国树立。

中华慈善总会创立后，民间慈善机构（包括省级慈善机构和地方性慈善机构）纷纷建立，各种慈善活动频频举办。我国的慈善事业进入到了一个新的发展期，并沿着非政府化、法制化、专业化、普及化的方向向前迈进。

1998年夏季，长江、嫩江、松花江流域爆发历史罕见大洪水。中央电视台、中国红十字总会、中华慈善总会联合举办大型赈灾义演晚会，向全国及海外直播，募集到海内外各界捐款、捐物总计6亿多元，慈善事业的功能作用得以充分显现。

1999年6月，第九届全国人大常委会第十次会议通过了《中华人民共和国公益事业捐赠法》，把中国慈善事业上升到法律的高度，在中国慈善史上具有重要意义。

2004年9月，党的十六届四中全会提出了要健全社会保险、社会救助、社会福利和慈善事业相衔接的社会保障体系，构建社会主义和谐社会的目标。慈善事业第一次被写入中共中央文件。同年12月，印度洋发生地震海啸。中国慈善组织迅速组织民间救助行动，共收到捐赠款物近7亿元，开启了中国民间捐赠参与国际灾难援助的先河。

2005年3月，第十届全国人大三次会议的政府工作报告中，首次出现"支持发展慈善事业"的提法，这是慈善事业第一次被写入政府工作报告。2007年6月，中国第一家由互联网企业发起成立的基金会——腾讯公益慈善基金会成立。

2008年中国重大自然灾害频发，激发了社会各界空前的慈善捐助热潮，捐赠总额达1070亿元人民币，个人捐赠首次超过企业捐赠，以至于当年被称为"中国民间公益元年"。

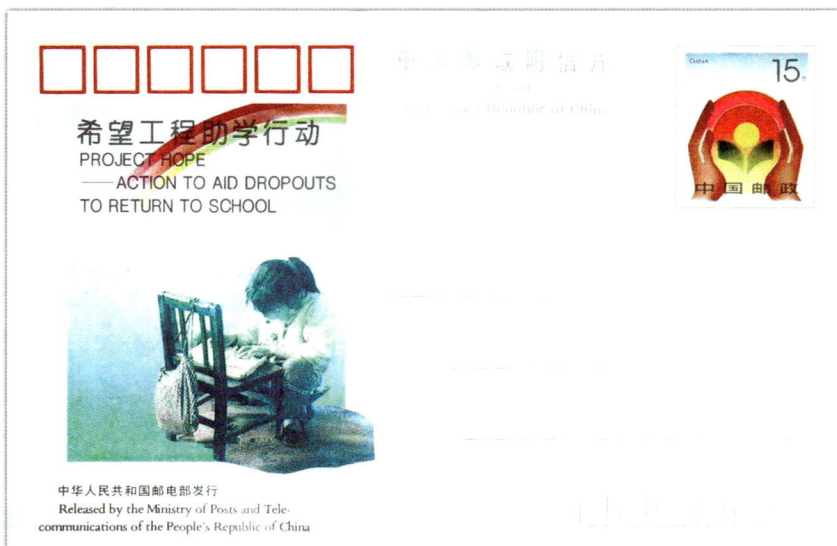

希望工程助学行动（邮资片）

2011年4月，民间慈善人士邓飞联合500名记者、国内数十家主流媒体和中国社会福利基金会发起免费午餐基金公募计划，倡议每天捐赠3元，为贫困学童提供免费午餐。免费午餐致力于帮助中国儿童免于饥饿，健康成长，希望通过若干年的努力，使免费午餐成为中国儿童的基本福利，大规模改变中国乡村儿童营养状况。该计划在一定程度上促成了国家启动农村义务教育学生营养改善计划。

2012年7月12日至14日，首届中国公益慈善项目交流展示会在深圳举行，成为当时全国最大规模的国家级、综合性的公益项目集中展示会。

2013年4月，四川芦山发生7.0级地震，大北公益慈善组织参与雅安地震紧急救援和灾后重建工作，标志着中国有序、有效、专业、可持续、平等互助的社会力量参与救灾的应急与联合机制正在成型。

2014年10月，党的十八届四中全会明确提出，要完善慈善等方面的法律法规，使中国的慈善立法在"长跑"近10年之后进入"快车道"。而此前两个月举办的呼吁公众关注ALS的"水桶挑战赛"传至中国，以其创新性、娱乐性、互联网化等特征，刷新了公益慈善的刻板面貌，宣告了"公益2.0"时代的到来。

2015年11月，首家由中美慈善家创建的国际性公益学院——深圳国际公益学院正式成立，填补了我国独立公益慈善教学专门学院的空白。

2016年3月，第十二届全国人大四次会议通过《中华人民共和国慈善法》（以下简称《慈善法》），并于同年9月1日起实行。这是我国慈善事业建设第一部基础性法律。随着《慈善法》配套体系的进一步细化和深化，地方制定法规以促进《慈善法》实施的进程也在加速。

人有悲欢离合，月有阴晴圆缺。目前我国还有8000多万名残疾人、2亿多名未成年人、700多万名农村留守儿童、2亿多名在城镇务工的农民工，还有不断增长的心理疾病、精神疾病、艾滋病患者等等，需要政府和民间慈善组织给予特殊关怀和照顾。

即使到2020年我国全面建成了小康社会，消除了绝对贫困现象，但济困、扶老、救孤、恤病、助残、优抚的任务仍然十分艰巨。各种困难群体、特殊群体对服务的需求越来越多，要求也越来越高。聚焦群众关切，解决群众各种困难，是党和政府的责任，慈善组织也不能袖手旁观。各级慈善组织将发挥自身优势，在保障民生、为困难群体提供社会服务方面做出新的更大贡献。

正如习近平同志在担任浙江省委书记时所说，树立慈善意识、参与慈善活动、发展慈善事业，是一种具有广泛群众性的道德实践。无论是个人还是组织，无论是贫穷还是富裕，不管在什么条件下，不管做了多少，只要关心支持慈善事业，积极参与慈善活动，就开始了道德积累。各类组织和各界人士积极加入到这一爱心事业中来，人人心怀慈善，人人参与慈善，我们的社会一定会更加文明、更加和谐。

3. 福建慈善救助在行动

福建向来就有行善的优良传统与流芳史册的善人，从古时的朱熹到近现代的陈嘉庚，从清代的义仓、义塾到现代的基金会、慈善会，福建慈善以闽商为主导，传承和播布中华传统美德。

2011年5月，河仁慈善基金会举行成立仪式。福建民营企业家、福耀集团董事局主席曹德旺向基金会捐赠了个人持有的3亿股福耀玻璃股票（其时价值35.49亿元人民币），开创了中国基金会在资金注入方式、运作模式和管理规则等方面的先河。2016年，为响应国家精准扶贫号召，河仁慈善基金会深入贵州、湖北、福建三省，计划3年投入9000万元，帮助32个贫困村开展联村帮扶公益脱贫。除了助学、扶贫、济困、救灾等传统项目，还涉及湿地保护、古文物保护、健康饮水、产业扶贫等方方面面，并且扶贫方式从"输血"向"造血"转变。

2012年，胡润研究院发布"慈善榜"。胡润表示，福建企业家最慷慨，"在1000人的百富榜榜单中，福建籍富豪占6%，但在慈善榜中，闽商比例达到近20%"。闽商热衷慈善除了企业家自身的爱心之外，与闽商较早"走出去"，较早接触到国际慈善理念以及福建地区丰富多样、虔诚笃信的宗教信仰有关，慈善理念也因此成为闽商文化中不可缺少的一部分。

2016年9月1日，随着"兴业信托·幸福一期慈善信托计划"在福建省民政厅行政服务中心完成备案，福建有了新慈善法时代首支备案的慈善信托。

福建省民政厅慈善福利处统计数据显示，至2016年年底，福建省共有各类慈善公益组织521家，全省93个市、县（区）已成立了92个慈善总会，2016年全省慈善总会共募集善款约18.22亿元（含物资折款），比2015年增长约2.03亿元。

近年来，福建省开展的慈善救助工作主要有：

（1）慈善超市。它是中央领导亲自倡导、民政部门组织开展的"送温暖、献爱心"社会捐助工程。2013年12月，民政部出台《关于加强和创新慈善超市建设的意见》，成为全国慈善超市建设工作的第一个综合性文件。各级民政部门积极推进以"慈善超市""爱心家园""扶贫超市"为具体形式的慈善超市建设，在汇集社会捐助、帮扶困难群众、提供志愿服务等方面起到了重要作用。

福建省民政厅积极配合，决定从2015年11月起，各县市（区）至少设立一个慈善超市并开张运营。救助对象主要是民政部门确认的城乡低保对象、低收入群体、农村五保对象、"三留守"人群、遭遇临时性困难等群体。慈善超市运营后，救助的对象可持慈善购物卡到相应的超市购物。

（2）特困人员救助供养。2016年11月，福建省民政厅完善落实特困人员救助供养制度，要求各地按照"城乡统筹、分类定标、适度保障"的思路，科学制定特困人员救助供养标准，不得低于最低比例指标。救助供养标准原则上每年调整一次，对农村特困人员原有五保供养水平采取"就高不就低"的过渡办法。同时，鼓励具备生活自理能力的特困人员在家分散供养，并按委托照料护理协议支付服务费用；优先为生活不能自理的特困人员提供集中供养服务。

（3）"青春同行助孤行动"。2014年6月30日，共青团福建省委、福建省民政厅、福建省青少年发展基金会启动"青春同行助孤行动"，通过捐赠困难资助金、月月赠书、健康成长医疗保险等物资帮扶措施和精神关爱"六个一"志愿活动等，对"事实孤儿"进行帮助。

在社会各界爱心人士、爱心企业的关怀下，截至2016年12月，"青春同行助孤行动"已通过"月月赠书""爱助梦想行动"等活动为全省5790名困难孤儿、"事实孤儿"寄送励志、传记、心理、文学等经典名著、课外书籍，累计送书57564册，总价值超过142万元；为全省1386名困难孤儿、"事实孤儿"发放困难资助金167万余元。2017年4月，福建省青少年发展基会开展"青春同行助孤行动·希望工程1+1"爱心扶贫计划，计划首批资助全省1000名特困"事实孤儿"。

（4）"505"爱心接力。2019年以来，一场代号为"505"的爱心接力在作为全国"救急难"综合试点单位的福建泉港区卷起风暴，数千位贫困群众感受到了来自陌生人的善意和温暖。"505微心愿"系列活动是由当地民政局联合老龄委、慈善总会主办的公益活动。在活动中，贫困家庭写下自己微小的心愿，社会爱心人士可以挑选并认领这些心愿，在志愿者的协助下为许愿人带去圆梦时刻。

当地还在"505微心愿"基础上进行延展，探索人人公益的模式，开展了"505微心愿，爱心转转转——救急难公益义捐平台"以及针对留守儿童的"糖果屋"等活动，动员社会力量广泛参与到公益慈善中。

四、阳光慈善

扶贫济困、乐善好施是中华民族的传统美德，践行公益、传递爱心是现代社会的基本价值。从汶川地震掀起全民慈善浪潮，到"3元免费午餐"激起爱的涟漪，改革开放以来尤其是进入21世纪以后，慈善的风气逐步形成，以慈善组织为代表的各类慈善力量迅速发展壮大，社会慈善意识明显增强。每个单位、每个组织、每一个人都在传递爱心、参与慈善。如深圳歌手丛飞，一生参加了400多场义演，他把自己的全部收入几乎都捐给了需要帮助的人。

1. 依法行善带来阳光慈善

2009年年初，上海市公布市民参与慈善万人问卷调查结果，调查样本覆盖上海市19个区县，采用街头拦访、入户访问等方式。调查问卷分为慈善参与、慈善意识与期望、对慈善机构的认知与评价以及对慈善事业的认知与评价四大部分。调查显示，慈善正成为广大上海市民的一种共同选择，97%市民近两年都有捐款，人均捐款次数3.9次，捐款数额以数百元居多。

2011年7月，民政部发布了《中国慈善事业发展指导纲要（2011—2015年）》，并对我国慈善事业发展中出现的一些新特点进行了总结：一是慈善捐赠主体多元化，社会慈善意识提升，来自公众的个人捐赠近年来呈稳步增加趋势，捐赠主体由企业逐步转向个人；二是慈善捐赠标的日趋多样性，不限于现金，已经扩大到股权、有价证券、知识产权等经济发展的新产物；三是慈善方式层出不穷，传统慈善方式以捐款捐物为主要表现形式，如今出现捐时间、捐服务、捐思想、捐点子等多种形式，并出现了网络捐赠、慈善众筹、社区动员、慈善信托等新型慈善方式。

随着经济社会的发展，广大民众对慈善组织的公信力、透明度的要求也越来越高。从有关慈善事件引发的舆情就可以看出，但凡影响慈善组织公信力或者不透明的运作，或者亵渎慈善的行为和言论都不被社会容忍。

慈善募捐中存在的"强捐""索捐""诈捐"等问题，慈善组织信息不公开、不透明引发的一系列事件，以慈善的名义敛财、挪借和转移所募款物、关联交易、虚列公益支出、提供捐赠回扣

携手慈善　共创和谐（邮资图）

等问题，影响到慈善的公信力和认可度，需要通过法律法规予以规范和完善。

特别是2011年6月"郭美美事件"之后，我国的慈善事业遭遇极大的公信力危机。从那以后，公众有种"一朝被蛇咬十年怕井绳"的感觉，在参与慈善捐赠时变得小心翼翼。不少人认为，公众并不缺乏善心，缺少的是对慈善组织的信心。因此，慈善组织应该最大限度地公开相关信息，让公众知道每一笔善款的用处。

然而，在现实中，慈善组织即使公布善款明细，公众也往往觉得语焉不详。全国纳入指数的4000多家基金会的FTI（基金会透明标准评价系统）均值仅30多分（满分100分）。公众对慈善组织信息公开的需求日益增长，慈善组织信息公开的现状却与社会公众的期待以及建立社会公信力的要求显现出较大距离。

2014年12月，国务院印发《关于促进慈善事业健康发展的指导意见》，要求"确保慈善组织公开透明，强化对慈善组织的规范管理"。

2016年9月1日，《中华人民共和国慈善法》正式施行，专门对慈善组织的信息公开进行了专章规定，要求建立全方位综合监管体系。民政部迅速联合有关部委出台了14项与《慈善法》配套的政策，从慈善组织认定登记、公开募捐管理、志愿服务，到慈善信托、慈善活动支出、慈善信息公开、慈善财产保值增值等都做出细则规范。

慈善法开启了"依法行善"的法制时代，呼唤社会公众发扬乐善好施、守望相助的传统美德，积极参与慈善活动，对我国慈善事业起了极大的推动作用、引领作用、促进作用、规范作用。

为了把公益慈善事业打造成"玻璃做的口袋"，让公众捐款流向一目了然，2018年7月，民政部印发了《慈善组织信息公开办法》，对慈善组织信息公开的范围、方式、责任和义务等方面均做了明确规定。慈善组织的信息公开程度不仅直接影响到募捐金额，而且有助于引导捐赠人二次捐赠甚至多次捐赠，为慈善组织获取更多社会支持和捐赠资源。

同善济世125载（小型张）

从2016年《慈善法》施行到2018年《慈善组织信息公开办法》公布实施，我国对于公益慈善行业信息公开的要求逐步提高、日趋规范，所有慈善救济的申请、认定和监管都在阳光下进行。截至2018年年底，全国先后有58个慈善组织被列入守信红名单，8个慈善组织被列入失信黑（灰）名单。同时，各级民政部门通过与其他部门联动，让假慈善"一处失信，处处受限"，为慈善事业发展创造更完备的政策环境。

根据中国慈善联合会发布的慈善捐助报告显示，2017年度我国境内接收国内外款物捐赠共计1499.86亿元，相较于2012年的817亿元，增长了83.58%。这表明，随着有关法规政策的发布，慈善组织信息公开意识不断增强，透明度大幅提升，直接推动了社会捐赠的"高歌猛进"。

2. 创新让慈善迸发活力

2009年年初，上海市面向市民的慈善问卷调查中，在被问及除了传统"主渠道"外，还有哪些"最方便"的捐款方式时，14.8%的被访者选择手机短信捐款，6.4%选择网上银行划款，其余选择去慈善机构捐款、银行转账或者邮局汇款、义演现场捐款、参加义卖等方式。与2002年的数据相比，手机短信和网上银行成为最新最受欢迎的捐赠方式。

互联网是迄今为止人类最伟大的发明创造之一。2018年，全球网民人数已超过40亿，到2020年，这个数字预计会增至50亿甚至60亿，互联网已经深刻地影响了世界各国和地区的社会、经济和政治发展，深刻地改变了人类的生产和生活方式。截至2018年年底我国已经有8.29亿网民。近年来，互联网尤其是移动互联网作为普惠性的信息基础设施，已经渗透到人民群众社会生活的方方面面，不仅成为经济社会发展的重要引擎，也成为推动我国公益慈善事业发展的重要力量。

网络慈善活动具有速度快、时效强、易发起、易参与，影响大、传播广等特点。从根本上说，网络慈善、网络公益众筹等活动打破了传统慈善公益活动在时间和空间上的限制，筹款变得高效便捷。与传统慈善活动最大的不同是网络慈善活动让社会全体人员均可参与其中，每个人都可以在上网的同时捐款，提供实打实的帮助。

充满活力的技术进步，正给中国慈善事业带来真正的创新。腾讯、阿里巴巴、新浪等互联网企业创办慈善平台，鼓励普通百姓进行"大众慈善"，同时号召富裕群体开展更大规模的捐赠。网络慈善正逐渐成为慈善公益活动的主要形式。

2015年，中国约有超过2300万人在网上捐过款。当年9月9日，腾讯公益联合数百家慈善组织、知名企业、明星名人、爱心媒体，由中央网信办网络社会工作局、民政部社会组织管理局指导，共同发起一年一度的全民公益活动。"99公益日"成为中国首个互联网公益日。通过网络传播，"99公益日"成为我国参与人数最多、影响力最广、场景最多元的全民公益行动日。

《中国华人民共和国慈善法》施行一周年（纪念封）

2016年9月实施的《慈善法》规定，每年9月5日为"中华慈善日"。为迎接慈善日，中华慈善总会和各地慈善会联合开展"慈善情暖万家"活动，为人人参与慈善、人人献出爱心提供平台，借此加深社会各界对慈善的认识，吸引更多的社会公众投身公益领域。9月7日至9日，网络筹款达到3亿元人民币，加上腾讯及其合作伙伴的配捐，超过5.2亿元的捐款注入了数千家慈善机构。

2018年2月，为了给贫困的白内障患者筹集善款，由辽宁爱之光防盲基金会主办的"爱之光2018年度慈善晚会"在沈阳举行，通过网络同步直播，晚会最终为贫困白内障患者筹款超过500万元。

网络慈善的形式也在不断创新，继往年的"捐步数""公益跑"等创新形式后，2018年出现了"公益小程序""网络文化节"等特色项目。如当年5月，在微盟帮助上海市慈善基金会开发的公益小程序平台上，爱心人士可查看并认领智障人士的微心愿，由小程序页面自动生成二维码，通过微信群或朋友圈就可以传播给更多人。

2018年上半年，民政部指定的第一批互联网公开募捐信息平台为全国992家公募慈善组织发布1.1万余条募捐信息，为慈善组织开通的在线筹款功能筹款总额超9.8亿元。下半年第二批名单公布后，民政部指定的互联网公开募捐信息平台达到20家。10月发布的"2018互联网公开募捐平台综合实力TOP20"榜单中，前三名分别是大家耳熟能详的蚂蚁金服公益、腾讯公益、轻松公益。借由网络慈善平台，普通的老百姓民间善举开始大放光芒。

中国已成为全球网络慈善的重要推动力量。数据显示，2018年，我国网上捐赠和慈善参与人数达到84.6亿人次，通过互联网募集的善款总额超过31.7亿元。一些慈善组织的网络募捐已经占到捐赠总收入的80%以上。腾讯组织开展的"99公益日"活动，超过2800万人次参与，共募款物价值14.14亿元，支持了5498个公益项目。截至2019年1月11日，中国登记注册的社会组织

128

邮票上的民政事业——献给新中国成立七十周年
Civil Affairs on Postage Stamps—Dedicated to the 70th Anniversary of the Founding of the People's Republic of China

腾讯公益基金（明信片）

达81万多家，认定登记的慈善组织有5355个，登记的境外非政府组织超过400家。

事实证明，互联网已经改变了我国公益慈善的传统运作方式。如今，人人公益、随手公益、指尖公益正在成为潮流；日捐、月捐、零钱捐、一对一捐、企业配捐等形式新颖的捐款种类方兴未艾；行走捐、阅读捐、积分捐、消费捐、虚拟游戏捐等创新方式层出不穷。"80后"、"90后"乃至"00后"正在成为互联网公益慈善的主流。

"互联网＋公益慈善"使人口众多、幅员辽阔的中国能够迅速推进人人公益，为解决社会问题、促进社会公平正义、促进城乡均衡发展提供了全新方案。互联网公益慈善给人民群众带来了更多实惠，互联网上开展的公益慈善项目80%以上服务于扶贫济困和基层群众，给老百姓带来实实在在的帮助。中国的"互联网＋公益慈善"正日益深度融合，形成鲜活的"中国样本"，并不断走向世界。

互联网给我国公益慈善事业带来的变革是深刻的，也是巨大的，这一变革才刚刚开始。同时，在互联网公益慈善迅速发展的过程中，我们也看到一些不和谐因素，听到一些杂音。例如，有的网络平台不遵守法律、法规，规矩意识不强；有的慈善组织在募捐中对捐赠人、捐赠财产不够负责任；有的人混淆义利，以捐赠为名牟取私利；有的人不顾信誉，欺骗公众、滥用爱心、满足私欲等等，这些都在一定程度上伤害了公益慈善的形象和声誉，如果不加以遏制，对整个社会都会造成更大的伤害。可以说，互联网公益慈善今后的路程还很长，工作更伟大、更艰苦。

除了网络慈善，我国还通过项目展示交流活动激活慈行善举。2012年，民政部与国资委、广东省政府等共同发起创办中国公益慈善项目展示交流会，成为对接慈善资源、传播慈善文化的重要载体。2018年，第六届中国公益慈善项目交流展示会设置了精准扶贫主题展馆和消费扶贫产品专馆，重点引导社会慈善资源向深度贫困地区倾斜，推介了195个贫困地区扶贫项目和312种消费扶贫产品，共有49个扶贫项目实现资源对接，对接金额逾130亿元。

中国改革开放的40年，是人民富裕、国家强盛的40年，也是中国现代慈善事业蓬勃发展的40年。40年来，中国走出了一条改善民生福祉、促进社会和谐的中国特色慈善事业发展之路。以慈善组织为中坚的各类慈善力量迅速发展壮大，慈善法治建设逐步完善，全社会慈善意识明显增强，各类慈善活动积极踊跃，在灾害救助、贫困救济、医疗救助、教育救助、扶老助残和其他公益事业领域发挥了应有的作用，慈善事业已经成为中国特色社会主义事业的重要组成部分。

何愁岁月催人老

——养老保障

　　人生易老天难老，岁岁重阳，今又重阳，战地黄花分外香。

　　1929年秋天，毛泽东在闽西上杭临江楼写下了《采桑子·重阳》一词，他从人生易老起笔，却抛开了古人对老年的感伤和对深秋的落寞，在岁岁重阳的生命流逝中，感受到战地黄花的分外清香。

一、敬老孝亲

重阳节（农历九月九日）是汉民族的传统节日，也被称为中国的"老人节"。在民间，有重阳节登高、赏菊、插茱萸、荡秋千、喝菊花酒、吃重阳糕的习俗。人们在这一天思念亲人，思念家乡，抒发感慨，留下了"独在异乡为异客，每逢佳节倍思亲""尘世难逢开口笑，菊花须插满头归""他乡共酌金花酒，万里同悲鸿雁天"等流传千古的名句。

寿的追求。同时，重阳节与除夕、清明节、中元节被称为"中国传统四大祭祖节日"。而祭祖总是与思亲、敬老相联系。此外，重阳节还含有"辞青"（即告别青绿）的意味。虽然大自然的生机逐渐减弱，但盛开的菊花却表达了人们对生命、生机的渴望。

2003年10月4日，中国邮政发行《重阳节》特种邮票，全套3枚，分别为《登高》《赏菊》《饮酒对弈》。

3枚邮票图案均以中国传统的工笔画形式设计，侧重水墨泼染，讲究环境氛围烘托，体现悠然闲适的韵味。在构图处理上，设计了一个圆置于方形邮票中心，宛若一幅幅景色优美的丹青画卷，展示了重阳节传统的民俗活动风情。

（3-1）登高（3-2）赏菊（3-3）饮酒对弈

20世纪80年代起，国内一些地方就把重阳节定为老人节，倡导全社会树立尊老、敬老、爱老、助老的风气。2013年7月1日起修订后实施的《中华人民共和国老年人权益保障法》规定，"每年农历九月初九为老年节"，使九月初九成为法定的老年节。

在中国传统文化中，"九"既是最大的数字，又含有"长长久久"的寓意，表达了中国人对长

尤其是（3-2）《赏菊》，画面上有一位背向而坐、欣赏秋菊的老者，虽然看不清面容和表情，从坐姿上可见是一位痴心于花卉的老叟，比起走马观花或驻足观看，倚石观赏更显出"赏"的韵味。画题和谐，显示出作者创意之深刻。

中国邮政按民间重阳习俗取材，是为了进一步向社会展示厚实丰富的重阳文化，弘扬中华民族尊老爱老的传统美德。

1. 老吾老以及人之老

自古以来，中华民族就提倡敬老孝亲，倡导"老吾老以及人之老"。

大道之行也，天下为公，选贤与能，讲信修睦。故人不独亲其亲，不独子其子，使老有所终，壮有所用，幼有所长，矜、寡、孤、独、废疾者皆有所养。

这是《礼记》描绘的理想社会的场景。在作者看来，在"天下为公"的大同世界里，人们不仅奉养自己的父母，也不仅抚育自己的子女，而是要使全社会的老年人都能终其天年，中年人都能为社会效力，年幼的孩子都能健康地成长，那些老而无妻或老而无夫的人，幼而无父的人或老而无子的人以及患有各种残疾的人都能得到社会的供养。

后来孟子在《孟子·梁惠王上》中，也表达了相似的思想，他说："老吾老，以及人之老；幼吾幼，以及人之幼。"意思是说，在理想社会里，人们不仅赡养孝敬自己的长辈，也要赡养孝敬与自己没有亲缘关系的老人；人们不仅爱护自己的子女，也要爱护那些与自己没有血缘关系的他人的子女。孟子对理想社会的认识与《礼记》对"大同世界"的描述是一脉相承的。

作为党和国家的领袖，毛泽东为全社会尊敬老人、关爱老人、赡养老人做出了表率。

1919年春，毛泽东在北京大学图书馆任助理员时，曾赶回家乡，把身患重病的母亲带到省城长沙就医，20多天"亲侍汤药，未尝废离"。母亲病逝后，毛泽东昼夜守灵，写下《祭母文》，追述母亲高风亮节与爱子深情，之后，将父亲接到长沙小住，尽了孝心。

1959年6月，毛泽东回到阔别32年的故土，对着父母坟墓深鞠三躬，深情地说："前人辛苦，后人幸福。"毛泽东对岳母（杨开慧的母亲）也很孝敬，中华人民共和国成立后，毛泽东按月给岳母寄去生活费，从未间断过，一直到老人去世。在岳母八十寿辰时，毛泽东提前派长子毛岸英回

湖南给外婆拜寿。1962年春，毛泽东又叫毛岸青、邵华夫妇回湖南看望外婆，并为母亲杨开慧扫墓。

敬老、养老、爱老不仅是我们中华民族的传统美德，也是我国法律赋予每个公民的职责和义务。"老吾老以及人之老"这个千百年传承下来的美德，需要我们每一个人去发扬光大。

2013年5月11日，在母亲节即将来临之际，中国邮政发行《感恩母亲》特种邮票，全套1枚。母亲节是一个感谢母亲的节日，是每年5月的第二个星期日。这个节日最早出现在古希腊，现代的母亲节则起源于美国。母亲们在这一天通常会收到礼物，康乃馨被视为献给母亲的花，而中国的母亲花是萱草，又叫忘忧草。

邮票图案以一枝粉红色的康乃馨为主图，简洁明了地表达感恩母亲这一主题。康乃馨象征热情、崇敬、真诚、美好，祝愿母亲幸福健康，也

感恩母亲

象征儿女对母亲纯洁的、永恒的爱和真挚的谢意。淡淡的黄底色象征感恩，感谢母亲辛勤付出。刮开丝带覆盖层后显现的祝福语表达了儿女对母亲的心声。图案整体色调与造型都趋于温馨，营造出感恩及祝福的氛围。敬母孝母、感恩母亲是中华民族的传统美德，也是全人类需要不断传承的优秀品质。

《感恩母亲》特种邮票是中国邮政发行的首套"刮出祝福"邮票，刮开每枚邮票的金色丝带覆盖层，均可显出一条感恩母亲的祝福语。祝福语共四条，分别为"妈妈，我爱您""祝妈妈永远幸福""世上只有妈妈好""谢谢妈妈养育之恩"。

2015年6月13日，中国邮政发行《感恩父亲》

特种邮票，全套1枚。父亲节起源于20世纪初的美国，现已广泛流传于世界各地。人们多以每年6月的第三个星期日为父亲节。巧合的是，本套邮票的设计者张安朴和张乐陆正是父子。父子联手，使得这套邮票更加浓情四溢。

感恩父亲

　　这套邮票为正方形，采用胶印加局部全息烫印工艺。该套邮票是中国邮政继2013年《感恩母亲》特种邮票之后，再次使用刮擦工艺发行的邮票，刮开邮票上气球的覆盖层，可显示出感恩父亲的祝福语。祝福语共四条，分别为"爸爸，我爱您""父爱如山""祝爸爸平安幸福""爸爸，您辛苦了"。

2. 百善孝为先

　　忠和孝是中华民族的两大基本道德行为准则，也是我国古代先民经过长期实践的历史产物，深刻地影响着世代中国人的道德思维和行为实践。"善事父母为孝"。中国传统孝道文化从敬养层面看，主要包含敬亲、奉养、侍疾、立身、谏诤、善终等内容。作为中华传统文化的核心，孝道文化在中国历史发展过程中，具有修身养性、融合家庭、报国敬业、凝聚社会、塑造文化等积极作用。

　　2014年9月30日，中国邮政发行《中华孝道》（一）特种邮票，全套4枚。

　　这套邮票从《二十四孝》及古代圣贤孝道故事选取内容，讲述了"孝感动天""涌泉跃鲤""替父从军""学医疗亲"等4个故事。设计者以装饰主义的手法，用线条与色块结合，来塑造人物、表达内容，人物造型夸张、身材颀长，色彩处理

（4-1）孝感动天（4-2）涌泉跃鲤
（4-3）替父从军（4-4）学医疗亲

主次分明，画面古风浓郁，不仅具有历史时代感，更有情感感召力和表现力。

　　这是我国首次发行孝道题材邮票，《中华孝道（一）》特种邮票拉开了"中华孝道"系列邮票的发行序幕。

　　2016年10月7日，中国邮政发行《中华孝道（二）》特种邮票，全套4枚，表现"百里负米""亲尝汤药""文姬续书""恺之画母"4个孝道故事。邮票设计延续了第一组的工笔画风格。

　　（4-3）"文姬续书"的故事虽然不是选自《二十四孝》，却反映了设计者的慧思独具。它和《中华孝道（一）》邮票选择的花木兰"替父从军"、孙思邈"学医疗亲"一样，扩展延伸了中国孝道文化的范围与内涵，突出了一种大孝，可以说是忠孝两全，把孝敬父母与感恩国家、服务人民紧

密联系了起来，形成了一个由个体到整体，修身、齐家、治国、平天下的延展攀高的多元文化体系。

发行《中华孝道》系列邮票对进一步发扬中华民族优秀传统文化具有重大意义。孝道是中国人精神力量的源泉之一。《中华孝道》系列邮票通过古人的孝亲故事，使人得到启发，以此弘扬孝亲的传统美德，在全社会形成尊老、敬老、养老的社会风气，为建设和谐家庭、和谐社会做出贡献。

3. 养老服务事业不断发展

在旧中国，我国人口平均寿命不足40岁，加之兵荒马乱，民不聊生，养老事业也几乎无从做起。中华人民共和国成立后，随着国家经济的发展、人民群众生活水平的提高和医疗条件的改善，我国人口寿命逐步延长，随之而来的就是养老问

（4-1）百里负米（4-2）亲尝汤药
（4-3）文姬续书（4-4）恺之画母

题。中华人民共和国成立70年来，我国养老服务事业不断发展，大致可分为三个阶段。

第一阶段：从中华人民共和国成立至改革开放初期，养老服务业处于孕育期。这一阶段，党和政府着力解决的是基本生活保障问题，对老年人的照护主要由家庭负责。只有入住福利机构的孤寡老人，才由福利机构提供较为粗放的养老服务。养老服务在整体上尚未引起重视。

当时在城镇，主要依靠机关、企事业单位保障老年人基本生活；在农村，通过土地改革，实行"耕者有其田"，以土地换保障。鳏寡孤独者，适当多分土地。1951年内务部推广河南省唐河县通过自愿联合安置孤老残幼的办法，开启了敬老院的先河。被安置者将房屋、土地和财产带到安置者家中，生养死葬由安置者全部负责，遗产由安置者继承。

实行合作化和人民公社后，通过由集体分配劳动成果等办法保障老年人生活。正如毛泽东在1955年所说："一切合作社有责任帮助鳏寡孤独缺乏劳动力的社员（应当吸收他们入社）和虽然有劳动力但生活上十分困难的社员，解决他们的困难。"对老人照料护理等养老服务，基本上由家庭提供，邻里互助等非组织形式是重要补充。唯有养老机构中的老人，可以得到一定的服务。

新生的人民政权创办福利机构的初衷，是收容安置城镇流离失所老人，对他们进行救济教育和劳动改造，因此大多称为"生产教养院"。1953年年底，全国有此类机构920个，先后收容孤老10万人左右。经过社会主义改造，生产教养院剔除了有劳动能力的人员，名称也改为"养老院"，工作内容从改造、教育、救济为主转向救济教育。

1956年，黑龙江省拜泉县兴华乡创办全国第一所敬老院，解决实行合作化后年老体弱五保对象的生活照料问题，得到上级肯定和各地响应。1958年12月，党的八届六中全会通过的《关于人民公社若干问题的决议》指出，要办好敬老院，为那些无子女依靠的老年人（五保户）提供一个

邮票上的民政事业——献给新中国成立七十周年
Civil Affairs on Postage Stamps—Dedicated to the 70th Anniversary of the Founding of the People's Republic of China

134

较好的生活场所。当年，全国共办起15万多所敬老院，收养五保对象300余万人。但在"文革"期间，城乡养老机构发展遭受严重挫折。

1961年，内务部专门对福利机构进行了整顿，要求不得虐待收养对象，重申社会福利性质，开始朝福利服务方向转变。到1964年，全国有福利机构733个，收养城镇"三无"老人近7.9万人。

第二阶段：改革开放后至2000年，养老服务业处于探索发展期。1979年，民政部拨乱反正，重申福利机构的福利性质和服务方向。1984年11月召开的全国城市社会福利事业单位整顿经验交流会，首次明确提出，社会福利社会办，社会福利事业要由国家包办向国家、集体、个人一起办转变。同时，表彰义办农村敬老院者，调动社会各界投入。

这一阶段，我国开始由传统的计划经济向社会主义市场经济体制过渡。各地通过探索构建独立于企事业单位、集体的社会保障体系，保障公民年老时的基本生活。以福利机构改革为突破口，推进社会福利社会化。

养老机构得到较快发展，社区兴起养老服务，养老产业作为第三产业开始引起重视。在机构和社区之外，家庭仍然是重要的养老服务主体。当时，福利机构的改革是主旋律，改善养老服务逐步成为提高机构管理水平的重要内容。

福利机构服务对象扩大至社会老人，到1988年，城镇达到1.7万人、农村达到9000人，分别占收养人员总数的24%和2%。1998年3月，民政部选定13个城市进行社会福利社会化试点，作为第三产业推进。2000年，国务院办公厅转发《关于加快实现社会福利社会化的意见》，进一步推动此项工作。

规范管理、做好服务，是养老服务社会化的另一主线。特别是20世纪90年代后，民政部等部委相继制发《农村敬老院管理暂行办法》《社会福利机构管理暂行办法》等法规，加强养老机构规范化建设，寓管理于服务中。服务项目由单一的生活保障发展为集居住、医疗服务、康复、娱乐等于一体，养老服务质量得到改善。

第三阶段：2000年至今，养老服务处于体系化建设期。2000年是养老服务发展的关键一年。这一年，我国整体进入了老龄化社会，国家老龄委、民政部等总结推广了居家养老服务经验。居家养老服务较好地弥补了因家庭小型化、人口流动所带来的家庭照护力量下降等问题。养老机构无论质和量，都有了进一步提升。

这一阶段，养老服务重要性日益体现，开始朝着体系化方向迈进。各级政府继续推进社会化，通过加大财政投入，调动社会力量投入，加快养老机构发展步伐，呈现出投资主体多元化、服务对象公众化、运行机制市场化、多种所有制共存、适应社会主义市场经济体制的发展格局，较好保障了特殊对象的供养需求，一定程度上满足了社会公众对福利事业的要求。

二、老有所养

当人类迈入新世纪的时候，在全世界190多个国家和地区中，有60多个已进入"老龄社会"。人类寿命的延长、退休人口数量的增加以及少子化加速，不仅使社会劳动力短缺，也使"老有所养"成为全社会共同关注的一个重大问题。

早在1992年第47届联合国大会就通过《世界老龄问题宣言》，决定将1999年定为"国际老年人年"。1997年9月8日第52届联合国大会又确定，国际老年人年从1998年10月1日开始，主题是"建立不同年龄人人共享的社会"。

1999年9月9日，中国邮政发行《国际老年人年》纪念邮票，全套1枚。

国际老年人年

国际老年人年标识图案是以在同一圆心但大小不一的几组圆弧组成。图案所表达的寓意是活力、多样化、互相依赖、运动和进步。"活力"是指老年人因健康的生活方式而不断增强的智力与情操；"多样化"是指各国老年人在一生中积累的各种不同的经验。这种活力与多样化相互作用造就了"老年人的新时代"和"新时代的老年人"。

图案中类似花瓣的几组弧线表现了老年人与年轻人之间既各自独立又互相依赖，从而在家庭、社区及全社会形成一个相互鼓励、相互支持和相互关心的，积极而有活力的代际关系。这种关系正是国际老年人年的主题"不分年龄人人共享"的社会所提倡的。

1. 构建多元化养老服务体系

改革开放后，随着经济发展和社会保障日趋完善，我国老年人社会福利的对象，逐步由传统的"三无"（无家可归、无依无靠、无生活来源）对象向全社会有需要的老年人拓展，处于从补缺型福利向适度普惠型福利转变的过渡时期。

从1996年10月起，我国开始实施《中华人民共和国老年人权益保障法》，对家庭赡养与扶养、社会保障、国家建立养老保险制度以及保障老年人的基本生活等做出了规定。2013年，"养老服务"首次纳入新修订实施的《老年人权益保障法》，为维护老年人权益、做好养老服务工作奠定了法治基础。

进入21世纪之后，国家提出了"养老服务体

合家欢乐

系建设"的概念。2006年2月，第二次全国老龄工作会议明确，要发展"以居家养老为基础、社区服务为依托、机构养老为补充"的中国特色养老服务体系。2008年年底召开的全国民政工作会议对这一养老服务体系的构想进行了补充完善。

我国的老年人社会福利工作，从我国社会主义初级阶段的基本国情出发，改革发展，创新思路，初步形成了以居家养老为基础、社区服务为依托、机构养老为补充的具有中国特色的老年人社会保障服务体系，并进入实施阶段。

在居家养老方面，从2000年开始，上海、宁波等地陆续开展居家养老服务工作，得到了社会各方的认同。通过总结经验，2008年2月，民政部与全国老龄委办公室等10个部门联合发文，要求全面推进居家养老服务工作，认为居家养老是一项涉及全社会的工作，政府、社会、家庭都要参与，必须采取多种形式，努力调动各方面积极因素，共同做好。

在机构补充养老方面，进入21世纪后，养老机构床位数每年以超过10%的速度增长。据统计，到2008年年底，全国共有各类养老机构近4万个、床位279.4万张，收养老人193.3万人。为发挥机构养老服务支撑作用，民政部全面放开养老服务业市场，相继取消举办养老机构的资金规模限制、验资报告、符合区域控规要求项目的交通影响等评估审查，部分养老机构提交竣工验收合格证明、食品经营许可、环境影响评价、消防

审验手续等6方面材料要求；将养老机构内设医疗机构设置审批改为备案制，将营利性养老机构改为先照后证管理；放开境外投资者在华投资养老服务，实行同等优惠。

2017年，民政部开展全国养老院服务质量建设专项行动，对全国4万余家养老机构进行排查整治，处理隐患近19.7万处，依法取缔、关停、撤并养老机构2122家，推动养老机构转型升级，养老机构服务质量显著改善。民政部还会同教育部等联合提出，建立学历教育和职业培训并重的养老服务人才培养体系。全国建成养老护理员职业技能鉴定站31个，培训基地68家。到2017年年底，全国养老机构养老护理员经培训合格上岗率由54.8%提升为87.1%，养老护理水平明显提高；养老院配备社会工作者、康复师、营养师等专业人员由8%提升为56.22%，养老服务多样化需求满足层次有所提升。

在社区服务养老方面，对于机构以外的社会老人，通过发展社区服务提供照料护理，进而走向居家养老服务。早在1987年，民政部就提出要发展城市社区服务，其后逐步形成了包括为老人服务在内的社区服务系列。在实施时，各地大都依据当地财力确定享受服务对象，一般为70岁以上，按老年人经济收入、身体状况、家庭成员状况分成不同类别，确定不同的补贴标准。服务内容主要有生活照料、医疗护理和文化娱乐、精神慰藉等。

为了推动养老事业的发展，民政部采取了一系列积极有效的措施：

一是加大社区居家服务资金保障。"十三五"期间，中央财政每年安排中央专项彩票公益金10亿元，通过以奖代补方式，支持开展居家和社区养老服务改革试点。

二是加强社区居家养老服务设施建设。广泛建立托老所、日间照料中心等设施，重点针对高龄、空巢、失独和失能老年人提供社区照顾服务。为老年人提供床边、身边服务和"喘息服务"以及居家环境适老化改造，大力发展"养老驿站"、

社区"嵌入式"小微型养老服务机构等。民政部连年投资支持农村兴建老年人互助养老幸福院，实现养老离家不离村；促成农村敬老院改造升级，不断补强农村养老服务短板。至2018年，已有三分之一左右的农村敬老院开始向社会老年人提供服务。

三是促进社会力量参与社区居家养老服务。民政部推动出台了《关于鼓励民间资本参与养老服务业发展的实施意见》等文件，各地立足实际，在居家养老中探索建立政府购买服务制度，依托社区服务设施和服务组织，采取资金保障和服务保障相结合的方式，以提供补贴、发放服务券、购买服务等形式，为符合条件的老人提供有偿、低偿和无偿等不同内容的服务。

截至2019年1月，全国共有各类养老服务机构和设施16.38万个，其中，社区养老服务设施4.66万个，社区互助型养老设施8.73万个。各类养老服务床位合计746万张，比2012年增加330万张，增幅达79.3%。社会办养老服务机构快速发展，央企、外资、险资、民资纷纷加入健康养老行业，初步形成竞争与合作并存的多元化养老服务供给格局。社区居家养老服务设施已覆盖全部城镇社区和50%以上的农村社区。

2. 社会养老服务纳入国家规划

2010年10月，党的十七届五中全会提出了"优先发展社会养老服务"的方针。2011年3月通过的国家"十二五"规划纲要，确立了建立以居家为基础、社区为依托、机构为支撑的社会养老服务体系的目标。2011年9月，国务院发布《中国老龄事业发展"十二五"规划》强调，要发展适度普惠型的老年福利事业。全国人大连续两年将推进社会养老服务体系建设列为重点督办的建议。全国政协也十分关注我国"老有所养"问题，要求着力推进社会养老服务体系建设。

为了落实好国家规划，2011年12月国务院制定社会养老服务体系建设规划（2011—2015）。这是中华人民共和国成立以来国家第一次将社会养老服务体系建设纳入专项规划范围。

2013年9月，国务院印发了《关于加快发展养老服务业的若干意见》，对加快发展养老服务业做出系统安排和全面部署，明确提出发展居家养老、社区养老、机构养老、医养结合等多种养老服务模式；在投融资、土地供应、税费优惠、补贴支持、人才培养和公益慈善等方面采取了一系列力度大、含金量高的举措；对健全工作机制、开展综合改革试点、强化行业监管、加强督促检查等方面提出了保障措施。

该意见强调，到2020年，生活照料、医疗护理、精神慰藉、紧急救援等养老服务覆盖所有居家老年人，社区服务设施覆盖所有城市社区、90%以上的乡镇和60%以上的农村社区，社会养老床位数达到每千名老年人35至40张。这有利于我国更加积极地应对人口老龄化，满足老年人多样化、多层次的养老服务需求。

该意见提出，要支持民间资本参与提供居家和社区养老服务、支持社会力量举办养老机构、明确打造养老产业集群的方向；加大政策引导扶持力度，鼓励社会力量参与。针对农村老年人的养老问题日益严峻，该意见特别提到要"切实加强农村养老服务"，包括发展农村养老机构；发挥村民自治功能，推进日间照料中心等养老服务设施建设；拓宽农村养老资金渠道；建立城乡之间、发达地区和欠发达地区之间的协作机制。

这一指导当前及今后一个时期我国养老服务业发展的纲领性文件，成为我国养老服务业发展的重要指南，民政部作为主管部门立即着手推动规划顺利实施。"十二五"时期，民政部和地方每年留成的不低于50%的福利彩票公益金将集中使用于社会养老服务体系建设；积极开展"社会养老服务体系建设推进年"活动；组织实施"敬老爱老助老工程"，包括省市级综合养老设施建设"阳光计划"、区县综合福利中心建设"月光计划"、社区居家养老服务"星光计划"、农村五保供养服务设施建设"霞光计划"、农村互助养老"幸福计划"等。

截至2018年年底，我国60岁及以上老年人口有2.49亿人，65岁及以上老年人有1.5亿人，老年人口每年新增1000万人以上。预计到2020年，全国60岁及以上老年人口将增加到2.55亿人左右，占总人口比重提升到17.8%左右；高龄老年人将增加到2900万人左右，独居和空巢老年人将增加到1.18亿人左右，老年抚养比将提高到28%左右；用于老年人的社会保障支出将持续增长；农村实际居住人口老龄化程度可能进一步加深。

为此，国家"十三五"规划提出，到2020年，我国老龄事业发展整体水平要明显提升，养老体系更加健全完善，及时应对、科学应对、综合应对人口老龄化的社会基础更加牢固；多支柱、全覆盖、更加公平、更可持续的社会保障体系更加完善，城镇职工和城乡居民基本养老保险参保率达到90%，基本医疗保险参保率稳定在95%以上，社会保险、社会福利、社会救助等社会保障制度和公益慈善事业有效衔接，老年人的基本生活、基本医疗、基本照护等需求得到切实保障；居家为基础、社区为依托、机构为补充、医养相结合的养老服务体系要更加健全，养老服务供给能力大幅提高、质量明显改善、结构更加合理，多层次、多样化的养老服务更加方便可及，政府运营的养老床位数占当地养老床位总数的比例不超过50%，护理型床位占当地养老床位总数的比例不低于30%，65岁及以上老年人健康管理率达到70%。

2018年，民政部与发改委联合编制《国家积极应对人口老龄化中长期规划》，并会同财政部遴选第三批中央财政支持开展居家和社区养老服务改革试点地区，联合推进智慧养老试点示范。

在涉及国计民生的"十二五""十三五"国民经济和社会发展规划纲要中，养老服务业连续被纳入重要民生议题。国家层面共出台涉老专项规划22部，民政部及相关部门配套出台具体指导性文件50多件，涵盖了养老服务各个领域，养老服务业成为国民经济和社会发展的重要组成部分。我国养老服务事业已经突破基本生活照料，涵盖老年用品、老年健康服务、老年体育健身、老年文化娱乐、老年金融服务、老年旅游等多领域多门类。在信息技术时代，养老服务业拥抱"互联网＋"思维，各种养老"新体验"百花齐放。

2018年10月1日，中国邮政发行《国际老年人日》纪念邮票，全套1枚。

国际老年人日

该套邮票运用中心对称构图设计，画面中间部分用漫画手法表现了一对幸福恩爱的老年夫妇形象，围绕在周围的纹饰图案传递出对老年人福寿安康的美好祝福；上下左右4幅图案描绘了老年人打太极拳、做园艺、康复医疗、做志愿者等场景，体现了与老年人息息相关的独立原则、尊严原则、自我实现原则、照顾原则和参与原则。邮票画面以中国红为底色，体现了浓浓的中国特色。不同颜色形成的反差也增强了邮票的视觉冲击力。

三、养老保险

养老保险是社会保障制度的重要组成部分，是社会保险五大险种中最重要的险种之一。养老保险的目的是保障老年人的基本生活需求，为其提供稳定可靠的生活来源。

中华人民共和国养老保险制度发源于东北。解放战争时期，东北是最早获得解放的区域。1948年，参照苏联模式，在哈尔滨等地方试验的基础上，根据第六次全国劳动大会发布的《东北公营企业战时暂行劳动保险条例》，从铁路、邮电、矿山、军工、纺织等七大行业开始，劳动保险制度逐步在解放区推行。"劳动保险"这个词，是时任东北局职工运动委员会书记李立三"创造"的，后来在中国取代了世界通用的"社会保险"

保险之花

而被沿袭下来。1949年中华人民共和国成立前夕，第一次全国政治协商会议召开并通过了《共同纲领》，"逐步实行劳动保险制度"被写入其中。

中华人民共和国成立后，《中华人民共和国劳动保险条例》由时任中央劳动部长李立三牵头起草，1951年年初由政务院颁布，这也是2010年《中华人民共和国社会保险法》出台之前的60年里，中国唯一的社会保障法规。根据该条例，企业按工资总额的3%按月提取劳保基金，其中70%留存企业基层工会，用于支付职工养老、医疗等各种保障性开支；个人不必缴费。退休职工按工龄，从劳保基金中获得原工资35%～60%（1953年提高到50%～70%）的养老金。当时一句流行的顺口溜是"社会主义好，生老病死有劳保"。但这个条例只适用于企业职工，机关和事业单位人员的退休金由国库开支。

1982年，党的十二届三中全会通过经济体制改革的决定，把国有企业推向市场。企业改革倒逼养老保险制度改革。上海试行由保险公司统筹集体企业职工养老年金，即企业根据利润多寡为职工向保险公司缴纳保险金，职工退休后从保险公司领取养老金。1985年开始实行的"七五"计划明确提出，全民所有制企业要逐步推行职工退休费的社会统筹。

1986年，国务院下发多个文件改革劳动制度，企业和合同制工人按其工资15%的水平，共同缴纳退休养老基金，其中个人缴费比例不超过3%，退休后按月发放养老费，多缴多得，不足时国家给予适当补助。个人首次成了缴费者之一，养老保险开始转变为个人、企业和国家共同承担。

1991年，国务院对企业职工养老保险制度进行改革。《国务院关于企业职工养老保险制度改革的决定》中明确提出，随着经济的发展，逐步建立起基本养老保险与企业补充养老保险和职工个人储蓄性养老保险相结合的制度，并提出个人缴费比例要随着经济的发展和职工工资的调整再逐步提高。从此，中国逐步建立起多层次的养老保险体系。

1993年，党的十四届三中全会通过的《中共中央关于建立社会主义市场经济体制若干问题的决定》明确规定，在社会统筹的基础上引入个人账户，这一做法被称为"统账结合"，即社会统筹和个人账户相结合。统账结合实行之初，为了应付"老人"们的养老金开支，势必要挪用新缴费群体的个人账户资金，导致个人账户成为"空账"，为此后养老保险支出带来巨大风险。仅1999年，全国挪用的个人账户规模已超过千亿。

1999年起，我国进入人口老龄化，养老保险面临"空账"规模不断扩大的巨大压力。2001年国务院出台政策，成立全国社保基金，用于统筹。2005年底，在由财政补贴"做实"基础上，国务院下调个人账户占工资比重，这部分仍由个人缴纳；单位缴纳部分则全部归入统筹。至此，现行的养老保险模式基本形成。

在企业职工养老保险制度开始改革后，1993年，上海、海南、辽宁等地也开始试点机关、事业单位的养老保险改革。2003年，党的十六届三中全会提出，积极探索机关和事业单位社会保障制度改革。直到2014年10月，国务院确定对机关事业单位工作人员养老保险制度进行改革，机关事业单位实行社会统筹与个人账户相结合的基本养老保险制度，由单位和个人共同缴费。这标志着存在了近20年的养老金"双轨制"宣告终结，近4000万机关事业单位人员和企业职工一样缴纳

养老金。至此，我国养老保险制度基本进入正轨。

2012年7月1日，中国邮政发行《城乡居民社会养老保险制度全覆盖》纪念邮票，全套1枚。

城乡居民社会养老保险制度全覆盖

2014年2月，国务院常务会议决定，在已基本实现新型农村社会养老保险、城镇居民社会养老保险全覆盖的基础上，依法将这两项制度合并实施，在全国范围内建立统一的城乡居民基本养老保险制度，并在制度模式、筹资方式、待遇支付等方面与合并前的新型农村社会养老保险和城镇居民社会养老保险保持基本一致。基金筹集采取个人缴、集体助、政府补的方式，中央财政按基础养老金标准，对中西部地区给予全额补助，对东部地区给予50%的补助。地方政府为重度残疾人等缴费困难群体代缴部分或全部最低标准的养老保险费，鼓励公益慈善等社会组织为参保人缴费提供资助。

2017年10月18日，习近平同志在十九大报告中指出，加强社会保障体系建设。全面建成覆盖全民、城乡统筹、权责清晰、保障适度、可持续的多层次社会保障体系。全面实施全民参保计划。完善城镇职工基本养老保险和城乡居民基本养老保险制度，尽快实现养老保险全国统筹。完善统一的城乡居民基本医疗保险制度和大病保险制度。完善失业、工伤保险制度。建立全国统一的社会保险公共服务平台。

我国的养老保险由四个层次（或部分）组成。第一层次是基本养老保险，第二层次是企业补充

养老保险，第三层次是个人储蓄性养老保险，第四层次是商业养老保险。在这种多层次养老保险体系中，基本养老保险是最高层次。

基本养老保险是国家和社会根据一定的法律和法规，为解决劳动者在达到国家规定的解除劳动义务的劳动年龄界限，或因年老丧失劳动能力退出劳动岗位后的基本生活而建立的一种社会保险制度。基本养老保险以保障离退休人员的基本生活为原则。它具有强制性、互济性和社会性。它的强制性体现在由国家立法并强制实行，企业和个人都必须参加而不得违背；互济性体现在养老保险费用来源，一般由国家、企业和个人三方共同负担，统一使用、支付，使企业职工得到生活保障并实现广泛的社会互济；社会性体现在养老保险影响很大，享受人多且时间较长，费用支出庞大。

企业补充养老保险又称企业年金，它是指由企业根据自身经济承受能力，在参加基本养老保险基础上，企业为提高职工的养老保险待遇水平而自愿为本企业职工所建立的一种辅助性的养老保险。企业补充养老保险是一种企业行为，效益好的企业可以多投保，效益差的、亏损企业可以不投保。实行企业年金，可以使年老退出劳动岗位的职工在领取基本养老金水平上再提高一步，有利于稳定职工队伍，发展企业生产。企业补充养老保险由国家宏观调控、企业内部决策执行。

个人储蓄性养老保险是我国多层次养老保险体系的一个组成部分，是由职工自愿参加、自愿选择经办机构的一种补充保险形式。实行职工个人储蓄性养老保险的目的，在于扩大养老保险经费来源，多渠道筹集养老保险基金，减轻国家和企业的负担；有利于消除长期形成的保险费用完全由国家"包下来"的观念，增强职工的自我保障意识和参与社会保险的主动性；同时也能够促进对社会保险工作实行广泛的群众监督。

商业养老保险是以获得养老金为主要目的的长期人身险，它是年金保险的一种特殊形式，又称为退休金养老保险，是社会养老保险的补充。

商业性养老保险的被保险人，在交纳了一定的保险费以后，就可以从一定的年龄开始领取养老金。商业养老保险，如无特殊条款规定，则投保人缴纳保险费的时间间隔相等、保险费的金额相等、整个缴费期间内的利率不变且计息频率与付款频率相等。

多层次养老保险体系的建立，不仅为老年人提供了基本生活保障，使老年人老有所养，是应对人口老龄化的一项重要措施，有利于实现社会稳定；而且能够激励年轻人奋进，提升工资标准，为退休后的生活提供保障，从而有利于促进经济发展。

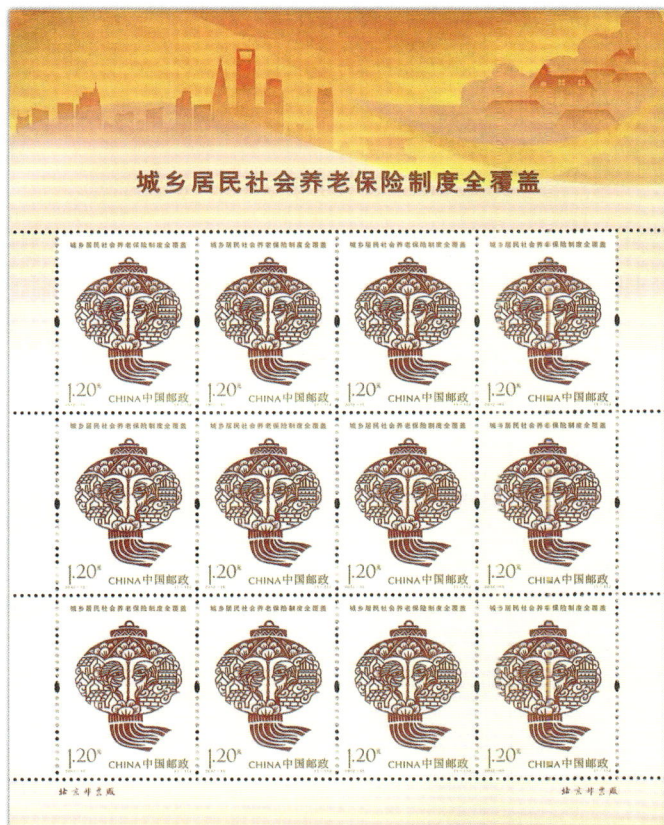

城乡居民社会化养老保险制度全覆盖（大版张）

四、医养结合

随着人口老龄化的加剧，养老问题、老年人就医问题日益凸显。到2013年，我国60岁及以上老年人口已达2.02亿人，占总人口的14.9%，其中失能、半失能老年人达到3700多万人。老龄人口中，60%以上老年人患有心脑血管、代谢等慢性疾病。大量失能、半失能空巢老人需要特殊照料与医疗服务。

2014年，我国各类养老机构达4万多家，但真正具备医疗服务能力的只有20%多一点。这些养老机构，主要有民政部门的公益养老院和民办养老院两大类。面向失能、半失能老年人提供服务的老年养护床位偏少，社区居家养老服务设施简陋、功能单一，难以提供照料护理、医疗康复、精神慰藉等多方面服务。

失能、半失能老人迫切希望能够缓解"养老难"和"看病难"问题，但养老机构由民政部门管理，医疗机构由卫生计生部门管理，医保由社保部门管理，分而治之的格局造成医疗和养老资源不能融合。医院不能养老，家庭医生难进家庭，养老机构没有医生。居家养老、社区养老、机构养老三种模式无法满足老人的医疗需求，养老机构不能解决老人的医疗问题，已经日益成为制约养老机构乃至整个养老服务业发展的瓶颈之一。

医和养如何结合？从2013年起，围绕加快推进健康与养老服务工程建设的议题，国务院先后出台了相关的重要政策文件，对养老服务与医疗卫生服务结合提出了明确要求，营造了医养结合发展的有利环境。

2015年12月，民政部与国家卫计委等部门发布指导意见，要求推进医疗卫生与养老服务相结合。民政部有关负责人指出，养老是我国当下亟待破解的重大社会问题，而医养脱节的传统养老模式是制约养老服务业有序健康发展的一大

福禄寿喜（小版张）

障碍。

为了破解养老这一重大民生问题，实现养和医的无缝对接，促进养老服务业健康有序发展，民政部和卫计委会同相关部门联合起草了指导意见，提出医养结合既包括为居家和社区养老的老年人提供健康管理等公共卫生服务，也包括为入住养老机构的老年人，特别是慢性病老人、恢复期老人、残障老人以及绝症晚期老人提供养老和医疗相融合的服务。

之后，各地加强政策创制和制度创新。北京、天津、吉林、山东等省、直辖市民政、卫生、人社等部门联合下发了医养结合专项政策文件，积极鼓励发展养护型、医护型养老机构，支持具备条件的养老机构内设医疗机构，并申请纳入医保定点范围。一些地方开展了医养结合试点和探索。各地民政部门理清工作思路和发展理念，明确了医和养的关系，认识到养老是一种生活方式，养是重点，医是配套。

2012年4月27日，为了弘扬中华民族传统文化，中国邮政发行《福禄寿喜》特种邮票，全套4枚。

票面采用竖幅票形，图案分别为篆字和花体字的福、禄、寿、喜，同时配以蝙蝠、梅花鹿、仙鹤、寿桃和喜鹊等图案，形成丰富的吉祥寄言，充满浓郁的传统文化和民俗文化色彩。整套邮票具有强烈民族特色，喜庆吉祥，内容丰富，色彩鲜艳明亮。

《社会养老服务体系建设规划（2011—2015年）》《"十三五"国家老龄事业发展和养老体系建设规划》都提出，要优先保障失能等特殊困难老年人的服务需求，并将失能老年人纳入长期护理制度试点、福利补贴制度、公办养老机构改革、政府购买服务等重点任务中。"十三五"规划针对护理型床位比例偏低的现状，提出2020年全国护理型养老床位占养老床位总数比例不低于30%的规划目标，对养老服务床位进行结构性调整。

在完善失能老年人服务政策措施方面，民政部会同财政部、发展改革委、全国老龄办印发了《关于做好政府购买养老服务工作的通知》《关于建立健全经济困难的高龄、失能等老年人补贴制度的通知》，将失能老年人服务需求纳入优先保障范围。民政部还配合人社部门开展长期护理保险试点，探索用保险形式解决失能老年人长期照护资金问题。

民政部会同发展改革委、中国残联印发了《"十三五"社会服务兜底工程实施方案的通知》，将面向失能、半失能老年人的老年养护院、医养结合养老设施建设纳入中央预算内投资重点支持范围。推动国务院办公厅出台了《关于推进医疗

（4-1）福（4-2）禄（4-3）寿（4-4）喜

卫生与养老服务相结合指导意见的通知》，明确提出鼓励为社区高龄、重病、失能、部分失能以及计划生育特殊家庭等行动不便或确有困难的老年人，提供定期体检、上门巡诊、家庭病床、社区护理、健康管理等基本服务。会同发展改革委、财政部印发了《养老服务体系建设中央补助激励支持实施办法》，将护理型养老床位比例纳入对地方的激励和考核范围。各地在实施建设补贴、运营补贴时，多数都将补贴向护理型养老床位、失能老年人倾斜。

截至2017年年底，养老机构通过不同形式提供医疗服务的比例达到93%，超额完成了国家设定的50%的工作目标；全国养老机构收住了96.8万失能和半失能老年人，养老院护理型床位由2015年低于30%提升到46.4%，提前实现了"十三五"规划确定的目标；全国养老机构养老护理员持证比例由2015年的30%左右提升到54.77%，专业照护服务能力不断提升。

医养结合服务模式让越来越多失能、半失能老人能够住进养老机构，缓解了"养老难"和"看病难"问题，治疗费用还可以通过医保报销一部分，减轻了老年人经济负担。

国际老人年（首日封）

五、关爱一生

寿命的延长是20世纪人类的一项重大成就，但同时也带来人口的老化和许多问题。1982年7月26日至8月6日，联合国召开老龄问题世界大会，讨论如何保障老年人的各种权利和社会福利，以及如何确保老年人有机会对本国经济和社会发展做出贡献。1982年3月经国务院批准，老龄问题世界大会中国委员会正式成立。

为纪念老龄问题世界大会的召开，邮电部于1982年9月20日发行纪念邮资封一枚。邮资图案是一位老人向青少年传播经验和知识，右上角是大会会徽。封图是一位古稀老人在一株古树下练武健身，表示老年人焕发青春，乐享天年。

老龄问题世界大会（邮资封）

1. 照护失独、特困和农村留守老人

实行计划生育后，一对父母只有一个孩子。随着年龄增长，独生子女家庭的养老问题逐渐显现。为帮助独生子女家庭减轻负担，各地方政府近年来陆续出台了"独生子女护理假"等相关政策。如福建省就规定，父母年满60周岁的独生子女给予每年累计不超过10天的护理时间，护理期间工资福利待遇不变。

2013年，民政部与国家卫计委等部门联合下发《关于进一步做好计划生育特殊困难家庭扶助工作的通知》，明确提出对计生特困家庭的具体扶助措施。一是对60周岁以上的计划生育特殊困难家庭成员，特别是其中失能或部分失能的老年人，优先安排入住政府投资兴办的养老机构。二是支持有条件的地方对计划生育特殊困难家庭成员中生活长期不能自理、经济困难的老年人发放高龄津贴、养老服务补贴和护理补贴。三是针对计划生育特殊困难家庭反映

146

邮票上的民政事业——献给新中国成立七十周年
Civil Affairs on Postage Stamps—Dedicated to the 70th Anniversary of the Founding of the People's Republic of China

养老保险（首日封）

集中的诉求，特别是在社会救助和养老服务等方面，加强临时救助与其他社会保障制度的有效衔接，提高救助效率。四是充分发挥各类社会组织、企事业单位、群众自治组织，特别是志愿服务组织、基层老年协会、社会工作专业服务机构的积极作用，以精神慰藉和心理疏导为重点，深入开展各种形式的社会关爱活动，帮扶计划生育特殊困难家庭成员。

2017年6月，国务院办公厅印发《关于制定和实施老年人照顾服务项目的意见》，提出针对包括失独家庭老年人在内的老年人的20项照顾性服务项目，要求"突出重点，适度普惠"，重点关注高龄、失能、贫困、伤残、计划生育特殊家庭等困难老年人的特殊需求。

农村留守老年人问题是我国工业化、城镇化、市场化和经济社会发展的阶段性问题，是城乡发展不均衡、公共服务不均等、社会保障不完善等问题的深刻反映。农村留守老年人关爱服务是农村养老服务体系的重要组成部分。

2017年12月，民政部、公安部等9部委联合出台了《关于加强农村留守老年人关爱服务工作的意见》，加强包括农村留守老年人关爱服务工作，力争到2020年，农村留守老年人关爱服务工作机制和基本制度全面建立，关爱服务体系初步形成，关爱服务普遍开展，养老、孝老、敬老的乡村社会氛围更加浓厚，农村贫困留守老

年人全部脱贫。

该意见提出，要强化家庭在农村留守老年人赡养与关爱服务中的主体责任，发挥村民委员会在农村留守老年人关爱服务中的权益保障作用，发挥为老组织和设施在农村留守老年人关爱服务中的独特作用，促进社会力量广泛参与留守老年人关爱服务，广泛开展关爱农村留守老年人志愿服务，加强政府对农村留守老年人关爱服务的支持保障。

2018年10月，民政部与发改委、国务院扶贫办联合印发《深度贫困地区特困人员供养服务设施（敬老院）建设改造行动计划》。要求全面落实党中央、国务院关于支持深度贫困地区脱贫攻坚的战略部署和《国务院关于进一步健全特困人员救助供养制度的意见》，以西藏、四川省藏区、南疆四地州和四川凉山州、云南怒江州、甘肃临夏州为重点，以满足特困人员集中供养需求为目标，以提升供养服务机构兜底保障能力为主线，进一步加大中央预算内投资支持力度，发挥地方政府主体责任，全面改善深度贫困地区供养服务设施条件，提高集中供养服务能力，有效保障特困人员基本生活，更好满足照料服务需求。到2020年，深度贫困地区每个县至少建有1个县级供养服务中心，护理型床位达到70%以上；对特困人员的集中供养保障能力进一步增强，生活不能自理特困人员集中供养率超过50%。逐步开展面向低保、低收入家庭及建档立卡贫困家庭老年人、残疾人的无偿或低偿集中托养服务。

在建立经济困难的高龄、失能等老年人补贴制度方面，民政部发挥了积极作用。一是推动修

订了《中华人民共和国老年人权益保障法》，将建立老年人高龄津贴、养老服务补贴、护理补贴制度纳入法律规定；二是推动国务院出台了《关于加快发展养老服务业的若干意见》，明确提出建立老年人相关补贴制度；三是会同财政部、全国老龄办出台了《关于建立健全经济困难的高龄失能等老年人补贴制度的通知》，提出进一步加大公共财政支持力度，推动实现基本养老服务均等化。

截至2019年3月，全国有1834万名困难老年人纳入最低生活保障范围，460万名特困老年人纳入政府供养范围；高龄津贴制度已实现全国省级层面全覆盖，惠及约2680万名老年人；30个省、自治区、直辖市建立了养老服务补贴制度，惠及近354万名老年人；29个省份建立了老年人护理补贴制度，惠及约61万名老年人，有效减轻经济困难的高龄、失能等老年人的养老服务负担。

2. 养老服务改革创新永远在路上

老年人有两怕，一怕失能，二怕生病。如何消除老年人的"两怕"，使他们的晚年生活更加幸福美好，成为摆在民政部门面前的一件既迫切又棘手的难题。

多年来，民政部会同有关部门持续推进养老服务业综合改革、居家和社区养老服务改革、公办养老机构改革、智慧健康养老等重大试点，创新服务模式和发展机制，涌现出"一刻钟服务圈""智慧养老院""无围墙养老院"等服务新模式和新产品，以创新求出路，求活力。

例如，创新扶持方式，通过建立产业引导基金、发行专项企业债券、实施PPP项目等政策措施，引导社会资本投入。财政部、发展和改革委已经确定PPP养老示范项目入库34个，总投资376亿元。银保监会积极支持银行保险机构创新适合养老服务业特点的信贷产品和服务，大大完善促进养老服务业发展的多层次金融体系，鼓励银行业金融机构为社会资本投资参与养老服务业提供融资支持。2017年国家开发银行发放养老贷

重阳节（极限片）

款105亿元。江苏、福建等地还设立了养老服务产业引导基金。

近年来，福建积极借鉴台湾养老产业的成熟经验，创新养老产业发展方式，推动现代养老产业不断发展。台湾地区早于大陆进入老龄化社会，其养老服务产业在20世纪80年代就已开始启动，在养老院管理和护理等方面经验丰富。在深化闽台、闽港养老产业合作方面，龙岩、泉州、福州等地先后引进台湾、香港资本发展机构养老。福建还将依托具备条件的台商投资区，主动承接台湾养老服务业转移，引进台湾知名养老服务集团和连锁机构，打造海峡两岸养老产业合作示范区。

随着科技的进步，医养结合的服务手段不断更新，民政部等部门积极推动物联网、云计算、大数据、智能硬件等新一代信息技术与健康养老

融合，大力发展智慧健康养老产业，实现了个人、家庭、社区、机构与健康养老资源的有效对接和优化配置，推动健康养老服务智慧化升级，提升健康养老服务质量效益水平。

2017年2月，民政部与工信部、国家卫计委联合发布《智慧健康养老产业发展行动计划（2017—2020年）》，提出到2020年，要基本形成覆盖全生命周期的智慧健康养老产业体系，建立100个以上智慧健康养老应用示范基地，培育100家以上具有示范引领作用的行业领军企业，打造一批智慧健康养老服务品牌。健康管理、居家养老等智慧健康养老服务基本普及，智慧健康养老服务质量效率显著提升。智慧健康养老产业发展环境不断完善，制定50项智慧健康养老产品和服务标准，信息安全保障能力大幅提升。

2019年3月，十三届人大二次会议通过的《政府工作报告》提出，2019年要加快推进养老保险省级统筹改革，继续提高企业职工基本养老保险基金中央调剂比例、划转部分国有资本充实社保基金。既要减轻企业缴费负担，又要保障职工社保待遇不变、养老金合理增长并按时足额发放，使社保基金可持续、企业与职工同受益。要大力发展养老特别是社区养老服务业，对在社区提供日间照料、康复护理、助餐助行等服务的机构给予税费减免、资金支持、水电气热价格优惠等扶持，新建居住区应配套建设社区养老服务设施，加强农村养老服务设施建设，改革完善医养结合政策，扩大长期护理保险制度试点，让老年人拥有幸福的晚年，后来人有可期待的未来。

家家有老人，人人都会老。让老年人老有所养、老有所依、老有所乐、老有所安，关系到社会和谐稳定。如今，我国大力营造尊敬老人、关爱老人、赡养老人的社会风尚，相信所有老年人都能有一个幸福美满的晚年！

一枝一叶总关情

——社会服务

衙斋卧听萧萧竹，疑是民间疾苦声。

些小吾曹州县吏，一枝一叶总关情。

清代诗人郑板桥在任潍县知县时，从衙斋竹叶的萧萧响声中，仿佛听到了老百姓对生活艰难的哀怨。他写下这首诗，表达了小小"州县吏"对百姓疾苦的关心。中华人民共和国成立初期，毛泽东就指出民政工作是做人的工作，陈毅则要求民政部门"上为中央分忧，下为百姓解愁"。

当代中国民政不仅具有社会服务功能，而且涉及老百姓生活的方方面面。不同人群的生、老、病、残、死，都离不开民政。正因如此，各级民政部门应当以人民忧乐为忧乐、以人民甘苦为甘苦，始终怀有强烈的忧民、爱民、为民、惠民之心。

一、民政为民

　　民政为民，这是民政工作的第一要务。

　　民政工作的服务对象既有困难群众等需要党和政府"格外关注、格外关爱、格外关心"的群体，又有广大社区居民和各类群众，做民政工作最需要有大爱之心、爱民之心。民政工作通过为这些对象提供各种社会服务，惠民利民，实现社会和谐。

1. 强化"为民服务"基本职能

　　在民政"为民服务"的基本职能中，除了基层政权和社区建设、社会救助、社会福利、养老保障和慈善事业外，还有社会组织管理和社会事务管理两大职能。

　　社会组织管理职能，包括承担依法对社会团体、基金会、民办非企业单位进行登记管理和监察责任。会同有关部门按规定拟订社会工作发展规划、政策和职业规范，推进社会工作人才队伍建设和相关志愿者队伍建设。

　　社会事务管理职能，包括拟订婚姻管理、殡葬管理和儿童收养的政策，负责推进婚俗和殡葬改革，指导婚姻、殡葬、收养服务机构管理工作。

　　此外，还有行政区划和地名相关职能。包括拟订行政区划管理政策和行政区域界线、地名管理办法，负责县级以上行政区域的设立、命名、变更和政府驻地迁移的审核工作，组织、指导省县级行政区域界线的勘定和管理工作，负责重要自然地理实体以及国际公有领域、天体地理实体的命名、更名的审核工作。

　　随着经济社会的发展，民政工作在不断规范的基础上开始由管制型向服务型转变，法制化、规范化、标准化、精细化水平不断提高，在服务社会、服务公众中发挥着越来越重要的作用。

　　在社会组织管理方面，1950年9月，政务院制定了《社会团体登记暂行办法》，内务部和地方各级民政部门承担了社团登记管理职责，迅速清除了旧社会遗留的反动团体，对符合社会需要的各类团体进行了依法登记，明确了其法律地位，保护了其合法权益。从1949年到1965年"文革"前夕，有全国性社会团体近百个，地方性社团6000多个。

　　1988年，国务院赋予民政部门对社团进行归口登记管理的职责，民间组织"双重管理"体制逐步确立和完善，社会团体、基金会、民办非企业单位的登记管理步入了依法规范的轨道，各类社会组织呈现出快速、健康发展的态势，布局合理、结构优化、门类齐全、覆盖广泛、层次有别、发展有序、服务到位的社会组织体系逐步形成，法律赋予人民群众的结社权利得到切实保障，社会组织提供服务、反映诉求、规范行为的作用不断得到发挥。截至2008年年底，全国已登记的社会组织共有41.4万个，其中，社会团体23万个，民办非企业单位18.2万个，基金会1597个。到2018年年底，各级民政部门登记的社会组织发展

社会保障　和谐社会（明信片）

到81万个，可谓今非昔比。

在未成年人保护方面，2018年，民政部报请国务院同意，建立了农村留守儿童关爱保护和困境儿童保障工作部际联席会议制度；推动基层儿童工作队伍建设，2018年，全国设立乡镇（街道）儿童督导员4.46万名、村（居）儿童主任61.53万名，基本实现了全覆盖并实现实名制管理；完善动态监测机制，定期更新农村留守儿童信息，开展困境儿童信息录入工作，全国现有农村留守儿童697万名；强化务工人员家庭监护主体责任意识，举办全国农村留守儿童关爱保护"百场宣讲进工地"活动，惠及3万多个家庭；连续三年组织开展农村留守儿童关爱保护第三方评估，共完成18个省38个县的评估调查；承办中央组织部委托的"农村留守儿童关爱保护和困境儿童保障"专题研究班。

和平生活

在婚姻管理方面，中华人民共和国成立后，对旧社会的婚姻制度进行了根本性变革。1950年5月1日，中华人民共和国第一部《婚姻法》正式实施，彻底废除了包办强迫、男尊女卑、漠视子女利益的封建主义婚姻家庭制度，建立了保障婚姻自由、一夫一妻、男女平等的新婚姻制度。婚姻登记工作以方便群众为原则不断改进，2003年修订的《婚姻登记条例》取消了强制性婚检，改革了婚姻状况出证制度，婚姻登记由审批改为服务，更加彰显了"以人为本"的精神。

在殡葬管理方面，殡葬改革稳步推进，遗体火化率逐步提高，促进了习俗改良、土地节约和环境保护。

在儿童收养方面，国内儿童收养和儿童涉外收养有序发展，使大量孤残儿童回归了家庭，促进了被收养儿童健康成长，有效维护了其合法权益。

在社会工作人才队伍建设方面，民政部门发挥了关键作用，为完善社会管理、改进公共服务提供了重要的人才支持。

在区划地名管理方面，适时完成了行政区划调整的审核报批工作，促进了生产力的合理布局和城镇化发展；完成了大量地名命名、更名工作，推进了地名标准化，开展了"地名公共服务工程"建设，方便了群众生产生活；全面勘定了省、县两级行政区域界线，结束了我国无法定行政区域界线的历史；加强了对行政区域界线的依法管理和"平安边界"建设，促进了边界地区和谐稳定。

2. 充分发挥社会组织的作用

社会组织是人们为了有效地达到特定目标，

按照一定的宗旨、制度、系统建立起来的共同活动集体。它有清楚的界限、明确的目标，内部实行明确的分工，并确立了旨在协调成员活动的正式关系结构。与其他工作相比，社会组织工作具有政治性、政策性、社会性的显著特点。

（1）政治性特点。全部社会组织都存在结社问题，都是结社权利的体现。每一个社会组织有其独立性和自主性，有其各不相同的价值诉求和利益追求，只有当这种独立性、自主性和价值诉求、利益追求符合国家富强、民族振兴、人民幸福的大目标时，社会组织的价值诉求、利益追求才能释放正能量。否则，社会组织就容易成为社会离心力的制造者，成为执政党实现执政使命的障碍物，中外历史上这样的例子不胜枚举。

因此，充分认识和把握社会组织工作的政治性特征，旗帜鲜明讲政治，正确处理好局部和全局、当前和长远、具体利益和根本利益之间的关系，把社会组织建设成为巩固我们党的执政基础、完成我们党的执政使命的重要力量，是做好社会组织工作的第一责任。

（2）政策性特点。社会组织是靠政策来规范管理的。在社会组织管理上，民政部门对一个社会组织从登记成立，到社会组织的日常检查抽查，到接到举报后进行调查，再到行政处罚直至撤销登记、清算、注销等等，都有若干政策；组织部门对党政干部兼职，财政部门对税收优惠政策的执行，也都有许多政策规定。社会组织的政治性也决定它必然有很强的政策性，如以人名命名的社会团体，以及新社会阶层联谊会的负责人，必须征求有关部门意见，按规定办理。因此，充分认识和把握社会组织工作的政策性特征，经常学习研究政策法规、牢记政策法规要义，认真按政策法规办事，是做好社会组织工作的护身符。

（3）社会性特点。社会组织涉及的面相当广泛，工农商学兵各个领域，党政军民学各个部门都存在或涉及社会组织；社会组织服务对象本身也具有多样性，男女老少、各个民族乃至境外人士都有；同时，社会组织发起人也存在一定的

复杂性，越是层级高的社会组织越呈现出"三有"（有钱人、有权人、有闲人）的特点。只有把社会组织工作放到全局中谋划，放到经济社会发展的实际中去思考，统筹管理，才能真正把社会组织管理工作做好。

2017年，我国已登记的社会组织超过70万个，包括国家、省、市、县四级登记的社会组织。各级党委对社会组织工作都有领导的责任和义务，不仅要过问它们的发展状况，有什么问题，存在什么困难，今后的走向；而且要研究制定扶持发展政策和监督管理政策，主动关心它们、联系它们，解决它们的实际困难，而不是不管不问甚至无端指责。

乡镇（街道）、城乡社区虽然没有登记的责任，但在它们周围有比前述四级登记管理机关已登记的社会组织数量多得多的"草根组织"（据估算有几百万个），需要基层党组织去领导、去管理、去联系。

社会组织的登记管理机关、业务主管单位、行业管理部门、综合职能部门，从不同方面承担着对社会组织的监管和引导职责，要站在是否有利于维护党的执政地位，是否有利于扩大党执政的群众基础，是否有利于党完成执政使命的高度来考量、安排、行使自己的职权和责任。在社会组织的登记入口、检查评估以及扶持政策制定和活动综合监管中，把党的主张贯彻到方方面面和各个环节。

非营利性和非行政性是社会组织的基本属性，社会组织之所以是社会组织，之所以不同于企业等营利性组织和行政组织、政权机关、事业单位，就在于它的非营利性和非行政性。非营利性是针对营利性而言的，非行政性是针对行政性而言的，只有同时具备这两条，才是社会组织。

社会组织的非营利性主要表现在：一是不以营利为目的；二是资产投入者对投入的资产不享有所有权；三是投入的资产及其孳息不被出资人、举办人和会员分配或变相分配；四是投入的资产

及其孳息的使用和处分按照投入时的目的或者近似目的来使用。

社会组织的非行政性表现为，社会组织既不是政府组织，也不是政权机关，它没有行政职能，不能行使行政职权，工作方式方法也与行政机关不同。各社会组织之间彼此独立，无上下隶属或指导关系。

必须坚持社会组织的非营利性和非行政性。行业协会、商会为什么要与行政机关脱钩，就是因为不少行业协会、商会存在着"戴着市场的帽子，坐着行业的轿子，拿着政府的鞭子，收着企业的票子，供着官员兼职的位子"的现象，没有坚持社会组织的非营利性和非行政性的属性。在公益慈善领域，挂羊头卖狗肉的社会组织也不少，有的抽逃注册资金，有的搞变相利益分配，有的不经民主程序随意借贷投资造成基金会巨额损失，还有的搞不正当关联交易，这些都背离了非营利性、非行政性的要求，必须加以纠正。

必须坚持社会组织的服务功能。2004年9月19日，党的十六届四中全会通过的《中共中央关于加强党的执政能力建设的决定》明确提出，要发挥社团、行业组织和社会中介组织提供服务、反映诉求、规范行为的作用。

"提供服务、反映诉求、规范行为"成为社会组织的功能定位。2016年中共中央办公厅重申了社会组织的这一功能定位，在此基础上进一步提出要充分发挥社会组织"服务国家、服务社会、服务群众、服务行业"的"四个服务"作用。

首先是服务国家。社会组织要围绕党和国家工作大局，围绕中国特色社会主义的经济、政治、文化、社会、生态文明建设，围绕外交工作大局和祖国统一大业，找准工作的结合点和着力点，团结动员所联系会员为完成党和国家的中心任务贡献力量，促进改革发展、维护社会和谐稳定，不得从事、资助危害国家安全的活动。

其次是服务社会。主要是提供政府服务难以顾及的一些带偏好性的服务、一些市场组织不愿意提供的服务，以及满足人们普遍性的交往偏好

需求等等，不得从事危害社会公共利益的活动。

再次是服务群众。社会组织要做党和政府联系群众的桥梁和纽带，多为群众办好事、解难事，维护和发展群众利益，不断增强自身影响力和感召力。要倾听群众呼声、反映群众意愿，把党的决策部署变成群众的自觉行动，把党的关怀送到群众中去。

最后要服务行业。要制定行业标准，协调行业利益，规范会员行为等等。

"四个服务"使社会组织的功能定位更加完善。只有符合"四个服务"要求的社会组织，才是这个时代、这个社会所需要的社会组织，才符合中国特色社会组织发展之路的要求。

3. 关爱农村留守儿童和妇女

根据《中华人民共和国未成年人保护法》的规定，对孤儿、无法查明其父母或者其他监护人的以及其他生活无着的未成年人，由民政部门设立的儿童福利机构收留抚养。未成年人救助机构、儿童福利机构及其工作人员应当依法履行职责，不得虐待、歧视未成年人；不得在办理收留抚养工作中牟取利益。

2016年，民政部门首次进行全面摸底排查，发现全国共有农村留守儿童902万人，其中，建档立卡20余万人，享受最低生活保障8万多人、特困救助5000多人，对每个留守儿童实行台账管理。

2017年，民政部组织开发全国农村留守儿童和困境儿童信息管理系统。截至2018年9月底，全国录入331.3万名困境儿童信息，有扶贫任务的22个省份共录入242.9万名困境儿童信息，占全国已录入总数的73.1%。

2016年以来，民政部每年安排部本级彩票公益金1亿元支持中西部地区未成年人救助保护设施建设，在分配测算中，将贫困系数从20%权重提高至50%权重；先后投入财政预算资金、部本级彩票公益金近100万元，在贵州、重庆、四川等省市的贫困地区举办培训班，全面指导深度贫困地区特别是"三区三州"扎实深入做好农村留

守儿童关爱保护和困境儿童保障工作；加大国际合作和社会组织助力支持，协调争取联合国儿基会、国际救助儿童会、中国扶贫基金会等1亿多元资金，重点支持山西、河南、江西、四川、贵州、云南、陕西、新疆等10个中西部省、自治区，尤其是"三区三州"地区近100个县（主要为深度贫困县）开展基层儿童福利服务体系建设、未成年人保护合作项目，加强儿童福利体系和未成年人保护体系建设。

关爱留守儿童 共建和谐社会（明信片）

2016年年底至2017年，民政部会同公安部、教育部等8部门组织开展了"合力监护、相伴成长"关爱保护专项行动，22个有脱贫任务省份共帮助71万多名无人监护农村留守儿童落实受委托监护责任人，为16万多名无户籍农村留守儿童登记落户，帮助1.6万多名农村留守儿童返校复学，基本消除农村留守儿童无人监护现象，有效提升农村留守儿童家庭监护质量。

2017年以来，民政部资助中西部孤儿近千名；继续实施"明天计划"项目，为全国的残疾孤儿实施免费医疗康复，重点对贫困发生率较高的中西部地区进行巡诊、筛查。2017年至2019年1月，共救治中西部残疾孤儿15457名，支出医疗康复费用1亿余元。2018年6月，组织医疗专家团队深入藏区，为152名残疾孤儿实施了手术筛查和治疗。同年8月，批复同意在新疆南疆开展"明天计划"试点工作，将困境儿童纳入项目试点范围，并将连续三年每年拨付中央级彩票公益金2500多万元予以支持。

2018年，由部际联席会议办公室、民政部、中国建筑集团有限公司联合举办了全国农村留守儿童关爱保护"百场宣讲进工地"活动，受益者达3万多人。到2019年2月，全国农村留守儿童已下降为697万人，与2016年902万人相比，总量下降22.7%；有扶贫任务的22个省份共有农村留守儿童541.6万人，占全国总数的77.7%，与2016年相比总量下降23%。

与此同时，民政部摸底排查出全国农村留守妇女601万名。在此基础上，民政会同相关部门将农村留守妇女关爱服务纳入农村留守儿童部际联席会议年度工作要点，并与农村留守儿童、老年人关爱工作统筹推进；定期与全国妇联、全国总工会等部门会商制定关爱措施，加大对贫困妇女、病残妇女、单亲母亲、老年妇女等特殊困难群体的救助力度；会同发改委、人社会部、全国妇联等部门，积极推进"社区儿童之家"建设，深入推进支持农民工返乡创业试点，加强对农村留守妇女就近就业创业培训支持，在推进农村创业创新园区（基地）建设、实施农村青年创业致富领头雁培养计划、支持发展农村电商等方面均对农村留守妇女实行政策性倾斜。

二、助人为乐

助人为乐是中华民族的传统美德。无论是遇到天灾人祸或自身难以解决的难处，热心者的鼎力相助都是助人为乐的表现。所谓"赠人玫瑰，手有余香"，即一个人在付出的同时，也会给自己带来快乐。

20世纪50年代后，社会上助人为乐的风尚大大普及，不论地区、亲疏、性别、年龄，一人患难，众人相帮。如危及生命的疾病无钱医治，各阶层人士便自动捐资，需大量输血者，则争先恐后无偿献血，尽可能为患者排忧解难。

1963年3月5日，毛泽东向全党、全军和全国人民发出"向雷锋同志学习"的号召。全国各地立即掀起了向雷锋同志学习的热潮。毛泽东在用毛笔书写了"向雷锋同志学习"七个潇洒飘逸的行草字后，阐释，学雷锋不是学他哪一件好事，也不是学他某一方面的优点，而是要学他的好思想、好作风、好品德；学习雷锋长期一贯地做好事，而不做坏事；学习他一切从人民的利益出发，全心全意为人民服务的精神。当然，学习雷锋要实事求是，扎扎实实，讲求实效，不要搞形式主义。不但普通干部、群众学习雷锋，领导干部要带头学，才能形成好风气。

后来，许多中央领导同志也纷纷为雷锋同志题词。周恩来总理的题词是"向雷锋同志学习，憎爱分明的阶级立场，言行一致的革命精神，公而忘私的共产主义风格，奋不顾身的无产阶级斗

志"，指出了学习雷锋的具体内容。

随着全国各地掀起学习雷锋共产主义精神的热潮，中央决定把3月5日定为"学习雷锋纪念日"。

此后每年，一进入3月，全国各地都会掀起学雷锋讲奉献的高潮。特别是3月5日当天，《学习雷锋好榜样》《接过雷锋的枪》的歌声响彻云霄。各行各业的人纷纷走上街巷，以各种形式来扶危济困，践行雷锋精神。

五好战士

雷锋无私奉献、助人为乐的精神影响了一代又一代的中国人。1965年8月1日，在八一建军节来临之际，邮电部发行《中国人民解放军》纪念邮票，全套8枚。其中第二枚《五好战士》的图案中首次出现了毛主席"向雷锋同志学习"的红色题词手迹。

1978年3月5日，在毛主席为雷锋同志题词15周年纪念日来临之际，邮电部发行《向雷锋同

（3-1）伟大的领袖和导师毛主席的光辉题词（3-2）华国锋的题词
（3-3）雨露滋润禾苗壮

志学习》纪念邮票，全套3枚。这也是我国首次
正式发行毛主席"向雷锋同志学习"题词的邮票。

（3-1）《伟大的领袖和导师毛主席的光辉题
词》，图案为毛主席"向雷锋同志学习"题词手迹，
红底金字，镶金色边框，庄重醒目。

（3-2）《华国锋的题词》，图案为时任中共
中央主席华国锋的题词"向雷锋同志学习，把毛
主席开创的无产阶级革命事业进行到底"。

（3-3）《雨露滋润禾苗壮》，图案为雷锋坐
在驾驶室里学习《毛泽东选集》情景。

2013年3月5日，中国邮政发行《毛泽东"向
雷锋同志学习"题词发表五十周年》纪念邮票，
全套4枚。

随着时光的流逝，那些与雷锋有关的点滴小
事也许已经被人们渐渐淡忘，但是，雷锋的精神
和形象却深深地烙印在所有人的脑海中。雷锋对

中国社会的影响是其他
模范人物难以企及的。
"雷锋"不仅是一个家喻
户晓的名字，而且代表
着一位在不同年代、不
同社会背景下始终具有
榜样意义的人物，更因
强大的感召力而成为一
种精神象征。50多年前，
整个中国掀起了向雷锋
学习的全民热潮；50多年后，雷锋的精神依然
没有褪色。

学雷锋活动和全球风行的志愿者活动有许多
共通之处。所谓"志愿者"，即自愿参加相关团
体组织，在自身条件许可的情况下，在不谋求任
何物质、金钱及相关利益回报的前提下，合理运
用社会现有的资源，志愿奉献个人可以奉献的东
西，为帮助有一定需要的人士，开展力所能及的、
切合实际的，具有一定专业性、技能性、长期性服
务活动的人。

联合国将"志愿者"定义为"不以利益、金
钱、扬名为目的，而是为了近邻乃至世界进行贡
献活动者"，即不为任何物质报酬，能够主动承
担社会责任并奉献个人时间及精力的人。

联合国志愿人员组织成立于1970年12月，总
部设在日内瓦。从1986年开始，每年12月5日为
"国际志愿人员日"，目的是唤起更多人员以志愿

（4-1）向雷锋同志学习（4-2）学习钻研
（4-3）爱岗敬业（4-4）助人为乐

者的身份从事社会发展和经济建设事业，在整个社会中表彰和发扬不怕艰苦、不计报酬、服务公众的志愿精神。

1988年12月5日，中国邮政发行《国际志愿人员日》纪念邮票，全套1枚。

国际志愿人员日

邮票主题图案设计为心形。心形内由各种肤色人形组成的三角状联合国志愿人员徽志和湛蓝色的天空两部分组成。图案中人形的排列呈"V"字形，代表英文单词"volunteer"（志愿人员）的缩写。

1993年年底，共青团中央决定实施中国青年志愿者行动。12月19日，2万余名铁路青年率先打出了"青年志愿者"的旗帜，在京广铁路沿线开展了为旅客送温暖志愿服务。之后，40余万名大中学生利用寒假在全国主要铁路沿线和车站开展志愿者新春热心行动，青年志愿者行动迅速在全国展开。

中国青年志愿者行动是一项与国际接轨的跨世纪事业，它致力于帮助有特殊困难的社会成员，是动员和组织青年参加社会主义精神文明建设的有效载体，也是新形势下共青团工作服务社会的新探索。

中国青年志愿者标志的整体构图为心的造型，同时也代表英语单词"youth"（青年）的第一个字母"y"；图案中央既是手，也是鸽子的造型，与红色的背景构成爱心。标志寓意中国青

青年志愿者 logo

年志愿者向社会上所有需要帮助的人奉献一片爱心，伸出友爱之手，面向世界、奔向未来，表现出青年志愿者"热心献社会，真情暖人心"。

为推动青年志愿服务事业的发展，共青团中央于1994年12月5日成立了中国青年志愿者协会，随后，各级青年志愿者协会也逐步建立起来。到2000年，我国已初步形成了由全国性协会、36个省级协会和三分之二以上的地（市）级协会及部分县级协会组成的爱心满世界志愿服务组织管理网络。

1998年8月，共青团中央青年志愿者行动指导中心正式成立，负责规划、协调、指导全团的青年志愿服务工作，承担中国青年志愿者协会秘书处的职能。为使志愿服务落实到基层，深入千家万户，从1995年开始进行了社区青年志愿者服务站建设工作。全国建立社区青年志愿者服务站24000多个，各地还建立了一大批青年志愿者服务基地、服务广场。10多万支志愿者服务队组成的青年志愿服务基层组织网络已见雏形。

青年志愿者行动不断发展，志愿服务的领域不断扩大，志愿者队伍日益壮大。据统计，截至2018年，全国经过规范注册的青年志愿者总数已达到6770万人，每年向社会提供约7亿小时的志愿服务。

实施青年志愿者"一助一"长期结对服务计划，以孤寡老人、残疾人、生活困难的离退休人员和下岗职工、特困学生、国家优抚对象等困难群众为主要服务对象，在青年志愿者和服务对象之间建立起长期稳定的关系，为困难群众提供力

北京2008年奥运会志愿者志愿服务（纪念封）

所能及的服务和帮助。

在几次大的洪涝和地震灾害面前，几百万青年志愿者在为灾区群众重建家园、恢复生产的工作中发挥了突击队作用。特别是在1998年长江和松花江、嫩江流域的特大洪水面前，广大青年志愿者不畏艰险、不怕牺牲、顽强拼搏，为夺取抗洪抢险斗争的胜利做出了积极贡献。

中国红十字会是中国的群众性卫生救护团体，也是著名的志愿者组织。1904年在上海成立，1912年经红十字国际委员会承认，1919年加入红十字协会。中华人民共和国成立后，中国红十字会确立了"预防为主"和"动员与组织人民实行自救救人"的方针，弘扬爱国主义、国际主义和革命的人道主义。中国红十字会团结广大医务工作者，为提高中华民族的健康水平做出了很大的贡献。

1955年6月25日，邮电部发行《中国红十字会成立五十周年纪念》纪念邮票，全套1枚，主

中国红十字会成立五十周年纪念

题为"工人学习卫生常识参加救护训练"。

画面上是男女两个工人的形象，右边的女工人上臂戴有红十字的白袖章，左边的男工人则身背药箱，右手上举，似乎正在招呼大家，反映了要求大家都来学习卫生常识这一主题。画面左上角位于麦穗中间的红十字会标志，显得极为醒目。

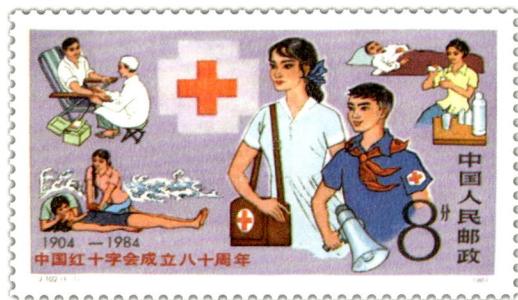

中国红十字会成立八十周年

1984年5月29日，邮电部发行《中国红十字会成立八十周年》纪念邮票，全套1枚。邮票主题为"红十字会活动"，整张邮票以宣传画的形式来。

邮票主图为一背药箱的女青年和一手持喇叭的少年先锋队员，表现了红十字会的作用是救死扶伤和宣传卫生知识；画面左上和右上角的小图为医疗工作者给病人治病的场景；左下角小图的两位救护者正在给溺水者做人工呼吸；图案中间的红十字则表明画面反映的皆为红十字会的活动。形象、生动、直观是该邮票的特点。

三、喜结良缘

迢迢牵牛星，皎皎河汉女。
纤纤擢素手，札札弄机杼。
终日不成章，泣涕零如雨。
河汉清且浅，相去复几许？
盈盈一水间，脉脉不得语。

中国四大民间爱情传说之一的牛郎织女的爱情故事，千古流传。

凄美艳丽的牛郎织女的故事，与孟姜女哭长城、梁山伯与祝英台和白蛇传并称为我国"民间四大爱情传说"。

传说天上有个织女，还有一个牵牛。织女和牵牛情投意合，心心相印。可是，天条律令是不允许男欢女爱、私自相恋的。织女是王母的孙女，王母便将牵牛贬下凡尘，令织女不停地织云锦以作惩罚。

后来，织女讨得王母欢心，得以下凡一游。她和牛郎有幸相会，并做了牛郎的妻子。两人结婚以后，男耕女织，相亲相爱，日子过得非常美满幸福。不久，他们生下了一儿一女，十分可爱。牛郎织女满以为能够终身相守，白

头到老。可是，王母知道这件事后，勃然大怒，马上派遣天神捉织女回天庭问罪，并划下一道天河，横在织女和牛郎之间，使他们无法横越。后来王母总算开恩，让他们每年七月七日在鹊桥相会一次。相见时难别亦难，牛郎织女日日互相思念，盼望着第二年七月七日的重逢。

每到农历七月初七，相传牛郎织女鹊桥相会的日子，姑娘们就会来到花前月下，抬头仰望星空，寻找牵牛星和织女星，希望能看到他们一年一度的相会，乞求上天能让自己能像织女那样心灵手巧，祈祷自己能有如意称心的美满婚姻，由此形成了七夕节。

2010年8月16日（七夕节），中国邮政发行《民间传说——牛郎织女》特种邮票，全套4枚。设计师采用中华民族最有民间风味、最传统的剪

民间传说——牛郎织女（小本票）

纸和皮影艺术手法来表达这个爱情故事，希望这个古老的传说所蕴含的坚定、勇敢、执着、含蓄等美好品质能发扬光大，希望人们对于爱情有一份更执着的追求和坚守。

（4-1）盗衣结缘（4-2）男耕女织
（4-3）担子追妻（4-4）鹊桥相会

　　我国封建社会的历史很长，封建婚姻制度的影响很深，男尊女卑、包办买卖、一夫多妻等社会现象十分普遍。为取代传统的封建婚姻制度，1948年年底，解放区就开始起草《婚姻法》。1950年5月，中华人民共和国第一部婚姻法正式开始实施。《婚姻法》规定废除包办强迫、男尊女卑的封建主义婚姻制度，实行男女婚姻自由、一夫一妻、男女平等、保护妇女和子女合法权益的新民主主义婚姻制度，使众多有情男女结为伴侣家庭。从政治、经济和法律等各方面，保护新婚姻制度，荡涤封建婚姻制度残余。

　　《婚姻法》规定，由人民政府负责婚姻登记事务。2003年10月1日，《婚姻登记条例》正式施行，明确地方民政部门负责婚姻登记。婚姻登

记是恋爱的男女之间为了实现共同生活的目的，依照法定程序，经国家婚姻登记机关核准，取得结婚证的行为。

　　婚姻登记是国家对婚姻关系的建立进行监督和管理的制度。结婚除必须符合法律规定的条件外，还必须在规定的结婚登记处履行法定的婚姻登记手续。婚姻登记制度既可以保障婚姻自由、一夫一妻原则的贯彻实施，也可以保证婚姻当事人及其子女的身心健康，避免违法婚姻、无效婚姻，预防婚姻家庭纠纷的发生。

　　婚姻登记也是进行婚姻法制宣传的重要环节。符合法定结婚条件的男女，只有在办理结婚登记以后，其婚姻关系才具有法律效力，受到法律的承认和保护。认真执行关于婚姻登记的各项规定，对于巩固和发展社会主义婚姻家庭制度具有重要意义。

　　自《婚姻登记条例》实施以来，各地民政部门认真贯彻《婚姻登记条例》，严格执行《婚姻登记工作暂行规范》，婚姻登记工作水平有了提高。但是，也有一些地方仍存在对《婚姻登记条例》和《婚姻登记工作暂行规范》理解不深入，执行不到位的现象，主要表现为：

　　一是有的登记机关虽然能够按照《婚姻登记条例》的规定不再要求当事人提交婚姻状况证明和婚检证明，但工作方式和登记程序依然延续旧的做法，未体现当事人责任自负的新要求，也给登记效力之争埋下隐患；二是有的登记机关政务公开不到位，应当公开的内容未公开，或公开的内容不准确，服务意识不强；三是有的登记机关

婚禧

中西婚嫁习俗（小型张）

理婚姻登记1010万对。全国婚姻登记信息数据已达2.8亿条，31个省、自治区、直辖市实现了婚姻登记全国联网审查功能，与国家税务总局等10多个部门实现信息共享。

婚姻登记信息全国联网后，新人可异地办理婚姻登记。婚姻登记信息全国联网系统开通后，不管人在哪里，随时实地可以在网上查询领取结婚证的相关信息。登记人员可以在网上核实婚姻登记人信息，方便异地办理婚姻登记。

在此基础上，婚姻登记诚信体系逐步建立，民政部会同国家发改委、人民银行等30个部门联合签订了《关于对婚姻登记严重失信当事人开展联合惩戒的合作备忘录》。婚姻登记服务全面拓展，修订出台《婚姻登记工作规范》，积极推广颁证制度；出台《婚姻家庭辅导服务》行业标准，积极化解冲动离婚等现象。推动婚俗改革，助力脱贫攻坚，指导地方结合实际采取多种措施，积极构建简约适度的婚俗礼仪，反对利

工作人员行为礼仪欠缺，没有体现政府执政为民和婚姻登记工作由管理变为服务的理念；四是一些县（市、区）还未以县（市、区）人民政府的名义设置和公布婚姻登记机关。

为进一步贯彻执行《婚姻法》和《婚姻登记条例》，提高婚姻登记工作水平，根据民政部的安排，从2005年4月至2006年10月，用一年半的时间，在全国各地婚姻登记机关开展以严格执行《婚姻登记条例》和《婚姻登记工作暂行规范》为主要内容的婚姻登记工作规范化建设活动。

2012年6月，民政部初步建立中央级婚姻登记数据中心，全国31个省、自治区、直辖市（未含港澳台地区）均建立省级婚姻登记工作网络平台和数据中心，实现了在线婚姻登记和婚姻登记信息全国联网审查。

这一成果，结束了手工办理婚姻登记的历史，全面实现婚姻登记工作计算机操作和信息化管理；可以有效预防重婚、骗婚等违法现象的发生；为启动"全国公民婚姻状况数据库"建设、完善"国家人口基础信息库"、加快部门间信息共享奠定了坚实的基础。到2018年，全国共有婚姻登记机关6377个，其中省市级206个，区县级2881个，乡镇级2988个，办

中西婚嫁习俗

用婚姻敛财，抵制天价彩礼、铺张浪费、低俗婚闹、随礼攀比等不正之风。

2018年11月，民政部在济南召开全国婚姻礼俗改革工作座谈会，坚持以社会主义核心价值观为引领，传承发展中华优秀传统婚姻家庭文化，扎实推进婚姻礼俗改革，积极倡导移风易俗，努力开创新时代婚姻家庭建设的新局面。

随着改革开放的深入推进，每年平均有4万名中国大陆居民与港澳台居民、华侨、外国人缔结姻缘。各级民政部门将维护跨国婚姻、两岸婚姻和两地婚姻当事人合法权益与塑造我国政府良好形象结合起来，积极开展婚姻家庭交流，增进不同国家、不同地区政府和人民对我国的了解。

福建与台湾一水相隔，地缘相近、血缘相亲、文缘相承、商缘相连、法缘相循，具有对台交往的独特优势。2009年10月，民政部与福建省政府就加快推进海峡西岸经济区民政事业发展签署合作协议，提出要构筑民政对台交流合作的前沿平台，支持闽台社会组织加强联系互动，做好困难台胞台属救助工作，促进两岸通婚健康和谐发展，加强闽台殡葬事务交流合作，推动两岸社会工作对接交流等等。

自1987年11月开放台胞回大陆探亲，促成第一批两岸婚姻——"老兵婚姻"后，随着两岸交流日益频密、深入，两岸婚姻也随之增多，两岸婚姻的质量得到很大提升。双方年龄结构更趋合理；相识渠道趋于多样，从单纯的婚介到通过工作、求学、网络等多种方式结缘，"陆配"不再是贫困、底层、家暴、假婚的代名词，而意味着双方共同打拼，开创事业，夫妻幸福度大大提升。

2012年6月，由福建省民政厅参与承办的首届海峡

两岸婚姻家庭论坛在厦门举行，来自两岸的200余名配偶代表和嘉宾代表围绕"关怀两岸婚姻、共建美好家园"的主题共叙亲情、开展交流。论坛开幕当日，还举行了民政部海峡两岸婚姻家庭服务中心和福建省海峡两岸婚姻家庭服务中心揭牌仪式，以及海峡两岸婚姻家庭服务网开通仪式。

2013年3月，由民政部海峡两岸婚姻家庭服务中心主办，福建省民政厅、福建省海峡两岸婚姻家庭服务中心承办的首届海峡两岸婚姻当事人辅导班在福州开班。辅导班促进了大陆配偶对台湾和两岸婚姻家庭文化的了解、解答当事人关心的出入境、公证、养老保险等问题，搭建起大陆配偶互相交流沟通的平台。到2018年年初，两岸婚姻约有40万对，每年以1万对的速度增长。

2月14日是情人节，也是向情侣、家人或朋友表达真挚关怀和传递绵绵情意的日子。为配合这个节日，香港邮政于2015年2月12日发行第六辑《心思心意》邮票，全套6枚。

《心思心意》邮票以五彩缤纷的心形为主图，配以全新版式，凸显"心思心意"主题。其中《棒棒糖》主图为颜色鲜艳的心形扭纹棒棒糖，满载甜蜜温馨的情意；《蛋糕》借精美的心形蛋

（6-1）棒棒糖（6-2）蛋糕（6-3）煎蛋面包
（6-4）四叶草（6-5）气球（6-6）相架

糕，送上真挚的心意；《煎蛋面包》画面中的心形煎蛋加爱心面包，是快乐和谐生活的写照；《四叶草》画面中由四叶草拼凑而成的立体心形，寓意一生幸福；《气球》画面中色彩缤纷的气球组成心形，营造欢欣愉快的气氛；《相架》主图为精美的心形相架，外框缀以美丽的玫瑰，最适合用来摆放留住美好回忆的相片。

执子之手，与子偕老。家庭是社会的单元，和谐的家庭是和谐社会的基础。婚姻颁证制度见证了新人的甜蜜爱情，婚姻家庭辅导则挽救婚姻于悬崖边缘。千千万万的家庭背后，有着民政人的祝福与守望。

第六辑《心思心意》邮票（小全张）

四、移风易俗

清明节是中国传统节日，也是我国民间最重要的祭祀节日。为纪念中华民族这一传统节日，中国邮政于2010年4月5日发行《清明节》特种邮票，全套3枚。

（3-1）祭祖（3-2）踏青（3-3）插柳

（3-1）《祭祖》，表现的是古人清明节时在先人墓前焚香、烧化纸钱的情景。这是一幅隽永的拜祭图，描绘了葱茏山野之间，白云悠悠，绿意盎然，服饰鲜明的人们肃立于墓碑前悼念先祖，体现了清明节"慎终追远"的文化内涵。

（3-2）《踏青》，表现的是古代小朋友们清明节在郊外放风筝的情景。四月清明，春回大地，自然界到处呈现出一派生机勃勃的景象，正是郊游的大好时光。五个天真烂漫的孩子，正在兴高采烈地放风筝，体现了清明节人们融入自然、绽放生命的喜悦。

（3-3）《插柳》，表现的是古时人们在清明节时栽种柳树的情景。柳在人们的心目中有辟邪的功用。清明节是中国民间的三个"鬼节"之一，值此柳条发芽时节，人们自然纷纷插柳戴柳以辟邪。

这套邮票采用传统的中国画工笔重彩来表现，形式古朴，笔墨传神，表现出了中国清明文化的内涵以及中国人孝老爱亲、感悟生命的历史传统。

中华人民共和国成立初期，各地民政部门接管了公墓，接收改造了旧社会的丧葬服务业（俗称杠业），并与有关部门配合取缔了迷信职业，禁止迷信丧葬用品的产销。同时，积极推行追悼会等新的丧葬礼仪；推行火葬，改革传统土葬；破除陋习，提倡丧事俭办。作为移风易俗的一项社会改革，新的丧葬礼仪逐步被群众特别是城市居民所认可和接受。

有生必有死，让每个人有尊严地告别这个世界，又使青山绿水存留人间，一直是殡葬改革追求的目标。

殡葬作为最基本的民生事项，政府保障职责日益凸显。各级民政部门创新体制、机制、制度，完善管理、服务、设施，在殡葬领域努力保障并改善民生，殡葬事业改革发展成果惠及更多群众。

民政部与发改委、中国残联印发《"十三五"社会服务兜底工程实施方案》，明确"十三五"期间中央财政专项支持殡仪馆和公益性安放设施建设。有关方面修订了《殡葬管理条例》，规范重大突发事件遇难人员遗体处置等政策措施，从源头治理殡葬领域突出问题，规范公墓管理和殡葬服务市场秩序，加大殡葬公共设施建设力度，健全殡葬公共服务体系。

在贫困地区的殡葬改革方面，民政部门大力支持殡葬基础设施建设。一方面，用好福彩公益金。2013年以来，每年都安排福利彩票公益金支持地方特别是贫困地区殡葬设施建设和设备更新。2017年在因素分配中，加大了对贫困地区的倾斜力度，倾斜因素权重为50%；同时体现补短板因素，权重为40%，涉及因素包括特困人员数、贫困人口数、贫困县数等。

另一方面，用好中央预算内资金支持贫困地区殡葬设施建设，大力开展殡葬领域突出问题专项行动，规范了殡葬服务市场，得到社会各界的关注和认同。大力实施惠民殡葬政策，及时研究制定《关于全面推行惠民殡葬政策的指导意见》和《关于进一步推动殡葬改革促进殡葬事业发展的指导意见》，全面推行减免基本殡葬服务费用政策，着力保障困难群众的基本殡葬需求。目前，全国基本实现城乡困难群众去世后免费享有基本殡葬服务，发挥了政府对基本殡葬服务的兜底保障作用。

在专项整治行动中，共整治各类经营性公墓1407个，其中取缔非法公墓163个，纠正违规建设的公墓290个，纠正超标准建设的公墓945个，纠正有违规销售行为的公墓532个；清理农村公益性墓地5.3万个，对其中1320个有非法经营行为的墓地进行了重点整治；共检查殡仪馆、殡仪服务中心和殡葬中介机构8400家，对158家违规乱收费的行为进行了查处；共收到投诉举报线索227件，均已分类处理，有效遏制了各类违法违规行为。

大力开展殡葬移风易俗，民政部代中共中央办公厅、国务院办公厅起草了《关于党员干部带头推动殡葬改革的意见》，会同有关部门印发了《关于推行节地生态安葬的指导意见》。持续深化贫困地区殡葬改革，推进殡葬移风易俗，有效遏制厚葬薄养、炫富攀比、铺张浪费等不良陋习，解决因婚姻丧葬而致贫、返贫现象。

民政部通过开展全国殡葬综合改革试点工作，在脱贫攻坚、乡村振兴大局中统筹推进丧葬礼俗改革，移风易俗工作不断强化，让文明丧葬新风延伸到广大城乡社区。各地把殡葬改革纳入全面从严治党重要内容做出部署，强化党员干部示范引领作用，充分发挥村（居）委会及红白理事会、老人协会等自治组织、社会组织的作用，引导群众树立正确的丧葬观，在丧葬活动中体现良好家风、文明乡风、淳朴民风。各级民政部门提倡节地生态安葬，革除丧葬陋俗，并结合科学方式，依当地人口、耕地、交通等状况规划火葬区和土葬改革区。

为扩大社会服务供给，民政部在2016年12月制定的《"十三五"社会服务兜底工程实施方案》中，要求加强殡葬等基本公共服务设施的建设。在火葬区尚无设施的县（市、区）新建殡仪馆或公益性骨灰安放设施，对已达危房标准、设施设备陈旧的县（市、区）殡仪馆实施改扩建，对已达到强制报废年限或不符合国家环境保护标准的县（市、区）火化设备进行更新改造。

得益于各级党委政府的重视、民政等部门的主动作为、基层组织和群众的参与支持，殡葬活动在吸纳优秀传统文化基础上凸显现代文明特质，节地生态安葬、低碳文明祭扫方式被广泛接受。农村的婚丧习俗和乡风、家风、民风正在发生积极的变化。据统计，2018年国内各大中城市火化率已达90%以上，全年可节约木材700多万

166

邮票上的民政事业——献给新中国成立七十周年
Civil Affairs on Postage Stamps—Dedicated to the 70th Anniversary of the Founding of the People's Republic of China

立方米，节约土地6万余亩。

2018年，在时隔21年之后，自1997年7月21日起施行的《殡葬管理条例》首次迎来大幅度修改，原条例的6章24条被扩充为8章57条。《殡葬管理条例（修订草案征求意见稿）》以人民为中心，完善基本殡葬公共服务体系，把明确政府职责、完善基本殡葬公共服务、强化公益导向作为修订重点。规定国家建立基本殡葬公共服务制度，提供遗体接运、暂存、火化、骨灰存放以及生态安葬等5项基本殡葬服务，并在价格方面实行政府定价管理。对特困人员、最低生活保障对象、生活困难的重点优抚对象以及其他城乡困难群众免费提供基本殡葬服务。同时，建立投入保障机制，强化政府在规划建设、土地供应、经费保障、基本殡葬公共服务提供等方面的责任，对殡仪馆、公墓、骨灰堂等殡葬设施规划、审批、建设等予以明确。

殡葬是民生大事，实现"逝有所安"是新时代满足人民群众美好生活需要的重要内容。殡葬改革要坚持民生导向，增加公益性殡葬服务供给，为群众提供数量充足、质量可靠、价格合理、绿色文明的殡葬服务，满足群众"逝有所安"的殡葬需求。

近年来，公墓墓位价格贵、占地多、墓碑大等问题备受关注。为此，征求意见稿做出一系列强化公墓、骨灰堂管理规范的规定。例如，针对安葬环节存在的价格贵、不环保等突出问题，分别从增加土地供给、突出公益属性、强化价格监管、规范日常管理等方面进行规范。

同时，规定公墓、骨灰堂建设要纳入规划管理，保障用地并控制数量。明确公墓、骨灰堂的审批权，强化"谁审批、谁监管"责任。突出公墓的公益属性，规定优先建设公益性骨灰堂，统筹建设公益性公墓，以划拨等方式保障用地，禁止将公益性公墓（骨灰堂）变更为经营性公墓（骨灰堂），禁止使用财政性资金或者以租代征土地建设经营性公墓（骨灰堂）。

此外，完善价格管理，明确公益性公墓、骨灰堂的墓位、格位价格实行政府定价并动态调整，经营性公墓的墓位用地费和维护管理费实行政府指导价，严格控制公墓价格。规范公墓日常经营管理，严格限制墓位占地面积、墓碑高度和使用年限，公墓、骨灰堂经营者必须凭死亡证明或者火化证明提供墓位或者格位。

近年来，殡仪服务、丧葬用品市场混乱等情形严重损害了群众利益，影响了殡葬行业形象。为此，征求意见稿做出一系列针对性的规定。一是明确服务规范和从业操守，规定不得巧立名目，不得误导、捆绑、强迫消费，不得限制使用自带的合法丧葬用品。二是明确遗体接运、火化、无人认领遗体处理、安葬服务、墓位使用期限等核心服务环节的规则程序，为解决服务过程中的常见纠纷及制度难题提供依据。三是规范价格管理，对遗体整容等与基本服务密切相关的延伸服务收费实行政府指导价。四是推进信息化建设，实行收费公示和明码标价，要求签订服务合同、出具结算票据，维护消费者合法权益。五

清明节（小版张）

是为方便群众治丧，将遗体接运、存放、防腐、整容等直接接触遗体服务向市场开放，同时建立准入制度加强管理。

征求意见稿还根据新形势新情况，专门增设"监督检查"一章，对加强部门协同、抽查、年报、第三方评估、信用监管和社会监督等制度予以明确，解决协同监管机制不健全、措施手段不足等问题。同时，在法律责任部分，针对擅自兴建殡葬设施、违规建坟、擅自开展殡仪服务等违法行为，明确执法主体、处罚措施，加强事中事后监管，有利于发挥执法震慑作用，维护殡葬管理秩序。

清明节（明信片）

五、创新服务

民政工作经常性的基本服务对象为两大类：一类是最可爱的人，包括现役军人、烈军属、伤残和退役军人；另一类是最困难的人，包括灾民和社会上的孤老、孤儿、残疾人、困难户。以创新的精神做好这两类对象的服务工作，对构建和谐社会具有重要的意义。

1. 购买社会服务 推进公共服务均等化

2010年以后，我国社会服务体系建设面临的形势更为严峻。主要表现为，老龄人口持续快速增长，老龄化程度日益加重；残疾人总数约为8500万人，提供适合残疾人特殊需求的基本公共服务任务十分艰巨；困境儿童无人抚养、留守儿童缺乏关爱、精神卫生防治工作困难、群众"治丧难""治丧贵"等社会热点问题也频频出现，精细化、专业化的社会服务需求日益增长，对完

社会发展　共创未来

善社会服务体系提出迫切要求。

对此，有关部门陆续制定了残疾人小康进程、困难残疾人生活补贴和重度残疾人护理补贴、农村留守儿童关爱保护、困境儿童保障、深化殡葬改革等方面的政策措施，中央和地方各级政府不断加大养老服务、儿童福利、残疾人服务等建设投入力度，服务设施条件不断改善，社会服务体系持续完善，残疾人小康进程加快推进，保障能力和服务水平进一步提升。

2012年12月，民政部出台意见，引导和支持社会力量通过开展慈善捐助、实施公益项目、志愿服务、政府购买服务等多种方式，积极参与流浪乞讨人员救助服务，使社会力量成为帮助流浪乞讨人员摆脱困境的重要力量。各地积极探索推动政府购买服务，引入社会力量在救助站内提供专业服务，或委托符合条件的福利院、敬老院、精神病院等机构，协助做好长期滞留人员照料服务。

为强化服务聚焦基层，构建社会救助新格局，2013年9月，国务院办公厅发布《关于政府向社会力量购买服务的指导意见》，部署政府购买服务工作，之后有关部门将社会救助服务列为政府购买服务目录。2014年2月，国务院颁布《社会救助暂行办法》，明确要求可将社会救助中的具体服务事项通过委托、承包、采购等方式，向社会力量购买服务。同年12月，民政部与财政部、国家工商总局制定了《政府购买服务管理办

法（暂行）》，体现了为困难群众编织一张保障基本生活的"安全网"，消除社会救助服务"中梗阻"，打通民生保障"最后一公里"的决心。

2017年9月，民政部等四部委出台《关于积极推行政府购买服务加强基层社会救助经办服务能力的意见》，要求积极推行政府购买服务，加强基层社会救助经办能力。意见指出，"十三五"时期全面推行政府向社会力量购买社会救助服务工作，进一步完善相关政策机制，显著提升基层社会救助经办服务能力。该意见明确了政府购买社会救助服务的购买主体、购买内容、承接主体、购买机制，并对经费保障、绩效评价和监督管理做出规定。意见要求各地切实加强基层社会救助经办服务能力，尽快形成一门受理、协同办理、资源统筹、综合施救的社会救助工作格局。

通过契约化的形式，政府将社会救助事务外包给非营利组织、企业或其他社会组织，是提高公共财政的使用效率，增强公共服务供给效力的重要举措，也是现代公共财政支出发展的国际趋势。

首先，有利于提高社会救助服务的供给能力。该意见出台以后，各级政府可打破以往"建机构、核编制、养人办事"模式，财政不需安排人员工资、公用经费等基本支出，按照"以事定费"原则和购买服务协议，相应安排政府购买服务预算，创新服务供给模式，通过购买服务以提升服务供给数量和质量，构建人民满意型政府。

其次，通过标准化、科学化的评价考核制度和动态的激励机制，可提高社会救助的实施效果。主管部门作为购买服务主体，与通过招标方式确定的服务承接主体签订服务合同，明确授权管理范围、委托运行期限、双方权利义务和违约责任。在服务过程中，政府主管部门、服务对象和第三方中介机构等都能参与综合绩效评估机制，共同对社会救助的服务质量进行考核和监督，使得评价更为科学合理。考核管理中，除实行一定的经济制裁手段外，对不能实现既定目标的服务机构还可以实行淘汰制，予以辞退。有了严格的多元化监督考评体系，服务机构唯有把功夫下在提高服务质量上，真正让群众满意，才不至于被淘汰出局。

最后，引入竞争机制，促进社会组织和现代服务业发展。在社会救助服务的提供上，有利于形成优胜劣汰的公平竞争激励机制，促进服务质量的提升；在社会救助服务上，形成一大批规范发展的社会组织。

2018年8月，民政部提出，要大力培育发展社区社会组织。社区社会组织是由社区居民发起成立，在城乡社区开展为民服务、公益慈善、邻里互助、文体娱乐和农村生产技术服务等活动的社会组织。培育发展社区社会组织，有利于激发基层活力，促进居民有序参与社区事务；有利于引导多方参与社区服务，满足群众多样化需求；有利于加强社区矛盾预防化解，助力和谐社区建设。

民政部为发挥社会组织的积极作用，加大财税支持力度，实施中央财政支持社会组织参与社会服务项目，立项资金1.78亿元。推动财政、税务部门修订出台非营利组织免税资格认定、公益性捐赠支出企业所得税税前扣除等优惠政策。支持引导社会工作专业人才发挥积极作用，联合人社部出台《高级社会工作师评价办法》，配合卫健委推进社会心理服务体系建设。推进政府购买青少年社会工作服务，支持黑龙江、安徽等地实施灾后社会工作服务项目。发布"中国社会工作"主题logo标志。

根据全国社会组织统一社会信用代码系统收录的数据，截至2018年年底，各级民政部门登记社会组织81万个，认定慈善组织5289个（具有公开募捐资格的1454个）。全国建立一支120万人的社会工作专业人才队伍，其中有44万人取得社会工作职业资格，为民生保障和社会治理提供了专业人才支持。全国志愿服务信息系统中注册的志愿者人数超过1亿人，记录的志愿服务时间超过12亿小时，在社会服务中发挥积极作用。

2. 创新社会工作提升服务效果

现代意义的社会工作，是一种以助人为宗旨，运用专业知识、理论和方法，协调社会关系、预防和解决社会问题、促进社会公正的专门职业。社会工作人才主要分布在社会福利、社会救助、社会慈善、社区服务等领域，专门从事困难救助、矛盾调处、权益维护、心理疏导、行为矫治等社会服务性工作，是现代社会管理与公共服务的重要力量。社会工作在发达国家已有上百年历史，但在我国仍处于初级阶段，与经济发展水平和人民的需要还不适应。

我国对社会工作人才培养早已起步。截至2007年年底，我国有211所大学开设了社会工作专业本科教育，有32所大学开设了社会工作专科教育。2008年6月，民政部与人事部成功举办了全国首届助理社会工作师、社会工作师职业水平考试，共有13万多人报名参加。2019年，全国已有82所高校开设了社会工作专业专科、348所高校开设了社会工作专业本科。社会工作者职业资格制度已经纳入了《国家职业资格目录》。2019年上半年累计有33.2万人取得了助理社会工作师证书，10.7万人取得了社会工作师证书。

民政事业专业化要求催生新职业，2008年11月，民政部与人社部联合发文，明确提出"民政事业单位原则上以社会工作岗位为主体专业技术岗位"，这是我国首次设立社会工作专业技术岗位。

2010年11月，我国社会工作实务创新基地

实行无偿献血制度（邮资图）

建设"破冰"。中国社会工作协会宣布，建立以北京市西城区社会工作联合会和厚朴社工事务所为主的城区社会工作实务创新基地等5家社会工作实务创新基地，以期加强我国社会工作实务建设中的薄弱环节，积极推动社会工作本土化发展。

为推动"互联网＋"在社会组织、社会工作、志愿服务、慈善募捐等领域健康发展，2018年9月，民政部发布了《"互联网＋社会组织（社会工作、志愿服务）"行动方案（2018—2020年）》。主要举措包括推动社会组织法人库及相关信息系统建设，推动社会组织数据管理和数据共享，推动社会组织信息网上公开与公众查询，运用互联网手段实施社会组织执法监察，引导社会组织提升信息化服务能力和互联网传播水平，推动志愿服务流程优化，推动志愿服务的联合激励，推动互联网募捐信息规范发布，推动慈善组织信息统一公开与透明查询，推动慈善捐赠联合激励与惩戒。

随着我国社会工作的不断发展，到2017年，各地在城乡社区、相关事业单位和社会组织开发了27万余个社会工作岗位，建立了13000多个社会工作站点，发展了6000多家民办社会工作服务机构，初步建立了广布城乡基层的社会工作服务平台网络。

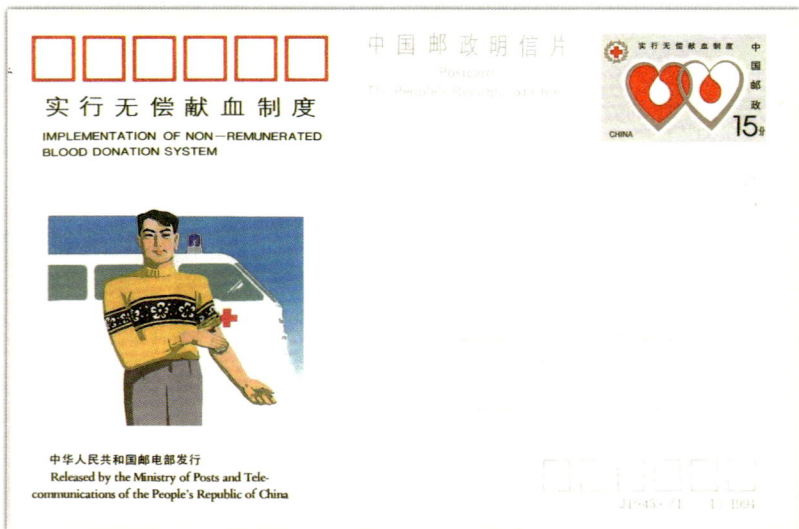

实行无偿献血制度（邮资片）

依托这些社会工作服务平台，有的地方以街镇和社区社会工作站为中心，通过公开招聘、委托社会组织运营、与高校合作建立社会工作实训基地等方式配备社会工作服务团队，采取定点服务、巡回服务、外展服务等手段为群众提供专业服务，充实了民政在基层社区的工作力量；有的地方通过政府购买服务支持社会工作专业力量协助开展困难群众救助保护与精神关爱工作，扩大了民政服务的覆盖范围，加强了民政的托底保障能力；有的地方建立了社区、社会组织、社会工作联动服务机制和社会工作者、志愿者协作服务机制，整合了社会工作的专业优势和社会组织、志愿者的资源优势，探索了引导社会力量参与基层社会治理、提供民政服务的新路子。

各地经验表明，广布城乡的社会工作岗位、站点和机构有效补充了基层民政服务载体，丰富了民政服务功能，为延伸基层民政工作臂力、增强民政服务的可及性提供了有力支撑。

老年人、困境儿童、农村留守人员、低收入家庭和受灾群众是民政部门的重点服务对象，也是社会工作应该重点关注、重点服务的群体。社会工作在服务困难群众方面应做到：

（1）要做好对不同老年人群的生活照顾、精神慰藉、代际沟通、文化娱乐、社区参与、临终关怀等工作，倡导积极老龄观，完善居家社区养老服务。

（2）要贯彻落实《国务院关于加强农村留守儿童关爱保护工作的意见》和《国务院关于加强困境儿童保障工作的意见》，支持社会工作专业力量协助开展困境儿童和农村留守人员家庭探访、监护状况评估、精神关爱、家庭教育辅导、权益维护等工作，促进建立困境儿童和农村留守人员社会关爱保护体系。

（3）要推动落实《民政部、财政部关于加

快推进社会救助领域社会工作发展的意见》，加大对低收入家庭的心理社会支持力度，开展社会融入、能力提升、心理疏导、资源链接、宣传教育等服务，促进基本救助服务与专业化个性化服务相补充、"救生"与"救心"相结合。

（4）要深化救灾领域社会工作发展，以民政部重大自然灾害与突发事件社会工作服务支援计划为引导，发挥社会工作在帮助受灾群众舒缓悲伤、修复灾害创伤、重建社会关系、恢复发展生计、提升自救与互助能力中的积极作用，促进灾害救助与灾后恢复重建工作。

构建和谐社会是中国特色社会主义事业的战略任务。事实证明，在鼓励人们合法致富的同时，利用包括保障、福利和救助等在内的工具进行社会调节，是加强社会团结和实现社会稳定的重要保证。中华人民共和国经过70年的发展，特别是改革开放40年来，建立了"为民解困、为民造福"的基本制度，通过扶贫、救济、其他社会福利和社会服务措施，使灾民、贫民、困难户、不幸者的生活得到保障，实现了千百年来人们所追求的"老有所终、壮有所用、幼有所长、鳏寡孤独废弃者皆有所养"的理想。广大民政工作者为之付

（4-1）安居乐业（4-2）社会保障
（4-3）社会和谐（4-4）美好生活

172

邮票上的民政事业——献给新中国成立七十周年
Civil Affairs on Postage Stamps—Dedicated to the 70th Anniversary of the Founding of the People's Republic of China

出了辛勤的努力和无数的心血与汗水。这既是民政事业的最大成就，也是全体民政人的骄傲。

2015年7月25日，中国邮政发行《中国梦——人民幸福》特种邮票，全套4枚，小全张1枚。这是继2013年和2014年中国邮政发行《中国梦——国家富强》和《中国梦——民族振兴》之后的第三套《中国梦》系列邮票，也是《中国梦》系列邮票的收官之作。

邮票整体设计上，以蓝绿色为主色调，以优美环境为背景，体现绿色、健康、可持续发展的精神。单张邮票通过一幅幅祥和的画面表现出人民安居乐业、社会保障完善、社会和谐发展以及人们共同期待美好生活的场景，艺术地反映了"人民幸福"的主题。画面内容表现丰富，人物造型生动，色调清新，使人对未来生活抱有期待和向往。

中国梦——人民幸福（小全张）

邮记香港民政

　　1997年7月1日中国政府对香港恢复行使主权，香港特别行政区政府同时成立，并沿用港英时期的大部分制度。除香港特区行政长官外，香港特区政府行政体制架构有三层：

　　第一层是三大司，包括政务司、财政司和律政司。其司长均由行政长官委任，负责制定香港特区政府最主要的政策，并直接向行政长官负责。

　　第二层是决策局（又称政策局），包括教育局、创新及科技局、食物及卫生局、民政事务局、保安局等10余个局，负责制定、统筹教育、卫生、保安等各方面的政策，以及监督属下执行部门的工作。虽经多次调整，但"以民为本，施政惠民"的民政事务局始终存在。

　　第三层是执行部门，共有60多个，如卫生署、警务处等。另有少数政府部门，如廉政公署、审计署等，直属行政长官。

　　根据"一国两制、港人治港、高度自治"的方针，除了外交、防务外，其他所有本地事务（包括民政事务）皆由香港特区政府管理。

一、香港民政

香港民政事务局是香港特区政府的决策局之一，负责香港的青年政策、体育康乐、文化艺术、公民教育、地区及公众关系等事务。下设民政事务总署、政府新闻处、康乐及文化事务署等部门。

民政事务局的使命是促进政府与香港市民的沟通；推动社区发展；协助发展地方行政；推动青年发展；培养市民的公民责任心和归属感；就良好大厦管理工作，为私人大厦业主提供意见；为广大市民提供优质文康服务；发挥专业精神，务使文康服务更臻完善；与体育、文化及社区团体紧密合作，齐心协力，推动艺术和体育发展；保护非物质文化遗产；推广绿化和公众艺术；建立一支积极进取、尽忠职守、敬业乐业的工作队伍；等等。

1. 青年发展

青年发展是香港特区政府的重点工作之一，期望能为青年人创造一个可实现梦想的空间。一是致力做好与青年"三业三政"相关的工作，即关注青年的学业、事业及置业，并鼓励青年议政、论政及参政，给青年提供向上流动的机会与政策方面的帮助。二是希望通过这些活动与计划培养香港青年的国家观念、国际视野。

2007年8月23日，香港邮政发行《公民教育》纪念邮票，全套4枚。

香港青年发展委员会于2018年3月成立，以促进跨局、跨部门协作，加强与青年人的交流，了解他们的想法。香港特区政府继续支持青年多元发展和创新创业，包括建立"青年发展基金"和"青年共享空间计划"，并提供更到位的创业支援及孵化服务；继续推行香港青年内地和海

公民教育

外实习及交流活动，协助他们开阔视野，培养具有国家观念和国际视野的年轻一代。

近年来，香港青年到内地交流、实习愈加频繁，每年约有2万名香港青年前往内地交流，其中超过3000名大学生在暑假期间，到内地的不同城市、不同单位、不同企业实习，实习期约1个月到6个星期。香港青年通过到内地交流，既能了解各地文化与就业前景，又能结识新朋友，建立人际网络，这对他们的学业以及未来的事业发展都是很有帮助的。

"一带一路"倡议与粤港澳大湾区的成立将为香港青年带来前所未有的新机遇。香港特区政府民政事务局从2017年开始支援香港大学生前往"一带一路"相关国家访问交流，当年有500多名学生参与，2018年已超过1000人。

2. 体育发展

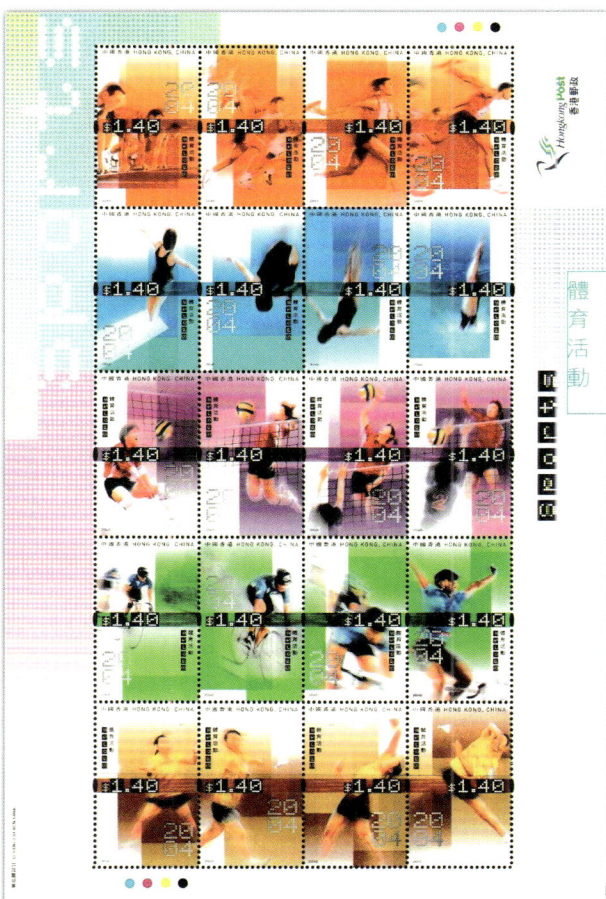

2004体育活动（小型张）

在体育发展方面，香港特区政府继续推广和落实政府发展体育的三大政策目标，即普及化、精英化和盛事化。全力推动体育软硬件的发展，继续在社区和学校层面推广体育，加强对运动员的支援，吸引国际体育盛事在香港举办。

为了持续监测市民的体质状况和识别非传染病健康问题的高危组群，香港特区政府开展全港性社区体质调查，以建立市民体质数据资料库，为制定推广体育普及化的长远目标提供帮助，并通过跨局跨部门的协作及早介入预防疾病，达到促进市民健康生活的目的。

香港特区政府继续支持精英体育的发展，向"精英运动员发展基金"注资60亿元，协助运动员在2020年东京奥运会和未来其他国际大型运动会中争取佳绩，包括加强对运动员在训练、运动科学、运动医学等方面的支援。同时，通过"体育资助计划"为体育总会提供资助，以支持香港体育运动的推广和发展。

3. 文化艺术

在文化艺术方面，香港特区政府支持艺术表达和创作的自由，促进充满活力的文化发展；积极营造有利于文化艺术多元发展的环境，增加市民广泛参与文化艺术的机会，大力培养艺术人才，鼓励创新，支持保存及弘扬传统文化，把香港发展成为一个国际文化都会。

自2011年推出"艺能发展资助计划"以来，香港特区政府一直支持具规模和跨年度的文化艺术活动，涵盖表演艺术、视觉媒体艺术、艺术教育、社区艺术和跨界艺术等，希望培养社会支持艺术的风气，促进政府、艺术团体和私营企业三方的伙伴关系，共同推进香港文化艺术的发展。

香港特区政府拨款添置文化和艺术品，丰富香港艺术馆、博物馆馆藏，积极推进香港科学馆和香港历史博物馆的常设展览更新工作，扩建两馆以提升其服务素质和功能。设立专项资助计划，并与社区合作，加强在确认、立档、研究、保存、推广和传承非遗方面的工作。发展"智慧图书

香港艺术节

馆"，推动全城阅读文化，更广泛地应用科技及提供创新服务。

4. 地区事务

在地区事务方面，民政事务局与区议会紧密合作，让区议会在缓解地区问题、参与管理地区设施、推行地区小型工程计划及社区参与计划方面，担当更重要的角色。同时，检讨区议会议员酬津安排，改善区医院酬津安排。采取一系列有效措施。加强支援少数族裔人士，在地区层面举办更多推动少数族裔与本地社群沟通和交流的活动。

民政事务局在地方行政方面持续推行的措施，包括有关家庭议会、社会企业（社企）及关爱基金方面的政策措施。同时，继续按"民间主导、政府支持"原则，支持社企多元和持续发展。

重视家庭是香港社会的核心价值，民政事务局与社会各界协力，缔造有利于家庭的环境。从2013年4月1日起，所有政策必须评估对家庭的影响。政策局和部门（局署）必须以家庭议会确立的三组家庭核心价值，即"爱与关怀"、"责任与尊重"和"沟通与和谐"，以及政策对家庭结构和功能的影响作为依据，评估相关政策对家庭带来的影响。亦鼓励各局署就可能对家庭构成影响的政策，征询家庭议会的意见。

2014年5月15日，香港邮政发行《国际家庭日》纪念邮票，全套4枚。

来港新移民是香港宝贵的人力资源，有助于补充本地劳动力，为香港未来的发展做出贡献。自1997年7月回归以来，至2015年11月，总共有87.9万名持"前往港澳通行证"（俗称"单程证"）的新移民来港定居（其中98%为香港居民的配偶

国际家庭日

或子女），特区政府持续为新来港人士提供支援和服务，协助他们融入本地生活。

按照香港基本法规定，单程证由内地有关部门根据内地的法律受理、审批和签发。特区政府在个案层面配合核实资料。由于目前香港与内地跨境婚姻依然普遍，特区政府重申有必要继续实施单程证计划，让香港市民的配偶和子女有秩序来港团聚。近年来，通过单程证计划来港的人士年龄较香港整体人口年轻，教育水平也有所提高，来港后投入工作的比例也较高。

民政事务局希望与香港市民同心协力，协助香港特区政府的行政管理工作，鼓励市民更多参与公共事务，支持和促进艺术、文化、体育和康乐发展，保存文物古迹，以及美化环境，将香港建立成一个充满活力和爱心、人人融洽共处的社会。

随着时间的推移和内地经济的飞速发展，香港与内地尤其是相毗邻的广东地区在民生、民政领域的交流与合作也日益频繁。

香港在社会救助、养老救济，特别是安老服务拨款分配机制，以及政府向非营利机构购买长者社区支援服务、安老院舍照顾服务，以及政府对非营利组织服务表现的监察制度等方面的经验，都很值得内地学习借鉴，进而可以通过加强政策创制、完善体制机制、加强养老人才队伍建设等举措，深入推进内地养老服务业综合改革试点工作，进一步提升民生兜底保障和养老服务工作水平。

广州市毗邻港澳，目前该市已取消养老机构设立许可，实施备案管理，对港澳地区的组织和个人到广州举办民办养老机构给予同等资助。香港特区政府社工主任协会成员定期到广州提供专业支持服务，指导广州社工8900多人次。广州市老人院、福利院、精神病院等与香港有关服务机构长期保持合作。例如，香港新生精神康复会和香港善导会在广州市民政局精神病院分别开展日间中心社工督导等项目合作，由港方派出专业人员到院进行现场督导和专业授课。此外，广州市自2017年年底与香港社区发展促进会合作开展广州市社工服务站标准化建设工作，积极借鉴香港社会工作经验，对试点社工服务站管理和服务标准等导入标准化建设。到2019年上半年，首批6个试点建设完成，并已启动第二批30个试点工作。

二、香港社企

"社企"一词，10多年来已广为香港普罗大众所认识。一般而言，社企是为达致某种社会目的，例如提供社会所需的服务或产品、为弱势社群创造就业和培训机会、保护环境、利用本身赚取的利润资助其辖下的社会服务等，而设立的企业。社企所得利润主要用于再投资于本身业务，以达到既定的社会目的，而非分派给股东。或者说，社企是一个运用创业精神和以自负盈亏形式营运、达致特定社会目标的企业，其不少于 65% 的可分配利润会重新注入企业，以继续致力于实践其社会目标。

一般企业家是为了利润才创办企业的，而社会企业家则是以社会目标的达成和社会问题的解决为出发点而创办企业的，他们为理想所驱动，是有创造力的个体，具有持续的开拓与创新精神，肩负着企业责任、行业责任与社会责任，为了建设一个更好的社会而努力。香港特区政府通过制定政策包括使用公共资源支持社企的发展。

香港公益金是一家非政府、非牟利、财政资源独立及管理自主的机构。20世纪60年代，香港社会服务发展缓慢，一些社会名流及商界领袖倡议成立一个"公益钱箱"，统一筹募善款资助福利服务。1968年，经当时的立法局批准，香港公益金正式成立。50余年以来，香港公益金累计筹募款项达68亿港元，所收捐款全部用在香港人身上。

1988年11月30日，香港邮政发行《请支持

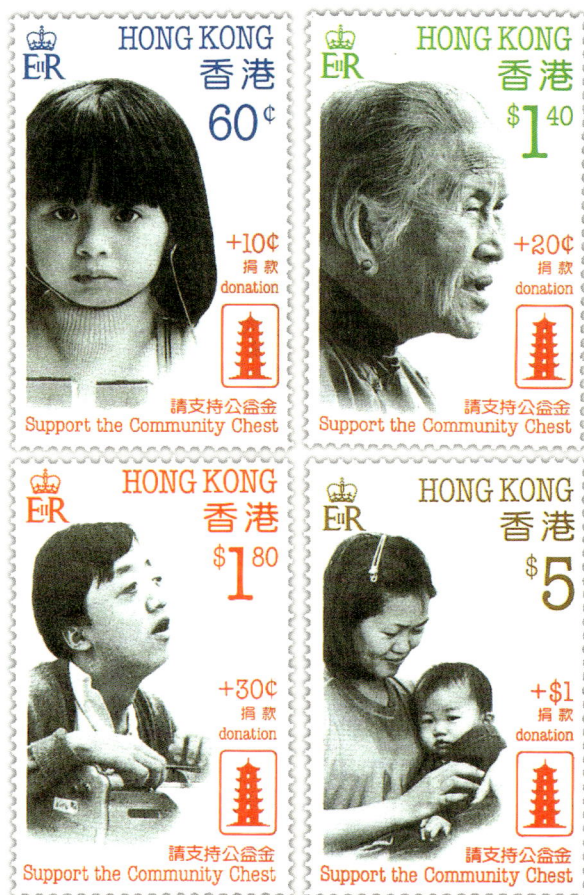

（4-1）失聪女童（4-2）老人服务
（4-3）使用凸字打字机（4-4）儿童及家庭服务

公益金》纪念邮票，全套4枚。

过去十几年来，香港社企发展的速度与日俱增，步步向上。无论从政策角度或实际操作层面来看，社企都不负众望，为社会贡献良多。

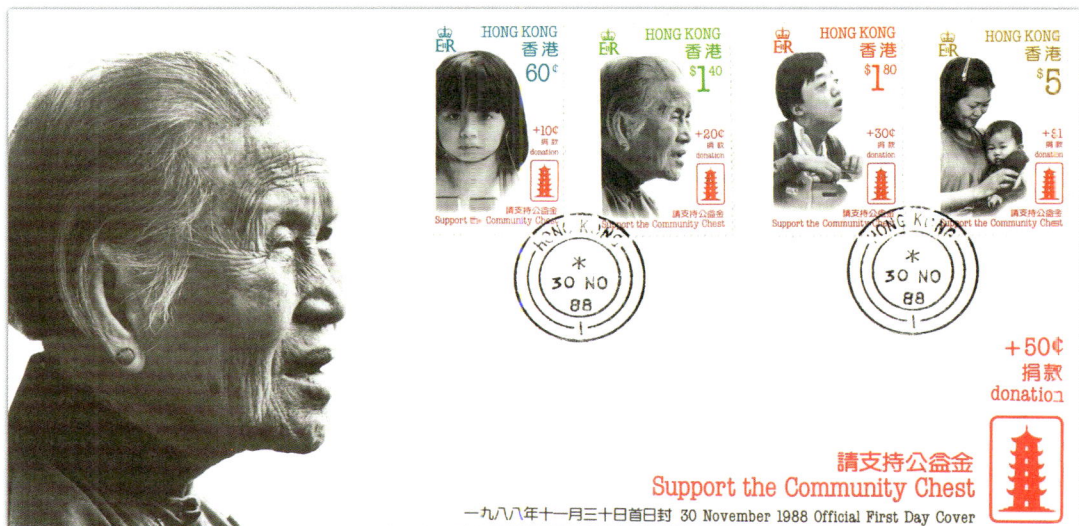

请支持公益金（首日封）

（1）就业融合与扶贫。为应对残疾人士的失业问题，早于大部分社企从业人士认识"社企"这个名称和概念之前，就业融合社企已经于2001年应运而生，并成为特区政府扶贫工作的施政重点。

（2）社会创新及解难。越来越多社企从业人士推崇以社会创新的方法去解决不同类型的棘手的社会问题，因此更多的社企随之成立。而它们渴望解决的社会议题，亦不再局限于创造就业或就业融合，而是更加广泛，并针对各种问题提出应对方法，包括人口老化、厨余处理以及各项环保议题等。

（3）特定政策范畴的理想执行者。由于社企在拥有权及管治安排上有着优势，部分政府的政策，如文物保育及环境保护等，会倾向选择以社企模式运作。社企在协助政府执行具规模的古迹活化及绿化保育之余，亦可赚取自己的营运资金自力更生。为了协助相关项目，政府很多时候都会为社企提供启动资金。

（4）社会资本及小区建立。推动社企发展时，其中一个较少被人谈及而又较间接的方法，就是要推广跨界别合作，创造社会资本。社会创业家有凝聚不同持有者及小区资源的独特能力，因此社企业界一直是跨界别沟通及社区营造的摇篮。

尽管社企发挥了多元作用，但人们对社企创造价值过程的了解仍相当片面。事实上，社会大众大多认为就业融合是社企的主要作用，除了为弱势社群创造就业外，人们并不了解社企众多创造社会价值的其他途径，缺乏对社企的深刻理解，也就难以建构及评估任何进一步发展社企的政策建议。包括广泛同意的社企定义；社企的法定地位及在公众心目中的认可度，立法促进社企的成立、社企注册或认证系统的建立；社企业界的品牌身份及整体业界品牌的建设；不同社企拨款计划的管理等等。香港现有四种不同类型的社企：

一是新一代就业融合社企。这是香港社企的主流类型，如明途联系、丰盛发廊和乐农三家社企，他们展示了香港就业融合社企的不同发展路径。

明途联系、丰盛发廊和乐农都通过社企模式实践理想的"以工代赈"理念，在生产（制造）环节创造社会价值。三家社企都已跨越企业初创阶段，更着重创造就业机会以外的社会价值。然而，它们扩效方式各有不同。明途联系讲求扩展运营规模，已发展为全港最大规模的三家社企之一，雇用超过一百位智障员工。丰盛发廊重视深化对弱势员工的关怀，其社会影响不单是创造就业和职前培训机会，更为青年更生人士提供全面支持，借以改变他们的人生。乐农则改变饮食业

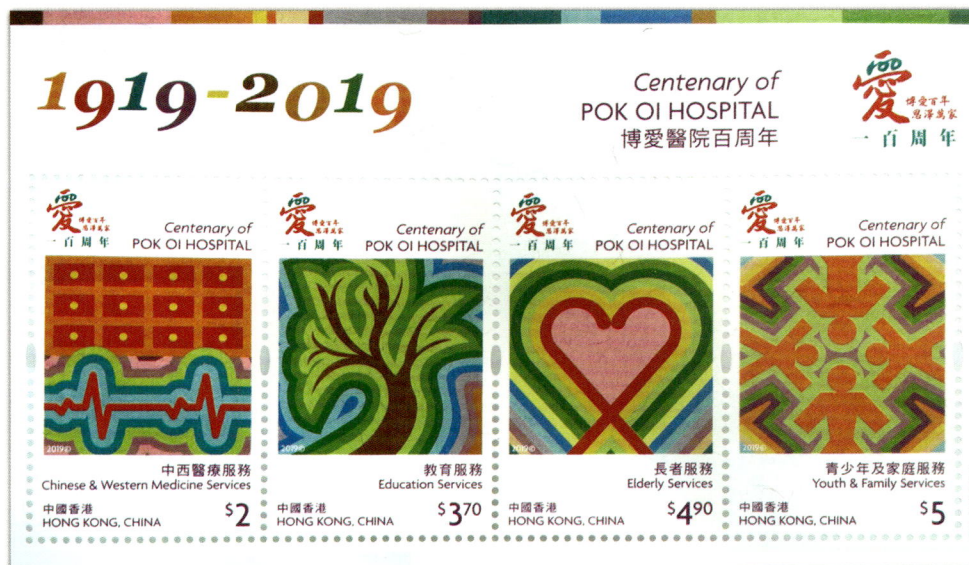

博爱医院百周年（小全张）

原有的经营模式，以辐射出更广阔的社会影响。乐农通过率先在餐饮业界雇用听障人士，向同业展示听障人士同样能够胜任前线服务顾客的工作，成功改变了其他雇主过往认为聘用听障人士十分困难的想法。现时主流餐饮业界开始仿效乐农的做法。

二是市场创造型社企。这是针对金字塔底层和边缘化市场的社企，对应价值创造中的消费（使用）环节，如长者安居协会、钻的（香港）有限公司及要有光（社会地产）有限公司等三家著名社企。三家社企都以各自的方式激活了边缘化的市场，服务当中的弱势社群。

在消费（使用）环节，长者安居协会、钻的和要有光分别以各自的社企实践来满足过往未被注意的市场需求。长者安居协会是香港最早的社企之一，主要的社会目标是响应小区中独居长者的紧急需求。经过多年的经营，它的经营范畴已涵盖照顾长者日常生活、社会和心理的需求，包括协助长者使用信息及通讯科技与家人建立更好的沟通渠道。

长者安居协会为长者提供"一线通平安钟"服务。一线通平安钟服务为数以万计的独居长者家中安装平安钟，平安钟连接到电话中心及紧急服务提供商网络，服务模式讲求服务的可达度和

提供方式。该服务之所以能创造巨大的社会价值，是因为它可以帮助长者于有需要时，实时联系紧急服务提供者。这些紧急服务早在平安钟出现之前就存在。

1999年3月14日，香港邮政发行《国际长者年》纪念邮票，全套4枚。

三是推崇协作消费（分享）经济运动的社企。比如黑暗中对话（香港）有限公司和"L Plus H"，两家都是开创性社企，它们采纳新式

国际长者年

的企业拥有制度，以小区利益公司的方式运作，并在多个营运环节中创造社会价值。

L plus H 重视生产根源，致力于复兴香港高质素的成衣制作和本土工艺，旨在重建"香港制造"的品牌。两家社企作为小区利益公司，旨抽拨经营盈余和内部资源来支持社会投资或慈善活动，在盈余分配的环节上也有创造社会价值。

四是推崇社会经济运动的社企。比如圣雅各布福群会土作坊和邻舍辅导会互惠人才市场，这两家以小区为本的社企都致力于推动基层社会经济，为生产者和消费者提供另类的经济体验。

圣雅各布福群会土作坊和邻舍辅导会互惠人才市场分别在所在小区（湾仔和沙田）营运。它们原本的社会目标是促进小区发展，同时致力于改善当地小区贫困居民的经济情况。两家社企都遇到不少的困难。例如，在生产（制造）环节上，贫困人士常常因为要照顾儿童和家庭成员而未能投入主流的人力市场；在消费（服务）提供环节上，贫困家庭有很大的服务需求，但缺乏购买力。在这些背景下，社企必须发展另类的经济模式，包括引入其他的经济诱因和参与者、重置生产与交换系统的"产品—销售—消费"链条，为贫困家庭提供更契合他们处境的经济活动。

圣雅各布福群会土作坊在湾仔运营一个持牌食品加工工场，联系本地有机农夫提供新鲜食材，制作健康且高质素的加工食品，又在湾仔小区聘请员工，再以社企标签或其他商业标签包装食品（例如与公平栈或健康工房结成社企伙伴）出售。为促进人力和其他生产资源的非金钱交换，土作坊亦推行另类小区货币系统"时分券"（在地交换及交易系统）。贫困家庭以他们工作时数换取时分，从而换得本来难以负担的健康食材，例如有机蔬菜。总而言之，土作坊通过建立网络和合作关系，让小区不同的阶层包括富裕和贫穷的居民都可以参与这个另类经济模式，培育社会资本，社会效益亦因此扩散到整个小区不同参与者身上。

邻舍辅导会互惠人才市场亦致力于协助贫困

人士（如单亲家庭当中领取综合社会保障援助的家长）重投就业市场。这些单亲家长往往因为需要照顾儿童或其他家庭成员，而不能从事长工时轮班工作。这家社企旨在创造可以弹性上班的工作机会，以契合这些单亲家长的家庭处境。互惠人才市场与50家机构合作，提供20种服务二种，包括陪诊服务、家居清洁、安老院舍长者理发服务等等。互惠人才市场解决了服务使用者和兼职雇员的需要，前者得到了价格低廉的社会照顾支持，后者得到了弹性上班的良好工作机会。

这四种类型的社企主要通过两个机制创造社会价值：前三种类型的社企通过解决公共问题而创造社会价值，或者说通过生产（制造）、销售（交换）、消费（使用）三个环节引入社会创新，以响应以往未被满足的社会需求；第四种社企参与社区经济发展，通过推动社会资本的创造、小区建设和活化，创造多一层社会价值，即通过重新设计和设置"生产—销售—消费"的经济价值链条，连接不同利益相关群体和小区阶层，重新定位经济活动背后的社会关系。

在所有的社企中，社会企业家都扮演着重要的角色，确保企业的核心是创造社会价值。这些社会企业家来自不同的背景，包括社会服务界的资深社工、商界中年专业人士、开展人生第二次事业（慈善事业）的提早退休人士。社企业界需要寻求不同方式吸引潜在的社会企业家加入，消除加入社企行业的门槛。

派济贫困

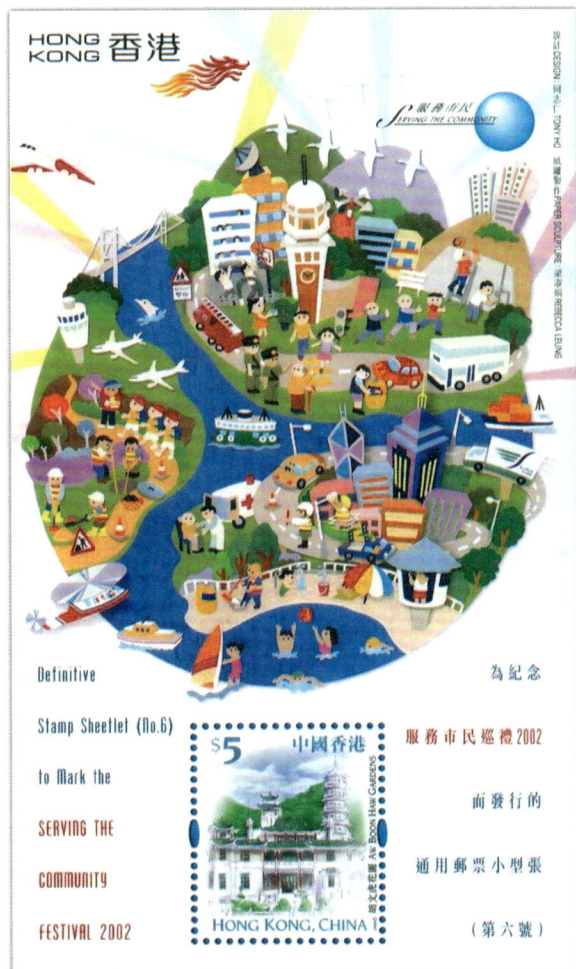

服务市民巡礼（小型张）

2002年1月19日，香港邮政发行《服务市民巡礼》通用邮票1枚。

特区政府一直致力推动社企的发展，而香港的社企界亦正稳步成长。2009年以后，新类型的社企出现，比如致力为贫困和弱势社群创造市场的社企，以及旨在改变市场习惯、使地区资源运用更有效率的社企。目前全港社企数目约654家，服务及对象更趋多元化。总的来说，特区政府应从更宏观的策略视野和政策优先的角度来推动社企持续发展。民政事务局作为统筹部门，应率先协助特区政府制定社企发展方面的焦点政策，并与利益相关者共同实践愿景。

民政事务局以多种方法推动社企的持续发展，包括提供创业资金和强化支持平台，以促进跨界合作和提升社企能力。

一是为个别社企提供财政资助，如"伙伴倡自强"社区协作计划为合资格的机构提供拨款资助成立社企，协助弱势社群自力更生和融入社会。计划自2006年推出至今，共批出约2.7亿元拨款，资助了212个社企项目；受资助社企至今已直接雇用约5300人，约80% 受雇人士来自弱势社群。此外，约80% 的社企在资助期结束后仍继续营运。民政事务总署会继续推行"伙伴倡自强"计划，鼓励更多社企成立和扩展业务。

二是支持社企提升市场适应力和竞争力。持续通过资助平台机构，为社企提供培训和其他支援服务，协助社企提升能力。自2008年起，民政事务局每年资助香港中文大学创业研究中心举办"香港社会企业挑战赛"，邀请大专学生和毕业生撰写社企计划书，并提供相关培训，通过提供启动奖金助优胜者实践其社企计划，推动新一代社企的发展，已累积吸引超过7300名参加者。在66支决赛队伍中，有34支已实践计划，成立社企并持续营运。

三是增加公众对社企的认识及支持。通过多种途径宣传社企的社会意义，以增加公众对社企的认同，鼓励他们支持社企。例如民政事务总署设有社企专题网站，安排社企参加商品和食品展销活动，通过多种媒体及网上平台推广社企。香港公众对各项宣传活动反应良好。

四是促进跨界合作发展社企。民政事务局自2008年起资助业界举办"社企民间高峰会"及相关活动，提供平台让社企与商界、学界等不同背景人士建立协作关系，以促进跨界合作发展。为了进一步在小区层面推广社企，除了举办国际研讨会外，2018年的高峰会于六个地区（包括中西区、观塘区、南区、黄大仙区、深水埗区及元朗区）举办小区论坛、导赏和社企市集等活动，每个区由商界及企业界领袖合作，与地区组织联系，建立社企交流平台，推广社企及社会创新的理念精神。

关爱基金自2011年成立以来，先后推出了51个援助项目，总承担额超过90亿元，以识别未能受惠于现有社会安全网的群体并为其提供支持。已落实推行的援助项目共惠及约163万人次。此外，基金也考虑推行先导项目，协助政府考虑将确定有效的措施纳入恒常资助。

香港创造了政府出资、以招标方式请非政府机构运营政府规划的社会福利项目的模式，形成了独具特色的香港政府与慈善界联盟的制度。这种制度下的福利服务提供方式以官民合作、官管民营为主。所谓官管民营，是指由政府负责政策和服务规划的制定，提供所需经费，并进行服务监察，而具体服务项目的实施，包括计划、组织、人事、财务等，统统由承办的非政府机构承担。政府选择承办机构时，采取竞争性投标制度，招

标时更加注重服务质量。以养老服务为例，招标时，服务质量占评审分数的80%，价格与服务量占20%。

内地与香港在社工领域内的合作交流也有很大进展。据民政部公布的数据显示，内地社会工作专业人才已超过120万人，成为内地经济社会建设的一支重要的专业技术人才队伍。内地将积极借鉴香港在社会工作领域创造的好做法、好经验，取长补短，在具有中国特色的社会工作发展之路上走得更好、走得更稳、走得更远。

2011年3月29日，香港邮政发行《义工精神》纪念邮票，全套4枚。

义工精神

三、香港童军

香港童军是香港中小学学生的群众组织，它和内地的少先队一样，是为了训练孩子组织性、纪律性的一种仿军事组织。

香港童军致力于培养青少年独立自主能力，提高孩子的综合能力素质，帮助青少年学习野营知识、急救知识等，让孩子有爱心、责任心，有一个好的性格。

香港童军现已成为香港最优秀的青少年服务机构之一。"日行一善""多一个童军，少一个坏人"成为香港童军的口号和人们对香港童军的认识。

香港童军总会是香港童军的组织机构，由童军会务委员会制定会章，制定香港童军总会政策、组织及规条，以管理本会事务。

早在1909年，由于英国童军运动的推广，香港就出现了最早的童军活动；1915年7月，香港童军总会正式成立。1929年香港童军总会在柴湾海滨建立了第一个营地（柴湾公园现址）。同年，香港童军开始参与国际性童军活动，参加了在英格兰西北部伯肯黑德镇举行的第3届世界童军大会。

第二次世界大战期间，中国全面抗战，大量难民涌入香港。香港童军不但分担救助难民工作，香港童军总会还应当时的香港政府的要求，分担防空、传讯和救护等工作，并且成立童军传讯队。

一些童军领袖或年长的童军成员在各类民防单位工作，如在后备消防、后备警察、特务警察或在义勇军中服役。他们在香港保卫战中做出了很大贡献，一些队员甚至牺牲了生命。

1949年11月，位于花园道近山顶缆车站的童军新总部正式启用。20世纪60年代，香港童军

童军钻禧

童军钻禧（首日封）

先后在九龙飞鹅山和新界荃湾西部建立了两个新营地，分别命名为"基维尔营地"和"下花山营地"。

1971年7月，香港童军总会举行钻禧大露营。香港邮政于当月发行《童军钻禧》纪念邮票，全套3枚。

1974年，香港童军知友社荣获亚太区童军"杰出社会服务奖"。

1976年4月23日，香港邮政发行《女童军钻禧》纪念邮票，全套2枚。

1977年4月16日，香港童军总会正式成为世界童军组织的会员。1985年，香港童军总会获世界童军组织颁发的"国际青年年杰出活动奖"。1991年为庆祝香港童军成立80周年，香港童军总会举办了丰富多彩的纪念活动，新总部大厦"香港童军中心"正式奠基。

1998年7月26日，香港邮政发行《香港童军》纪念邮票，全套4枚。

女童军钻禧

香港童军

1999年，香港童军代表团参加第35届世界童军大会。同年12月在西贡东郊野公园湾仔半岛举行"香港童军跨世纪大露营"，主题为"迈向新纪元，同享大自然"，参加人数达3350人。

2000年，香港童军总会成立救护服务队及训练中心，并派出专责小组协助柬埔寨重新组织童军运动，举办优异旅团奖励计划，确立总会的抱负、使命和价值观。2001年，香港童军总会采用新修订的童军誓词，并于新界西贡湾仔半岛举行香港童军运动90周年纪念大露营。2002年，香港童军总会成立策划署、国际及内联署，并参与香港政府教育统筹局的"制服团体"计划。同年7月香港童军代表团出席世界童军大会；12月参加第20届世界童军大露营。

2003年非典型肺炎在香港爆发，加强保障个人及公共卫生成为抗御传染病蔓延的首要任务。为支持香港特区政府推行的"全港每月清洁大行动"，香港童军总会发起"香港卫生先锋抗疫大行动"，以唤起全港市民对"清洁香港"的关注，得到3万多名童军成员及其亲友的响应。

2004年1月香港童军总会与深圳市青年联合会及深圳市少先队工作委员会在深圳市观联合举办深港青少年交流营。

2007年3月1日，香港邮政发行《世界童军运动百周年》纪念邮票，全套4枚。

女童军百周年纪念

2016年2月22日，香港邮政发行《女童军百周年》纪念邮票，全套4枚。

童军旅分为公开旅和团体旅。公开旅不隶属于任何机构，并采取公开招收成员的政策。团体旅由大专院校、中小学、宗教团体、社会服务机构（如扶轮社、狮子会）、志愿机构及社团、工商业机构、居民及社区互助委员会、医院等主办，与主办机构协议订立招收成员政策。

香港童军总领袖一职在1997年香港主权移交之前，一直由香港总督出任；香港主权移交后则改由香港特别行政区首长出任，现任总领袖为林郑月娥女士。

截至2018年年底，香港童军总会有成员102150人，1288个童军旅，是全香港最大的制服青少年团体。其总部设于九龙尖沙咀香港童军中心。一个童军旅可由一个或多个支部组成，童军活动多种多样，其中以大型露营活动最具特色。香港童军总部规定，加入小童军支部的限制年龄5～8岁，加入幼童军支部的限制年龄为7.5～12岁，加入童军支部的限制年龄为11～16岁，参加深资童军支部的限制年龄为15～21岁，参加乐行童军支部的限制年龄为18～26岁。

世界童军运动百周年

后记

　　"为有牺牲多壮志，敢教日月换新天。"

　　中华人民共和国成立70年来，随着国家的发展和国力的增强，我国民政事业发生了巨大的变化，为促进社会主义革命和建设、推动改革开放，为改善民生、提高人民群众的满意度和幸福感做出了重大的贡献，取得了可喜的成绩。

　　在庆祝伟大的中华人民共和国诞生70周年之际，我们发挥集体智慧，群策群力，共同编撰、出版了《邮票上的民政事业——献给新中国成立七十周年》一书，以共庆佳节，共襄盛事。

　　本书通过邮票这一"国家名片"，回顾了我国民政事业70年的发展历程，重点介绍基层治理、褒扬烈士、双拥优抚、减灾救灾、福利慈善、养老保障、社会服务等八个方面的工作及取得的丰硕成果，从侧面反映70年来我国民政事业的发展状况及民政部门广大干部、职工为国家和社会稳定、为人民幸福安康付出的巨大努力。

　　全书共分为九章，其二：

　　第一章"民政事业七十年"，概述中华人民共和国成立70年来民政事业的发展变化、取得的重大成就及发行的相关邮品；

　　第二章"十亿神州尽舜尧——基层治理"，重点介绍我国基层政权建设和村民自治、居民自治及社区建设等方面的概况及发行的相关邮品；

　　第三章"为有牺牲多壮志——褒扬烈士"，重点介绍为建立中华人民共和国抛头颅洒热血的革命先烈及各种纪念设施（纪念馆、纪念碑）、褒扬措施、优抚政策及发行的相关邮品；

　　第四章"军民团结如一人——'双拥'优抚"，重点介绍拥军优属、优抚安置的有关政策、措施，以及军民团结的鱼水情，服务、保障国防与军队建设的的概况及发行的相关邮品；

第五章"天灾无情人有情——减灾救灾",重点介绍我国在防灾、减灾、救灾和灾后重建等方面的重大行动和相关政策、典型事例及为此发行的邮品;

第六章"但愿苍生俱饱暖——扶贫济困",重点介绍我国在老区建设、扶贫攻坚和社会救助等方面的相关政策、重大行动、典型事例及为此发行的邮品;

第七章"安得广厦千万间——福利慈善",重点介绍我国在社会福利、残疾人事业和慈善事业等方面的相关政策、重大举措、典型事例及为此发行的邮品;

第八章"何愁岁月催人老——养老保障",重点介绍我国在养老事业、医养结合等方面的相关政策、重大举措、典型事例以及为此发行的邮品;

第九章"一枝一叶总关情——社会服务",重点介绍我国在社会事务管理(如婚姻登记、未成年人保护、志愿者服务)等方面的重要政策、措施、典型事例及为此发行的邮品;

最后,在"附录"中,介绍了香港地区的民政事业、社会企业和童军的基本情况及发行的相关纪念邮品。

在本书编写、出版过程中,福建省原副省长、省政协原副主席陈荣凯给予我们热情的关心和指导,并欣然担任本书顾问;福建省民政厅厅长池秋娜、副厅长程强分别担任本书编委会主任、副主任,对本书的编写出版给予精心指导和大力支持;福建省民政厅原厅长、福建省爱国拥军促进会会长黄序和作为本书编委会联席主任和主编,参与全书策划并认真指导、严格把关;众多编委集思广益,心往一处想,劲往一处使,使本书得以顺利编撰和出版;我省集邮专家、本书编委宋晓文认真审读书稿,提出了不少宝贵意见;本书执行主编林间、副主编蔡国烟及编写组成员周威、程师杰、李小安等克服各种困难,按时完成了资料搜集和编写任务;厦门大学出版社总编辑宋文艳对本书出版给予大力支持,责任编辑、文字编辑、美术编辑等也为本书出版付出了许多辛勤的劳动。在此,我们一并表示衷心的感谢!

由于本书编写时间较为仓促,民政涉及的领域又十分广泛,资料搜集较为困难,加之编者水平有限,书中难免存在种种不足甚至错讹之处,尚祈读者批评、指正。

《邮票上的民政事业》编写组

2019年8月28日